종교를 개혁하다

16세기 유럽 기독교 종교개혁, 그 본질의 재조명

종교를 개혁하다
16세기 유럽 기독교 종교개혁, 그 본질의 재조명

2021년 4월 10일 초판 1쇄 발행
2023년 9월 15일 초판 2쇄 발행

지은이 | 김요섭
펴낸이 | 박영호
교정·교열 | 김혜지, 주종화
펴낸곳 | 도서출판 솔로몬

주소 | 서울시 동작구 사당로 143
전화 | 599-1482
팩스 | 592-2104
직영서점 | 596-5225

등록일 | 1990년 7월 31일
등록번호 | 제 16-24호
E-mail | solcp1990@gmail.com

ISBN 978-89-8255-592-3 03230

2021 ⓒ 김요섭
Korean Copyright ⓒ 2021
by Solomon Publishing Co., Seoul, Korea

저작권법에 의하여 한국 내에서 보호를 받는 저작물이므로
무단전재와 복제를 금합니다.

종교를 개혁하다

16세기 유럽 기독교 종교개혁, 그 본질의 재조명

Reformare Religionem

김요섭 지음

솔로몬

추천사

종교개혁사에 대한 탁월한 안내서, 한 명의 학자가 만들어지기까지는 많은 시간이 필요하다. 특별히 신학 중에서도 교회사 분야는 특별한 전문성을 요하는 분야이기 때문에 전공분야의 양서가 출간되기까지 참 많은 시간이 요한다. 김요섭 교수의 『종교를 개혁하다』는 이 분야의 전문성을 깊이 체감하게 만드는 역작이다. 이 책 한권에는 저자의 오랜 국내외 연구가 그대로 녹아 있다. 이 책이 값진 것은 단순히 이 분야의 탁월한 전문성을 가지고 종교개혁사를 기술하는 차원을 넘어 종교개혁의 원인이 무엇이고, 어떻게 종교개혁을 해석할 것인지, 그리고 종교개혁자들의 신앙과 신학의 본질이 무엇인지를 동시에 제공하기 때문이다.

무엇보다 이 책은 종교개혁을 통시적으로 이해하도록 도전을 준다. 종교개혁의 개념부터 원인들과 중요한 주제들과 과제들을 탁월하게 다루었다. 저자는 종교개혁에 대한 역사 해석과 정의 그리고 중요한 논점들을 정확하게 이해하도록 독자들을 인도할 것이다. 저자는 종교개혁의 바른 가르침, 바른 예배, 바른 공동체의 회복이라는 사실을 분명하게 제시하면서도 종교개혁과 인문주의 관계, 성경과 교회와 세속사회가 어떻게 연결되는지도 정확하게 제시하였다. 종교개혁의 중요한 주제를 당시의 시대적 배경 속에서 또한 현대의 지평 속에서 통시적으로 고찰할 수 있도록 독자들을 인도한다. 이런 여러 가지 점에서 본서는 종교개혁사 연구 분야에 새로운 이정표를 제공할 것이다. 저자의 학문적 탁월성과 한국교회에 대한 깊은 사랑에 깊이 감사드린다.

박용규 (총신대학교 명예교수, 한국기독교사연구소 소장)

종교개혁에 대하여 글을 쓰는 것은 많은 학자들의 학문적 꿈이며 그 주제를 해석하는 것은 역사적으로 소중한 작업이다. 그러나 어떻게 종교개혁을 순수하게 진술하는가는 매우 중요한 문제이다. 이번에 한국칼빈학회 회장인 김요섭 교수에 의해서 출간된 『종교를 개혁하다』는 한국학자로서 매우 의미 있는 접근방법을 시도했다. 그것은 종교개혁을 배경과 귀결로부터 종교개혁의 성격과 의의를 평가하지 않고, 종교개혁 본래의 취지를 올바르게 해석하기 위하여 종교개혁자들이 직접 말한 종교개혁 자체에 대하여 정확한 시도를 한 점이다. 따라서 저자는 16세기 종교개혁자들이 스스로 주장한 "종교"와 "개혁"에 대한 의미를 이해를 고찰한 후에, 루터와 에라스무스, 칼빈과 재세례파, 그리고 존 녹스와 국교회주의자들의 대비를 통하여 종교개혁의 원리에 대한 규명에 노력하였다. 그들의 견해를 통하여 오늘날 독자들에게 그들의 목소리를 사실적으로 전하려고 하였다. 그들은 종교개혁을 자기들 스스로가 어떻게 생각하였는지를 먼저 아는 것이 2차적인 해석보다 더 중요하다고 주장하고 있다.

존 칼빈과 존 녹스를 비롯한 종교개혁 연구의 권위자인 그는 책의 뒷부분에서 종교개혁은 어떤 종교적 이벤트나 프로그램, 혹은 대외적 영향력 확대나 국제적 명성을 얻는 등 세속적 욕망을 위한 운동이 아니라, 종교개혁자들이 추구한 개혁은 하나님 앞에서 마땅히 가져야 할 신앙의 모습 전체를 바르게 세우려 한 신앙의 회복 운동이었다고 주장한다. 이런 종교개혁자들의 정신은 한국교회가 오직 하나님의 영광을 위하여 십자가 정신과 오직 그리스도가 나타나는데 힘써야 할 것을 보여주고 있다.

안명준 (평택대학교 명예교수, 한국장로교신학회 고문)

여기 김요섭 교수의 종교개혁에 대한 책이 우리에게 주어졌다. 지난 몇 년간에 성실하게 쓰신 귀한 글들이 모아져서 한편으로는 종교개혁 자체를 잘 알게 하고, 그에 비추어 또 한편으로는 한국 교회가 과연 어떤 방향으로 나가야 하는지를 잘 지시하는 책이다. 그런 점에는 이는 종교개혁에 대한 좋은 연구서이면서, 동시에 교회의 방향을 지시하는 나침판 (옛사람들이 이르던 대로 지남(指南))이니, 이 책이 참으로 좋은 신학지남(神學指南)이기도 하다. 이 귀한 책의 발간을 진심으로 축하하면서 이 책을 읽으면서 우리들이 어떻게 해야 하는지를 몇 가지로 말해 보고자 한다.

첫째는 우리는 김요섭 교수가 지난 몇 년간 총신이 휘몰아치는 복잡한 상황 속에 있을 때, 그 복잡한 문제들 속에서 지속적으로 연구하여 귀한 글들을 쓴 점을 눈여겨보아야 한다. 항상 그런 모습을 보여주었듯이 김요섭 교수는 성실하게 원 자료를 보고,

수많은 이차 자료들과 깊이 대화하면서 우리들이 추구하고 나갈 연구의 모범을 다시 한 번 보여 주었다. 둘째, 우리는 이 책이 탐구하고 있는 주제인 "종교개혁"의 그 진면목에 다시 한 번 주의를 기울이고, 그곳에서 종교 개혁자들이 주장한 바를 잘 확인하고 그 정신을 따라가려 해야 한다. 종교개혁을 그저 역사적인 사실로서만 아는 것은 무의미하다. 그 당시에 이 일은 무수한 고난 가운데서도 (1) 오직 하나님의 말씀이 말하는 대로만 믿고(2장 3절의 1, 3장 2절), (2) 오직 하나님의 말씀이 하라는 대로만 예배하려 하고(2장 3절의 2, 3장 3절), (3) 오직 하나님의 말씀에 따른 교회의 제도를 만들고(2장 3절의 3, 3장 4절), 그리고 그 결과에 근거해서 (4) 오직 하나님의 말씀이 말하는 대로 하나님의 영광을 위하여 살려고 애썼던 운동이었다(5장 5절, 6장). 종교개혁자들의 생동감 있는 모습을 잘 드러내준 이 책을 통해 우리는 우리가 지금 여기에서도 과연 개혁자들의 목소리에 충실한지를 다시 물어야 할 것이다. 셋째, 16세기의 종교개혁자들이 그들의 시대 상황 속에서 성경에 충실한 교회를 구체적으로 드러내기 위해 주장하고 고난당하고, 핍박당하고, 성경에 근거해서 말하는 바를 자신들이 살아내기 위해 노력했던 것처럼, 우리들도 때로는 그 같은 가르침을 오직 성경에서 찾아 함께 주장하고, 함께 실현하려기 위해 애쓰고, 그리고 21세기의 새로운 정황 속에서 우리가 맞이하는 여러 가지 새로운 문제들에 대해서도 오직 성경에서 찾아내어 우리의 정황에 필요한 성경적 메시지를 이 시대에 잘 드러내 그 메시지대로 살아내야 한다. 바로 이 점이 종교개혁에 관심을 가진 신학생들뿐 아니라 가능하면 한국 교회 전체가 이 책을 읽고 생각하면서 얻을 수 있는 중요한 유익이라고 생각한다. 종교개혁의 후예라고 자처하는 개신교도들(Protestants)인 우리들이 사실상 개혁자들이 주장하는 바와는 다른 주장을 하며, 다른 예배 방식을 드러내고, 다른 교회의 형태를 지향해 나간다면 그 얼마나 이상한 일이겠는가? 단적인 예로 개혁자들이 예배당 안에서 없애 버린 십자가상이 곳곳의 예배당 안에 계속해서 그대로 있는 이 상황, 특히 칼빈과 츠빙글리 등이 폐지한 사순절을 미신적으로 지키는 것과 교회력을 따라서 예배하는 것을 오히려 장려하는 오늘날 우리의 모습은 무엇일까? 이런 모든 문제들을 그 근원으로부터 돌아보아 우리들의 교회가 참으로 종교개혁이 충실한 교회가 되기를 바라는 이 책의 의도를 잘 파악한다면, 신학생들뿐만 아니라 한국의 모든 성도들이 이 책을 손에 들고 줄치면서 읽어 종교개혁 자체를 잘 파악하고 16세기에 개혁자들과 그들을 따른 분들이 믿고, 예배하고, 교회의 제도를 개혁하고, 하나님 앞에서 살려고 한 바를 21세기 한국 땅에서 실현하려 해야 할 것이다. 부디 이 땅의 모든 그리스도인들이 이 책을 읽고서 우리들도 먼저 우리들의 "종교"를 성경적인 것으로 개혁하며, 우리들의 삶 잔체를 성경적으로 개혁하는 일이 일어나기를 바라면서, 이 귀한 책을 한국의 모든 그리스도인들에게 추천하는 바이다.

이승구 (합동신학대학원대학교 조직신학 교수, 한국복음주의신학회 회장)

김요섭 교수의 『종교를 개혁하다』는 종교개혁의 본질과 성격을 역사적 배경과 함께 신앙적 특성이라는 관점에서 새롭게 재조명한 역작이다. 이 분야에 대한 여러 주제들에 대한 수많은 연구들이 진행되어 왔지만, 종교개혁이 기독교 신앙의 회복이었다는 본질적 목적을 제대로 규명한 연구는 그 동안 상대적으로 많지 않았다. 이 책을 읽는 독자들은 "16세기 종교개혁자들은 기독교 신앙의 바른 회복을 위해 당시 '종교'의 총체적인 '개혁'을 추진했다"는 저자의 외침이 오늘날 우리에게도 왜 여전히 필요한지 절감하게 될 것이다. 또한 주요 종교개혁자들이 성경적 신앙을 회복하고 그 토대 위에서 교회를 개혁하고자 했던 그 간절한 외침도 듣게 될 것이다. 이러한 과정에서 저자는 다양한 종교개혁자들 사이에 있었던 여러 가지 대조되는 목소리를 듣게 해 줌으로써, 우리가 듣고 오늘날 기억하여 반향(反響)해야 할 외침이 어떤 것인지를 깨닫게 해 준다. 오늘날 한국교회는 그 어느 때보다도 우리의 신앙적 정체성을 재확립하고 그것을 토대로 교회의 현실을 바르게 판단하여 성경의 진리에 따라 교회를 개혁하고 회복시켜야 할 시점에 놓여 있다. 그런 면에서 볼 때, 이 책은 한국 교계에 널리 알려져야 할 종교개혁의 본질적인 특성과 의미를 학구적으로 잘 규명했을 뿐만 아니라, 오늘날 16세기 종교개혁을 연구하고 기념할 때 결코 잊지 말아야 할 종교개혁의 신앙고백적 차원을 잘 조명해 주고 있다.

박응규 (아세아연합신학대학교 역사신학 교수, 개혁신학회 회장)

16세기 종교개혁에 대한 우리의 관심은 각별하다. 역사적으로 16세기 종교개혁자들에게 빚지지 않는 개혁교회들은 없기 때문이다. 그러나 관심이 만들어낸 과도한 연구가 정작 16세기 종교개혁을 이해하는 데 길을 잃게 만드는 것은 아닌지 염려되기도 한다. 이런 상황에서 김요섭 교수의 『종교를 개혁하다』는 직접적이고 명료하게 16세기 종교개혁의 핵심으로 직진하고 있다. 종교를 경건과 동일시했던 16세기 종교개혁자들의 이해를 소개하면서 결국 "종교"의 개혁은 기독교 신앙의 문제였음을 명료하게 지적한다. 또 "개혁"은 본질의 회복 추구였다고 정의함으로써 16세기 종교개혁이 일반적 의미의 파괴나 해체가 아닌 회복이었다는 점을 분명히 밝힌다. 16세기 종교개혁을 참된 기독교 신앙의 본질 회복으로 요약한 것은 종교개혁 이해와 관련한 수많은 길들로 인해 나타나는 혼잡함 속에서 하나의 큰 대로를 대하는 느낌을 갖게 한다. 16세기 종교개혁에 대한 이와 같은 이해는 우리의 현실을 향한 종교개혁 이해의 유익과 연결된다. 현재의 관심으로부터 출발하는 종교개혁에 대한 많은 연구들이 정작 종교개혁 그 자체에 대한 이해를 흐릿하게 만들기도 한다. 그러나 16세기 종교개혁의 목적과 본질을 정확하게 규명할 수 있다면, 우리가 16세기 종교개혁의 의의를 현재의 필요를 향한 유익으로 삼아 적용하는데 주저할 필요가 없어질 수 있을 것이다. 가르침과 예배 그리고 신앙 공동체의 본질을 성경의 진리에 따라서 재정립하면서 교회를 다시 세우고자 했던 개혁자들의 헌신은 현재 우리들의 신앙과 개혁을 위한 큰 자양분이 될 것이다. 개혁된 교회는 끊임없이 개혁되어야 한다는 종교개혁의 모토는 현재도 여전히 유효하기 때문이다. 사실 교회 개혁의 주체는 인간이 아니라 부활하고 승천하신 예수 그리스도이시다. 그분께서 지금도 쉬지 않고 자신의 교회를 세우고 계시기 때문에 이 땅의 교회는 끊임없이 개혁될 수밖에 없다. 침체와 위기 속에 더해진 코로나 사태로 큰 어려움을 겪고 있는 한국교회에 이 책을 통해서 다시 소개되는 16세기 종교개혁은 우리들 모두에게 성령 안에서 이루어지는 의미 있는 교제를 선물하고 있다.

김재윤 (고려신학대학원, 조직신학 교수)

차례

저자 서문 … 13

제1장 16세기 유럽의 종교개혁, 그 재조명의 필요성 • 19

제2장 16세기 유럽 종교개혁의 개념과 원인 • 31

1. "종교개혁"의 개념 … 33

   1.1. 종교 / 1.2. 개혁

2. 종교개혁의 원인들과 그에 따른 해석들 … 50

   2.1. 도덕적 타락 / 2.2. 새로운 사상 /
   2.3. 정치 경제 구조의 변화 / 2.4. 대중들의 종교적 요구

3. 종교개혁 연구 방법 … 75

제3장 16세기 종교개혁의 주요 과제들 • 85

1. 개혁의 세 가지 과제 … 87

2. 바른 가르침 … 90

   2.1. 루터가 재발견한 성경의 진리 / 2.2. 이신칭의 교리의 요점

3. 바른 예배 … 96

   3.1. 칼빈이 시도한 예배개혁 / 3.2. 예배개혁의 목표와 방법

4. 바른 공동체 … 104

   4.1. 바른 신앙공동체로서의 교회 / 4.2. 녹스가 경험한 교회개혁의 필요성 /
   4.3. 교회개혁의 목적과 방법

5. 대조와 선택: 그들의 이야기를 듣는 방법 … 115

제4장 개선과 개혁: 인문주의와 종교개혁 • 121

  1. 루터와 에라스무스의 관계 ... 123
  2. Sola Scriptura: 성경해석의 원칙 ... 128
      2.1. 에라스무스의 성경 이해와 해석 원칙 / 2.2. 루터의 성경 이해와 해석 원칙
  3. Sola Fide: 인간에 대한 이해 ... 136
      3.1. 에라스무스의 제한적 타락 이해 / 3.2. 루터의 전적 타락 이해
  4. Vera Religio: 참된 종교 개념 ... 144
      4.1. 에라스무스의 기독교 종교 개념 / 4.2. 루터의 기독교 종교 개념
  5. 인문주의자들의 개선, 그리고 종교개혁자들의 개혁 ... 154

제5장 재건설과 개혁: 급진세력과 종교개혁 • 161

  1. 종교개혁 시대 재세례파 비판의 역사적 의의 ... 163
  2. 역사적 배경 ... 167
      2.1. 재세례파에 대한 비판의 발전 / 2.2. 재세례파와의 접촉 /
      2.3. 『재세례파 논박』의 저술 배경
  3. 성경: 종교개혁의 기준 ... 178
      3.1. 성경의 권위에 대한 바른 이해 / 3.2. 성경의 바른 해석 방법 /
      3.3. 성경 해석의 바른 적용
  4. 교회: 종교개혁의 방식 ... 188
      4.1. 교회 정체성의 토대 / 4.2. 교회 일치의 기준 / 4.3. 교회 권세의 한계

5. 세속 사회: 종교개혁의 범위 ... **198**

    5.1. 소명으로서의 위정자 직분 / 5.2. 세속 법정 사용 가능성 /

    5.3. 세속 정부 참여 가능성

6. 칼빈의 종교개혁 이해와 그 의의 ... **208**

제6장 정치적 판단과 신앙적 결단: 녹스의 종교개혁 이해 • 209

1. 16세기 유럽의 정치적 상황과 종교개혁 ... **219**

2. 녹스의 저항사상의 배경 ... **222**

    2.1. 역사적 배경 / 2.2. 주요 자료들

3. 녹스의 저항사상의 전개 과정 ... **233**

    3.1. 첫 번째 나팔소리의 예외적 성격 / 3.2. 망명시기 저항사상의 발전

4. 녹스의 저항사상의 종교개혁적 관점 ... **243**

    4.1. 병행적 성경해석 / 4.2. 언약적 관점 / 4.3. 종교개혁적 목적과 그 방법

5. 녹스의 종교개혁 이해와 그 역사적 의의 ... **262**

제7장 종교개혁 기념, 어떻게 해야 할까? • 271

1. 종교개혁의 실천적 의의 ... **273**

2. 시대적 차이, 적용의 한계 ... **275**

3. 기념의 태도, 그리고 기념의 의미 ... **281**

약어표

CO   *Ioannis Calvini opera quae supersunt omnia.* 59 volumes. Eds. G. Baum, Edward Cunitz, and Edward Reuss. Brunsvigae: C.A. Schwetschke und Son, 1863-1900.

Comm   *Calvin's Commentaries.* 46 volumes. Edinburgh: Calvin Translation Society, 1844-1855; reprinted as 22 volumes. Grand Rapids: Baker, 1979.

COR   *Ioannis Calvini opera omnia. Denuo recognita et adnotatione critica instructa notisque illustrata.* Series 1-6. Ed. Brian G. Armstrong. Geneva: Librairie Droz, 1992ff.

CWE   *Collected Works of Erasmus.* 86 volumes. Toronto: University of Toronto Press, 1974-2016.

Institutes   *Institutes of the Christian Religion* (1559): Library of Christian Classics, vols. XX and XXI. Trans. Ford Lewis Battles. Philadelphia: Westminster Press, 1960.

LB   *Desiderii Erasmi Roterdami Opera Omnia.* 10 volumes. Ed. J. Leclerc. Leiden: 1703-1706.

LW   *Luther's Works.* 55 volumes. Eds. J. Pelikan and H. T. Lehmann. St. Louis: Concordia, 1955-1986.

OER   Hillerbrand, Hans J. (Ed.), *Oxford Encyclopedia of Reformation.* 4 volumes. Oxford: Oxford University Press, 1996.

OS   *Joannis Calvini Opera Selecta.* Eds. Peter Barth, Wilhelm Niesel, and Dora Schenuner. 5 volumes. München: Christian Kaiser, 1926-1962.

Schaff   Schaff, Philip. (Ed.) *The Creeds of Christendom.* 3 volumes. London: Harper and Row, 1931.

WA   *Martin Luthers Werke: Kritische Gesamtausgabe.* Weimar: Hermann Böhlaus Nachfolger, 1883-1929.

Works   *The Works of John Knox.* 6 volumes. Ed. David Laing. Edinburgh: Woodrow Society, 1846-1864.

Z   *Huldreich Zwinglis Sämtliche Werke.* Zurich: Theologischer Verlag, 1905-.

저자 서문

　2017년 전 세계 교회와 관련 학계는 종교개혁 500주년을 기념하는 행사들로 뜨거웠습니다. 한국도 예외가 아니었습니다. 많은 행사들이 있었고 수많은 서적들이 출간되었습니다. 이 책 역시 2017년 있었던 종교개혁 기념의 일환이라고 말할 수 있습니다. 2017년과 2018년 종교개혁을 기념하기 위해 작성하여 학술지에 게재한 논문들이 이 책의 주요 내용을 이루고 있기 때문입니다. 루터와 에라스무스에 대한 연구는 「한국개혁신학」 제56권에, 칼빈의 재세례파 비판에 대한 연구는 「개혁논총」 제42권에 모두 2017년에 게재되었으며, 녹스의 저항사상에 대한 연구는 「성경과신학」 제88권에 2018년 게재되었습니다. 발표와 심사 과정에서 고견을 주신 익명의 심사위원들과 이 논문들을 이번 단행본에 실을 수 있도록 허락해 주신 각 학회지의 발행인들께 서문을 빌어 감사를 표합니다. 루터와 칼빈, 그리고 녹스, 이상 세 명의 개혁자들이 말하고 추구했던 "종교개혁"이 무엇이었는지를 살펴보아야 하겠다는 계획은 2016년 말 시작되었습니다. 수많은 종교개혁자들 중 이들 세 명을 선택하게 된 논리적 이유는 책 안에 여러 차례 밝혀 놓았기 때문에 여기에서는 말하지 않아도 될 것 같습니다. 다만 이 세 명을 선택한 개인적 이유는 서문에서 밝히는 것이 적절할 듯합니다.

첫째, 루터는 16세기 종교개혁의 시작한 대표적인 인물로서 선택하지 않을 수 없었습니다. 루터와 관련한 많은 주제들 가운데 루터와 에라스무스를 비교해 보려 한 선택은 인문학과 신학 사이의 연속성과 불연속성에 대한 제 자신의 관심 때문이었습니다. 신학과 인문학은 학문의 역사로 볼 때나, 현재 학제 간 관계에서 볼 때나 상호 협력적이면서도 분명히 구별되는 별도의 학문입니다. 신학자들은 마땅히 언어, 철학, 역사 등 인문학적 관점과 방법론에 숙달되어 있어야 합니다. 다른 한편 인문학자들은 신학의 고유한 관점과 그 방법론을 존중해야 합니다. 제가 경험한 인문학자들은 대부분 신학의 특성과 고유한 영역을 존중합니다. 문제는 인문학적 방법론이나 관점에 인정을 받으려고 부단히도 애쓰는 신학자들의 태도에서 시작되지 않은가 싶습니다. 저는 학부에서 철학을 전공했지만 지금은 신학 진영에 속해 있기 때문에 인문학에 대한 신학자들의 태도가 어떠해야 하는지에 대한 관심을 가질 수밖에 없었습니다. 인문학에 대한 신학자들의 루터와 에라스무스 사이의 비교는 이 책의 목표와 직접 관계는 없지만 두 분야의 적합한 관계 설정에 대한 제 개인적 관심에 따른 선택이었습니다.

둘째, 칼빈은 그의 신학이 제 전공이며 관심사이기 때문에 당연히 선택되었습니다. 특히 칼빈과 재세례파를 비교하기로 선택한 것은 재세례파를 비롯한 급진세력에 대한 거부감과 거리감 때문이기보다는, 오히려 이들에 대한 애틋한 마음 때문이었습니다. 급격한 변화의 상황에서 스스로 정한 목표를 향해 일관된 태도를 끝까지 밀어붙이는 급진적 경향은 늘 나타나기 마련입니다. 21세기 초 급격한 변화의 요구 앞에 서 있는 한국교회 안에도 급진적이며 과격한 주장과 행동들이 나타나고 있습니다. 이분들의 열정과 순수한 시도 속에는 존중받을 부분도 있습니다. 그러나 끝까지 앞만 보고 밀어붙이는 과정 속에서 뒤를 돌아보지 못하거나, 주변을 차분히 살피지 못하거나, 위를 겸손하게 바라보지 못하는 위험이 늘 발생합니다. 기독교 신앙은 믿고 우러러본다는 뜻의 "신앙(信仰)"이기 때문에 "우리"의 그 방향만을 내세우기에 앞서 믿음의 도리와 위에 계신 하나님의 뜻을 두려워할 줄 알아야 합니다. 기독교의 개혁운동에서도 본인이 생각하는 믿음의 정의와 이웃을 향한 자기의 사랑을 기준으로 삼는 것이 아니라, 계시된 믿음의 도와 하나님의 통치권 앞에서 우리의 필요와 방향을 내려놓는 신앙의 신실함이 필요합니다. 16세기 종교개혁 시대 발생한 칼빈과 재세례파 사이의 논쟁은 이 점에 있어서도 좋은 식견과 사례를 제공한다고 생각했습니다.

셋째, 녹스를 선택한 배경에는 20년 전 제가 스코틀랜드에서 잠시 머물렀을 때 받았던 배려와 은혜에 대한 빚진 마음이 있습니다. 특히 에딘버러대학 신학교에서 1년의 석사과정을 밟는 동안 매번 마주쳤던 녹스의 동상은 마음 한편에 오랫동안 부담으로 남아 있었습니다. 녹스는 교정 한 편에 서서 한 손을 하늘을 향해 다른 한 손에는 성경을 들고서 저를 비롯한 모든 학생들에게 늘 무언가를 말하고 있었습니다. 녹스가 그의 강단에서 외쳤던 저항사상은 특정 정파에 대한 정치적 저항이 아니었습니다. 그가 말했던 것은 도리어 기독교를 끊임없이 정치화시키는 인간의 본성과, 그 본성을 조장하고 격려하는 시대의 거대한 물결에 대한 신앙고백적 저항이었습니다. 이 저항 과정에서 녹스가 제시한 장로교회의 신학적 기초와 제도적 장치들은 이후 시대와 한국교회에 여전히 중요한 역사적 유산이라고 생각합니다. 정치화, 즉 자신의 이익이나 주장을 세속적 방식으로 관철시키려는 노력은 항상 경계와 반성의 대상이 되어야 합니다. 세속적 방식의 관철이 아니라 신앙적 방식의 헌신이 교회를 개혁하고 하나님을 섬기는 기본 태도이기 때문입니다. 이런 섬김의 태도는 오늘날 세상도 교회를 향해 요구하고 있는 구별된 모습이 아닐까 하는 생각을 가지고 녹스의 저항사상을 연구의 대상으로 선택했습니다.

종교개혁을 기념했던 시끌벅적한 시기가 지나가고 이제는 무엇을 기념하고 또 다른 행사를 주제로 삼아야 할지 막연한 느낌마저 듭니다. 행사는 행사대로 의미가 있습니다. 기념은 기념대로 여러 가지 유익이 있습니다. 그러나 이제는 기념하고 알린 만큼 그렇게 해낼 수 있는가의 문제가 남겨져 있습니다. 21세기 전반기 한국교회가 해야 할 일은 단연코 "개혁"이라고 생각합니다. 복음을 전하고 심는 과정, 핍박과 고난 속에서 믿음을 지키는 과정, 놀라운 성장과 부흥을 경험하는 과정, 사회적 영향력을 확대하며 세계 선교의 일익을 담당하는 과정까지 한국교회는 비교적 빠르게 잘 거쳐 왔습니다. 그리고 이제는 그동안 누적된 여러 가지 문제들을 직시하고 반성하며 본래의 모습으로 회복하는 개혁의 과정을 시작해야 합니다.

한국교회의 현실에 대한 많은 비관적인 전망들이 있지만 교회 역사를 조금만 들여다보면 모든 교회들이 문제를 가지게 되며 일정 기간 이후에는 그 문제가 불거져서 이를 해결하기 위한 개혁의 과정을 거치게 된다는 것을 발견하게 됩니다. 한국교회도 어쩌면 당연한 역사적 과정의 한 단계에 들어선 것이라고 볼 수 있습니다. 그렇지만 문제는 녹록하지 않습니다. 시작과 고난, 그리고 성장과 확장의 과정에 비해 개혁의 과정에서 실패한 교회들이 훨씬 더 많기 때문입니다. 물론 교회가 실패한다고 해서 하나님의 뜻이 좌절되거나 하나님의 나라가 위축되지는 않을 것입니다. 그럼에도 불구하고 우리는 한국교회가 21세기 개혁의 과정을 잘 감당하여 내부의 여러 문제들과 외부의 많은 위협들을 잘 극복한 교회로 역사와 하나님 앞에 인정받기를 간절히 기원합니다. 왜냐하면 한국교회는 우리가 태어난 곳이며, 믿음을 배운 곳이고 주변의 많은 동역자들과 함께 지금도 하나님의 나라를 위해 일하는 삶의 현장이기 때문입니다.

제가 종교개혁을 전공 분야로 삼은 것은 16세기 종교개혁이 개혁의 과정에 들어선 한국교회가 참고할 수 있는 가장 좋은 역사적 모범이라고 생각했기 때문입니다. 실제로 종교개혁은 역사상 가장 성공적인 개혁의 사례이며, 가장 많은 연구가 지금까지 이루어져 오는 주제이고, 어찌 되었든 오늘날 대부분의 한국교회가 가장 권위 있게 생각하는 규범을 제공한 사건입니다. 이 책은 제가 신학대학원 졸업 이후 20년간 이와 같은 관심을 가지고 진행해 온 종교개혁에 대한 연구의 작은 중간 정리입니다. 거대 담론을 전개하기에는 이 책의 분량이 너무 작고 많은 한계가 있지만, 더 준비하고 미루기보다는 일단 여기에서 한 단계 정리하고 이후 더 심도 있는 다음 단계로 나가는 것이 필요하다고 결정했습니다.

이 책이 나오기까지 많은 분들의 도움이 있었습니다. 무엇보다도 종교개혁에 대해 관심을 갖게 해 주신 여러 명의 스승님들이 계셨습니다. 총신대학교 신학대학원과 그 이후 미국의 예일대학교와 영국 에딘버러 대학교에서 신학석사 과정을 공부하고 이어서 캠브리지대학교에서 박사과정을 밟는 동안 제 학업과 논문을 지도해 주신 여러 교수님들은 가장 수준 높은 학자적 식견과 학문적 방법론을 철저하면서도 친절하게 가르쳐 주셨습니다. 그 기간 만났던 수많은 선배와 동료들도 저의 인간적 성숙과 학문적 발전에 큰 자극을 주었습니다. 귀국 후 지난 12년 동안 수업 중 함께 했던 수많은 학생들에게도 감사의 마음을 전합니다. 추천사를 써 주신 박용규 교수님, 안명준 교수님, 이승구 교수님, 박응규 교수님, 김재윤 교수님께도 감사를 드립니다. 10년이 넘도록 변함없이 제자이며 후배인 저를 격려해 주시고 지도해 주시는 존경하는 교수님들께서 바쁜 중임에도 불구하고 귀한 추천사를 써 주셨습니다. 더불어 총신대학교 신학대학원에서 늘 시간을 함께하며 말 그대로 동고동락하는 동료 교수님들께 감사를 표합니다. 이 책이 출간되는데 가장 직접적인 동기를 제공해 주신 분들이 양지의 교수님들이십니다. 또 이 책이 출판

될 수 있도록 배려해 주신 솔로몬 출판사의 박영호 장로님과 원고를 여러 차례 읽고 꼼꼼히 교정해 준 김혜지 전도사님께 심심한 감사의 마음을 전합니다. 끝으로 금년 신학대학원 종교개혁사 수업을 녹화 원격 방식으로 듣고 있는 수강생들에게 늦은 출간에 대한 사과와 함께, 코로나 바이러스로 인해 직접 교실에서 만나지 못하는 현실에 대한 아쉬움 마음을 담아 감사의 마음을 전합니다. 그동안 수업을 들어 준 많은 학생들의 반응과 관심이 이 책이 나올 수 있는 가장 큰 자양분이었습니다. 앞으로 이 책이 종교개혁에 대한 관심을 가진 후학들에게 조금이나마 도움이 되기를 간절히 바라봅니다.

종교개혁에 대해 말하는 것은 늘 큰 부담이 됩니다. 개혁은 역사 앞에서의 문제일 뿐 아니라 그에 앞서 하나님 앞에서의 헌신이기 때문입니다. 말 그대로 항상 개혁하기 위해 노력하겠습니다. Soli Deo Gloria!

2021. 3. 25.
총신대학교 신학대학원 양지 연구실에서
김 요 섭

제1장

16세기 유럽의 종교개혁, 그 재조명의 필요성

1

　이 책은 16세기 유럽에서 발생한 "종교개혁"에 대한 연구이다. 가장 중요한 관심사는 종교개혁의 본래 목적과 내용상 특징을 살펴서 이 역사적 사건의 본질을 규명하는 데 있다. 물론 특정 종교개혁자의 활동과 사상, 각 지역에서 종교개혁으로 인해 발생한 사건들, 또는 특별한 쟁점을 둘러싼 신학적 논쟁 역시 이 책의 관심사에 포함된다. 그러나 인물, 사건, 사상에 대한 관심에 앞서 이 모든 일들이 발발하게 된 종교개혁이라는 역사적 사건 또는 운동의 성격을 명확히 하는 것이 이 책의 가장 중요한 목표이다. 종교개혁과 관련한 여러 주제들에 대한 수많은 국내외의 연구들이 있음에도 불구하고 정작 종교개혁의 개념과 본질에 대한 본격적인 논의는 상대적으로 충분하지 않았다. 종교개혁의 본질과 성격을 규명하는 시도는 이제까지 나타난 많은 연구들을 분석 평가하는 데 도움이 될 뿐 아니라, 앞으로의 종교개혁 연구들이 필히 고려해야 할 가장 근본적인 기초에 대한 재고를 촉구할 수 있다는 점에서 그 가치를 찾을 수 있을 것이다.

　결론을 미리 말하자면 이 책은 16세기 유럽 종교개혁의 본질을 기독교 신앙의 회복의 추구였다고 정의한다. 이런 결론은 다른 의견의 여지가 거의 없을 정도로 당연하고 진부한 주장으로 들릴 수 있다. 16세기 유럽이 대부분 기독교였다는 점, 그리고 기독교가 종교, 즉 신앙체계였다는 점, 그리고 개혁이 회복과 향상을 의미한다는 점은 너무나 당연하다. 이와 같은 결론이 완전히 새로운 발견이라거나 기존의 학설들을 뒤엎을 파격적인 재조명이라고 말하는 것도 무리가 있다. 그러나 이와 같이 당연한 종교개혁에 대한 "신앙적" 이해가 최근의 종교개혁 연구의 경향과, 종교개혁의 의의를 현실적으로 적용하려는 시도와 관련해 의의는 반드시 재고해야 한다. 즉 그동안의 종교개혁에 대한 학문적 연구들이 너무 다양한 관점과 이해에 따라 진행되면서 종교개혁 본연의 의미가 다소 간과되거나 심지어 왜곡되었을 수 있었다는 반성이 가능하다. 또 종교개혁을 기념하고 현실에 적용하는 과정에서 종교개혁 본연의 특징과 방식보다는 주변적인 요소들이나, 심지어 시대착오적인 방향들이 창출되는 오용 내지는 남용이 있지 않았는지 성찰해야 할 필요도 있다.

비텐베르크 성교회 정문. 루터가 이곳에 95개조를 게시한 것으로 알려져 있다.

16세기 종교개혁자들은 기독교 신앙의 바른 회복을 위해 당시 "종교"의 총체적인 "개혁"을 추진했다. 그럼에도 불구하고 그들의 개혁을 맞이했던 당시 대중들과 권력자들은 모두 동일한 신앙적 차원에서 이 운동을 이해하고 수용하지는 않았다. 또 종교개혁으로 인해 발생한 여러 결과들은 신앙적 차원에 국한되지 않았다. 종교개혁은 16세기를 넘어서 지금까지 사회, 경제, 문화, 정치, 사상, 과학, 예술에 이르기까지 광범위한 영향을 끼쳐왔다. 따라서 16세기 종교개혁에 대한 정치, 경제, 문화, 심리적 차원에 걸친 다양한 해석은 충분히 가능한 일이며 또 유익하고 필요한 일이다. 해석이 다양한 만큼 종교개혁의 여러 의의를 다양한 국면에 적용하는 것 역시 환영할만한 시도이다. 그러나 이 모든 가능하고 다양한 해석과 시도들 가운데 16세기 종교개혁자들이 말했던 이 운동의 본래 목적이 무시되거나 왜곡되어서는 안된다. 해석자의 주관적 관점과 이용자의 이해관계에 따라 종교개혁자들의 목소리가 왜곡되거나 무시될 경우 엄연한 역사적 사실인 16세기 종교개혁이 부당한 혹은 부적절한 목적을 위해 오용될 수 있기 때문이다. 그보다도 역사적 사건을 사실 그대로 설명하려는 노력은 아무리 지금이 포스트모던의 시대라고 하더라도 여전히 가장 중시되어야 할 역사 연구의 기본 준칙이다. 그러므로 그동안 종교개혁을 연구해 온 과정과 성과들, 그리고 종교개혁을 성대하게 기념했던 최근의 여러 행사들과 그 결과들을 반성할 때, 빼놓을 수 없는 가장 중요한 과정은 "종교개혁"이라는 역사적 사실이 무엇이었는지에 대해 먼저 진지하게 살피는 것이다. 이런 필요에 따라 이 책은 16세기 종교개혁자들이 "종교개혁"을 무엇이라고 규정했는지 추적하고 재구성하려 한다.

  수많은 해석자들의 수만큼이나 너무나 다양하게 전제된 종교개혁에 대한 정의와 이해는 어쩌면 종교개혁자들의 목소리를 약하게 해 온 면이 있다. 종교개혁에 대한 모든 연구들은 보통 간략하게나마 각자가 이해하는 한에서 종교개혁에 대해 말한다. 그러나 어원상의 정의나 개념

설정을 위한 정의, 아니면 기존 연구들에 대한 간략한 언급들은 본론에서 말하려고 하는 각자의 종교개혁 개념을 위한 밑그림에 머물 때가 많았다. 그리고 이 밑그림은 저자가 전개하려 하는 의도적인 해석을 위한 사전 작업일 경우가 많았다. 물론 밑그림은 필요하며 의도를 향한 전제는 불가피하다. 문제는 이 사전 작업이 너무 간략하고 피상적으로 이루어질 때가 많았다는 점이며, 해석에 의해 증명되어야 할 "종교개혁"의 정의가 미리 전제되었다는 점이다. 예를 들어 루터를 근대 독일을 낳은 위대한 지성인으로 그려내고 싶은 민족주의적 종교개혁 해석자는 종교개혁을 독일의 정치적, 사상적 통일을 이루어낸 중요한 역사적 계기라고 전제한다. 칼빈의 신학을 아우구스티누스를 계승한 교회사상 최고의 신학 체계로 내세우고 싶은 칼빈주의자들은 종교개혁을 이 위대한 인물과 충실한 계승자들의 출현이 이루어진 신학 논쟁의 장이라고 전제한다. 재세례파가 추구했던 평등한 공동체의 이상으로부터 재산의 공동 소유와 절대적 평등의 가치를 발견하고 싶은 진보적 역사가들은 종교개혁을 부르주아 계급과 프롤레타리아 계급 사이의 정치 경제적 투쟁의 과정이라고 전제한다. 16세기 "초기 근대" 유럽의 상황 가운데 나타난 일반 대중들이 경험한 일상의 현실과 내면적 삶을 탐구하고 싶은 종교사학파 역사가들은 종교개혁을 역병과 가난, 내면 깊이 자리 잡은 죄책감과 내세에 대한 불확실을 극복하기 위해 새로운 대안을 추구했던 종교 심성의 대안 제시였다고 전제한다. 자기가 속한 특정 교파의 정당성과 우월성을 주장하고 싶은 사람들은 16세기 종교개혁을 그들의 역사적 뿌리와 신학적 기초의 기원을 결정해준 하나님의 놀라운 섭리적 사건이라고 전제한다. 이와 같은 전제에 따라 종교개혁의 사건과 인물, 신학이 선택되고 해석되며 규정되곤 한다.

각자가 가진 선입견 혹은 의도를 내려놓고 종교개혁자들의 목소리를 듣는 일은 결코 쉬운 것은 아니다. 가장 큰 난점은 고찰의 대상과 범위를 선택할 수밖에 없다는 현실에서 비롯된다. 대략 100년이라는 결코 짧지 않은 기간 동안 유럽의 전역에 걸쳐 수많은 사건과 논쟁을 불러일으켰던 "종교개혁" 속에서 어떤 인물의 어떤 목소리를 선택해야 하는가? 그리고 한 인물을 선정한다고 해도 그 인물이 남긴 많은 분량의 문서와 그 가운데 담긴 다양한 논의들 가운데 어떤 것을 선택해야 하는가? 이 책 역시 이 선택의 문제로부터 자유로울 수 없다. 따라서 이 책 역시 이미 종교개혁에 대한 선 이해를 취하고 있음을 부인할 수 없다. 더군다나 비교적 짧은 이 연구서에서는 인물과 주제의 취사선택은 더 제한적이다. 그러나 수천 페이지에 이르는 대작을 통해 아무도 주목하지 않은 인물과 저술까지 거의 모든 주제를 다 다룬다고 해서 이 선택의 문제가 충분히 해결되었다고 말할 수는 없을 것이다. 이는 종교개혁뿐 아니라 거의 모든 역사 연구가 직면하는 한계일 것이다. 따라서 모든 내용을 다 검토했다는 주장이나, 절대적 객관성을 취했다는 주장은 불가능하다는 사실을 인정할 수밖에 없다. 그렇다면 취사선택을 했다는 사실에 문제를 제기할 것이 아니라 그 선택이 얼마나 타당한지를 살피는 것이 바람직한 최선의 선택일 것이다.

이 책은 종교개혁자들이 생각한 "종교개혁"의 개념을 규명하기 위해 종교개혁 시대에 기독교 내 나타난 여러 입장들 가운데 세 가지 대조군을 선택했다. 첫째는 인간의 자유의지를 둘러싼 독일의 종교개혁자 루터(Martin Luther, 1483-1546)와 르네상스 인문주의를 대표하는 에라스무스(Desiderius Erasmus, 1466-1536)의 대조이다. 둘째는 개혁파 종교개혁을 대표하는 프랑스 출신 개혁자 칼빈(John Calvin, 1509-1564)과 16세기 급진주의세력을 대표하는 재세례파의 대조이다. 셋째는 장로교 종교개혁을 이루어낸 스코틀랜드 출신 개혁자 녹스(John Knox, c. 1513-1572)와 그가 저항의 대상으로 삼았던 잉글랜드와 스코틀랜드의 국가 중심 개혁 혹은 반개혁주 권력자들 사이의 대조이다. 이 대조들은 각 입장들의 대조가 가장 선명하게 드러나 있는 세 개혁자들의 주요 작품들을 심층 분석함으로써 이루어질 것이다. 선택된 주요 작품들은 루터의 『노예의지에 관하여』(De Servo Arbitrio, 1525), 칼빈의 『재세례파 논박』(Brieve introduction pour armer tous bons fideles contrre les erreurs de la secte commune des anabaptistes, 1544) 그리고 저항 사상을 담고 있는 녹스의 1560년대 서신들이다. 각 장의 구조는 먼저 서로 대조되는 인물이나 집단들 사이에서 서로 구별되는 성경에 대한 이해와 성경해석 방법론의 차이를 설명하고, 이어서 쟁점이 되었던 신학적 주제나 교회적 관심사에 대한 각각의 이해 차이를 분석한 후, 이를 바탕으로 각 분석 대상들이 생각했던 종교와 개혁에 대한 이해의 차이를 도출하는 방식으로 이루어져 있다. 루터와 에라스무스 사이의 대조에서는 인간론이, 칼빈과 재세례파 사이의 대조에서는 교회론이, 녹스와 국교회파 사이의 대조에서는 정치사상이 이들의 종교개혁 이해의 차이를 규명하기 위한 중요 관심사로 검토될 것이다.

   루터와 칼빈, 녹스 이 세 개혁자는 각각 16세기 독어권, 불어권, 그리고 영어권 종교개혁을 대표한다는 점에서 선택되었다. 또 에라스무스에 반대한 루터 논쟁은 1520년대에 전개되었고, 칼빈의 재세례파 반박이 1540년대에 출간되었으며, 녹스의 저항 사상을 담은 서신들은 1560년대 발표되었기 때문에, 16세기 종교개혁의 각 단계를 대표할 수 있다는 점에서 20년 정도 사이를 두고 벌어진 이 세 가지 논쟁을 대조 분석의 대상으로 선택했다. 이와 같은 선택은 츠빙글리(Ulrich Zwingli, 1484-1531), 크랜머(Thomas Cranmer, 1489-1556), 부쳐(Martin Bucer, 1491-1551), 멜란히톤(Philip Melanchthon, 1497-1560), 불링거(Heinrich Bullinger, 1504-1575), 베자(Theodre de Beza, 1519-1605), 멜빌(Andrew Melville, 1545-1622)과 같은 위대한 16세기 종교개혁자들에게 더 큰 관심을 가진 독자들에게는 큰 아쉬움을 줄 수 있다. 스위스, 스칸디나비아, 저지대지방, 헝가리, 스페인과 이탈리아 등 다른 유럽 여러 지역의 종교개혁에 대해서도 다 다루지 못했다는 점 역시 선택이 가질 수밖에 없는 아쉬움이다. 이런 아쉬움에도 불구하고 세 가지 대조군이 가지고 있는 지역별, 시기별 대표성을 고려

한다면 이와 같은 선택이 완전히 부당하다고 보기는 어려울 것이다.

이 책이 취한 선택의 또 다른 한계가 있다. 이 책에서는 종교개혁자들을 대표하기 위해 선정된 루터와 칼빈, 그리고 녹스 사이에 분명히 존재했던 차이점들을 구체적으로 다루지는 않는다. 또 이들과 대조되는 인문주의, 급진주의, 그리고 국교회주의에 대해 심도 있게 분석하지도 않는다. 이 모두는 중요한 주제이지만 이 책의 한계 밖에 있는 주제들이다. 이 한계는 이 책의 초점이 종교개혁 시대에 등장한 여러 인물들과 주장들, 그리고 전통들을 하나하나 분석하는 것이 아니라, 각 지역과 각 과정의 단계를 대표하는 종교개혁자들이 생각했던 "종교개혁"에 대한 이해를 규명하는 것에 있기 때문에 생겨났다. 더 구체적으로 말하자면, 이 책의 주된 관심은 르네상스 인문주의가 종교개혁에 끼친 영향과 그 성격을 밝히는 것이 아니라 루터가 에라스무스의 인문주의를 비판하면서 이에 맞서 자신이 생각한 종교개혁을 무엇이라고 설명했는지에 있다. 마찬가지로 이 책은 재세례파의 역사적 의의와 다양한 입장을 평가하는 것보다는 칼빈이 급진적 주장을 재세례파라고 통칭하여 비판하면서 자신이 추구한 종교개혁을 어떻게 설명하려 했는지에 초점을 맞춘다.

녹스와 대조되는 잉글랜드와 스코틀랜드의 소위 "국교회주의"는 위에서 대조되는 인문주의나 급진주의보다 그 실체가 더 모호하다. 1560년대 녹스가 저항 사상을 담아 쓴 서신들 안에서 언급되는 스코틀랜드와 잉글랜드 귀족들이 보여준 개혁에 대한 미온적 태도를 "국교회주의"라고 통칭하는 것은 분명 무리가 있다. 잉글랜드의 국교회주의자들은 엘리자베스 1세(Elizabeth I, 재위 1558-1603) 치하에서 17세기 청교도들과 달리 국가 중심적인 교회 수립을 주도했던 세력의 주된 입장이라고 볼 수 있기 때문이다. 그럼에도 불구하고 에드워드 6세(Edward VI, 재위 1547-1553) 시대와 엘리자베스 1세 시대 잉글랜드 교회의 안에서 벌어진 교회개혁 사이의 연속성과, 청교도들과 녹스 사이에 존재하는 관련성을 고려할 때, 녹스가 그의 서신 안에서 강하게 비판했던 정치 세력들을 일종의 국교회주의자들이었다고 볼 수 있을 것이다. 녹스는 여러 서신들과 저작들 속에서 하나님의 말씀에 대한 신앙적 헌신이 아닌 다른 세속적 이익에 따라 교회의 문제를 다루려 했던 권력자들의 위선을 줄기차게 비판했다. 그가 비판한 위선적인 교회주의자들 안에는 친 로마 가톨릭 권력자들과 친 개신교적 권력자들이 모두 포함되어 있었다. 이들에 대한 녹스의 비판을 분석함으로써 그가 주장하고 또 확립하려 한 종교개혁의 신앙적 본질이 어떤 것이었는지 선명히 드러날 것이다.

2장은 세 가지 대조군에 대한 고찰에 앞서 "종교개혁"의 개념과 배경, 그리고 주요 과제 등에 대한 개론적 내용을 다룰 것이다. 여기에서는 먼저 "종교"와 "개혁"이라는 용어의 의미를 고찰한 후, 종교개혁의 주요 원인들에 초점을 맞춘 종교개혁 연구의 경향들을 소개할 것이다. 그리고 루터와 칼빈 등 주요 종교개혁자들이 제시했던 개혁의 세 가지 주요 과제들의 내용을 고찰함으로써 종교개혁의 신학적 요점들을 개관할 것이다. 이 개론적 논의는 포괄적인 종교개혁 역사 연구나 심도 있는 종교개혁 신학 연구는 아니다. 다만 루터와 칼빈, 그리고 녹스라는 제한된 선택에 앞서 이 선택의 배경과 이유를 설명할 필요가 있기 때문에 이런 논의를 먼저 제시할 뿐이다. 2장에서 간략하게 언급하는 많은 내용들은 그 하나하나가 상당한 분량과 수준의 연구가 요구되는 중요한 과제들이다.

지난 2017년에는 전 세계 개신교회들은 많은 행사들과 출판을 통해 종교개혁 500주년을 기념했다. 특히 칼빈을 가장 중요한 신학자들 중 한 명으로 꼽는 한국 장로교회와 세계 개혁교회들은 2009년 칼빈 탄생 500주년으로부터 2017년 종교개혁 500주년에 이르는 8년의 기간을 자신들의 역사적 신학적 정체성을 확인하는 좋은 기회로 활용했다. 그때로부터 어느 정도 지나버린 지금, 이 개념의 노력을 통해 무엇을 확인하고 확립했는지를 재조명하는 것은 결코 불필요하거나 성급한 일은 아닐 것이다. 어쩌면 시간이 조금 지났기 때문에 조금 더 차분하게 종교개혁에 대한 기념과 이해가 가능하다고 말할 수 있다. 지난 500주년 기념

보름스 종교개혁 기념비

시기에 종교개혁을 성대하게 축하했던 의도는 결코 어떤 단체의 프로그램이나 특정 이해집단의 프로젝트를 위한 정치적, 상업적 목적은 아니었을 것이다. 그때나 지금이나 종교개혁을 기념하고 연구하는 궁극적인 목적은 이 역사적 사건을 제대로 이해함으로써 우리의 신앙적 정체성을 재확인하고 이를 바탕으로 우리 신앙과 교회의 현실을 냉철하게 진단하여, 계속되는 개혁, 즉 성경의 진리에 맞춘 변화와 회복을 다시 계속하는 데 있다. 이 목적이 의미 없는 구호가 아니라 진심 어린 고백이라면 행사 기간이 지난 지금 이 책이 시도하는 종교개혁의 본연의 의미와 본질적 목적에 대한 탐구는 유통기한이 지난 무가치한 일은 아닐 것이다.

이 책의 마지막 7장은 종교개혁자들이 직접 말하고 추구했던 종교개혁의 신앙적 본질을 확인해야 할 필요성과, 그 확인을 기초로 삼아 종교개혁을 이해하고 적용할 때 취해야 할 바람직한 태도를 제시한다. 선입견이나 자의적 의도를 최선을 다해 멈추고 역사적 사실과 주장을 있는 그대로 파악하고자 하는 일종의 판단중지의 자세가 이 책의 결론적 제안이다. 이와 같은 자세는 적어도 역사적 사실을 현실에 적용함에 있어 흔히 발생하는 시대착오의 오류를 예방하는데 필수적인 요건이다. 이 책의 제안에 따라 종교개혁 역사와 신학 전반, 혹은 특정 지역이나 인물, 신학적 주제를 검토하는 포괄적이고 광범위한 고찰은 이후 또 다른 연구의 과제로 남겨두려 한다. 이 책이 "종교개혁"과 관련해 다룰 때 전제하는 중요한 개념이나 논의의 한계, 그리고 논의를 위한 배경 설명은 이어지는 2장에서 상세한 서지 정보들과 함께 보다 더 자세하게 제시될 것이다. 따라서 이 책의 동기와 목적, 그리고 한계를 설명하는 서론은 여기에서 충분하다고 생각된다.

제2장

16세기 유럽 종교개혁의 개념과 원인

1. "종교개혁"(Religious Reformation)의 개념

"종교개혁"(Religious Reformation)은 16세기 독일을 중심으로 시작되어 이후 유럽 전역에 걸쳐 종교뿐 아니라 문화, 사회의 변화를 가져온 기독교의 개혁 운동을 일컫는 말이다. 종교개혁의 역사와 의의를 논의하면서 종교개혁 본래의 취지를 정확하게 파악하기 위해서는 이 운동의 본연적 성격과 그 배경 및 결과를 잘 구별해야 할 필요가 있다.

종교개혁에 대한 최근의 여러 연구들은 종교개혁자들이 직접 내세운 "종교개혁"의 취지보다는 그 배경과 귀결로부터 종교개혁의 성격과 의의를 평가하는 경향이 있다.[1] 물론 역사적 사건이나 실체에 대한 해석자의 권리와 자유는 존중되어야 한다. 그러나 바람직한 해석을 위해서는 그 해석의 대상인 종교개혁 자체에 대한 정확한 파악을 위한 노력이 반

---

[1] 최근의 종교개혁 연구에 대한 정보는 David M. Whitford, *Reformation and Early Modern Europe: A Guide to Research* (Kirksville: Truman State University Press, 2008)에 잘 정리되어 있다. 그 이전에는 다음과 같은 연구서들이 있었다. Steven Ozment (ed.), *Reformation Europe: A Guide to Research* (St. Louis: Center for Reformation Research, 1982); Arthur G. Dickens, John M. Tonkin, and Kenneth Powell, *The Reformation in Historical Thought* (Cambridge: Harvard University Press, 1985); William S. Maltby (ed.), *Reformation Europe: A Guide to Research II* (St. Louis: Center for Reformation Research, 1992).

촛불은 켜졌고, 우리는 그것을 끌 수 없다. 17세기에 그려진 16세기 종교개혁자들의 기념화

드시 선행되어야 한다. 그리고 이 파악의 시도 안에는 16세기 종교개혁자들이 스스로 주장했던 "종교"와 "개혁"에 대한 이해가 포함되어야 할 것이다. "종교개혁"은 후대가 붙인 이름이 아니라 16세기 종교개혁자들이 스스로 자신들의 운동을 일컬었던 이름이기 때문이다. 대표적인 예로 스코틀랜드의 종교개혁자 녹스는 1559년 저술한 자신의 주저작인 『스코틀랜드 종교개혁의 역사』 제2권의 서문에서 스코틀랜드에서 전개된 운동을 "종교개혁"(the reformation of religion)이라고 불렀다. "그리고 우리들의 이 고백에서 우리는 무엇이 우리의 손을 종교개혁으로 움직이게 했는지, 우리가 어떻게 이 개혁을 계속해 나아갔는지, 우리가 거룩한 권위에게 무엇을 요청해 왔으며 지금 무엇을 요구하고 있는지 신실하게 표명할 것입니다."[2] 종교개혁에 대한 여러 관점에 따른 다양한 해석에 앞서, 우선 16세기 종교개혁자들이 어떤 의미에서 "종교"와 "개혁"이라는 용어를 사용했는지 검토해 보기로 하자.

1.1. 종교(Religion)

오늘날 "종교"(religion)는 초월적 존재나 가능성에 대한 영적인 이해와 추구를 일컫는 보편적인 용어이다. 그러나 16세기 유럽에서 "종교"는 기독교의 신앙(fides)과 경건(pietas)을 지칭하는 용어로 사용되었다. 에라스무스는 1523년 1월 대공 페르디난드에게 보내는 편지에서 "종교"를 "경건"과 동의어로 사용하면서 종교를 "인간 내면에 있는 선행의 동기를 독려함으로써 이루어내는 내면적이며 도덕적인 신앙의 진보"라

---

[2] John Knox, "The History of the Reformatioun of Religioun within the Realme of Scotland," Book II, Prefatio, in *Works*.1: 298. Dickinson은 녹스의 서신들과 "스코틀랜드 종교개혁의 역사" 내용을 분석하여 전체 5권으로 구성된 이 저작들 가운데 1권부터 4권까지가 확실히 녹스가 저술한 것이며 그 가운데 2권이 가장 먼저 1559년 말 저술되었다고 주장한다. William Croft Dickinson, "Bibliographical Note," in *John Knox's History of the Reformation in Scotland*, vol. 1. ed. William Croft Dickinson (New York: Philosophical Library, 1950), lxxxviii-xci.

고 말했다.³ 그는 또 다른 글에서는 "종교" 혹은 이와 같은 의미의 "경건"을 "하나님에 대한 사랑과 우리 이웃에 대한 사랑을 포함한 마음 혹은 성향의 상태"라고 정의했다.⁴ 뒤에서 살펴보겠지만 내면적, 도덕적 차원을 강조하는 에라스무스의 "종교" 혹은 "경건" 개념은 루터를 비롯한 주요 종교개혁자들의 "종교" 이해와는 조금 차이를 가지고 있다. 그러나 에라스무스가 그 시대 "종교"라는 용어를 "경건"과 유사한 개념으로 사용했으며, 이 "종교"를 기독교 신앙의 핵심이라고 생각한 점 등은 기억해 둘 만하다.

16세기 종교개혁자들이 이해한 "종교"의 개념을 가장 잘 보여주는 또 다른 곳은 스위스의 종교개혁자 츠빙글리(Ulrich Zwingli, 1484-1531)가 1525년 저술한 책의 제목이다. 그는 이 책의 제목을 『참된 종교와 거짓 종교에 대한 주해』(De vera et falsa religione commenatirus)로 정했다. 이 저술은 로마 가톨릭이 조장해 놓은 잘못된 우상숭배적인 "종교"와 재세례파가 주장하고 있는 과격하고 무질서한 "종교"에 맞서 참된 기독교 "종교"가 무엇인지 설명하는 것을 목적으로 삼고 있다. 츠빙글리는 이 저술의 초두에서 "종교"라는 단어의 고전적 어원에 대해 설명한다. 즉 키케로의 글에서 발견할 수 있듯이

츠빙글리. 1484년 태어나 스위스 취리히에서 시작된 개혁파 종교개혁을 주도했다.

---

3   CWE 9: Ep. 1334, 232-234.
4   *Adversus febricitantis cuiusdam libellum responsio*, LB 10: 1675B. Erika Rummel, "Monachatus non est pietas: Interpretation and Misinterpretations of a Dictum," in *Erasmus' Vision of the Church*, ed. Hilmar M. Rabel (Kirksville: Sixteenth Century Journal Publishers, 1995), 41.

본래 "종교"(religio)라는 라틴어 단어는 "다시 읽음"에서 유래했으며, 이는 "경건한 자들은 신들을 경외하는 데 필요한 모든 것을 다시 한 번 생각하고 마찬가지 다시 읽기 때문"이라는 것이다. 그러나 츠빙글리는 고전적 이해에 머무르지 않는다. 그는 곧이어 기독교적 의미에서 "종교"가 무엇을 의미하는지 설명한다. 그에 의하면 종교는 "기독교인들의 경건 전체"를 의미하여 "곧 신앙, 삶의 방식, 명령, 예배 질서, 성례전"을 포괄하는 개념이다.[5]

츠빙글리는 이 책의 내용 가운데 거짓 종교와 구별되는 참된 종교에 대해 설명할 때 하나님과 인간이라는 두 축을 설정한 후 자신의 논의를 전개한다. 이런 구조는 숭배를 받으시는 하나님과, 그 숭배를 드리는 인간 사이의 올바른 관계 가운데 참된 종교가 이루어질 수 있다는 츠빙글리의 기본적인 이해를 반영한다.[6] 츠빙글리가 하나님과 인간 사이의 합당한 관계로 이루어진다고 생각한 "참된 종교"는 다음과 같다.

> 경건, 곧 종교는 인간이 하나님을 아버지로 두고 최고선이신 분인 그분을 확고부동하게 신뢰하는 그러한 의지함이다. 곧 하나님만이 우리의 근심을 해결하시고 모든 악을 물리치시거나 우리 명예와 자기 사람들에게 유익함으로 바꾸는 지혜와 능력을 가지고 계시다는 것을 알고 있는 의지함이다 … 참된 종교 또는 참된 경건은 바로 사람이 유일하신 하나님을 떠나지 않는 것에 있다.[7]

---

5   Ulrich Zwingli, "참된 종교와 거짓 종교에 대한 주해," 『츠빙글리 저작선집 3』, 공성철 역 (서울: 연세대학교 출판문화원, 2017), 57. "Nos enim 'religionem' hic accipimus pro ea ratione, quae pietatem totam Christianorum, puta: fidem, vitam, leges, ritus, sacramenta, complectitur." Z.3: 639.
6   "종교가 추구하는 바가 하나님이고 자신의 종교로 하나님을 추구하는 자가 사람이기 때문에 당신이 먼저 하나님과 인간을 모르면 종교가 올바르게 다루어질 수 없다." Zwingli, "참된 종교와 거짓 종교에 대한 주해," 58. Z.3: 640.
7   Zwingli, "참된 종교와 거짓 종교에 대한 주해," 95-96. Z.3: 668.

이처럼 츠빙글리는 "종교"라는 개념을 적극 활용하여 자신이 시도한 개혁의 대상이 무엇인지를 설명했다. 따라서 츠빙글리가 추구했던 종교개혁은 거짓 종교의 오류를 지적하고 참된 종교의 기초와 내용을 가르침으로써 기독교의 참된 신앙을 회복하는 것이었다고 말할 수 있다. 츠빙글리는 이와 같은 이해 위에서 당대의 '거짓 종교'를 다음과 같이 비판하고 그에 대한 개혁을 주장했다. "점차로 우리들 중 많은 사람들이 결국에는 인간의 지혜가 가진 기만이 만들어 내고 선포를 시도한 것을 종교로 알게 되는 데까지 이르렀다. 곧 이것은 종교라는 이름을 정당하게 가지기에는 너무도 먼 종교로서 오히려 위선, 불신앙, 미신이라고 지칭되어야 마땅한 것이다."[8]

츠빙글리의 『참 종교와 거짓 종교에 대한 주해』가 발표된 11년 후 프랑스 출신의 종교개혁자 칼빈(John Calvin, 1509-1564)은 루터의 소교리문답의 순서를 따라 프로테스탄트 신학의 요점을 잘 정리한 소책자를 스위스 바젤에서 발표했다. 이 작품은 20여 년 동안 여러 차례 증보되고 프랑스어로 번역되는 과정을 거치면서 16세기 종교개혁 사상을 대변하는 기념비적 작품으로 자리잡았다. 저자인 칼빈이 정한 이 작품의 제목은 『기독교 종교에 대한 강요』(Institutio Christiane Religionis)였다. 자신의 첫 신학적 저술의 제목에 포함시킬 정도로 기독교의 "종교"의 문제는 칼빈에게 가장 중요한 관심사였다.[9] 아마도 저자의 동의하에 출판자인 플라테르(Thomas Platter)와 라시우스(Balthasar Lasius)에 의해 붙여진 이 책의 부제는 이 책이 설명하려 한 "기독교 종교"에 대해 다음과 같이 설명한다. "경건에 대한 요체 거의 전부와 구원의 교리를 앎에 필요한 모든

---

8   Zwingli, "참된 종교와 거짓 종교에 대한 주해," 56. Z.3: 639.
9   칼빈은 키케로가 "반복하여 읽음"으로 "종교"(religio)를 설명하는 것은 무리가 있다고 비판한다. 그는 종교를 하나님께서 정하신 원칙에 충실한 합법적인 예배의 문제와 더 연결시켜 설명한다. Institutes, I.12.1, OS.3: 105. 『기독교강요』(1559)의 한글 번역은 특별한 경우를 제외하고는 John Calvin, *Institutes of the Christian Religion* (1559), 『기독교강요』, 문병호 역 (서울: 생명의 말씀사, 2020)에서 인용한다.

것, 경건에 힘쓰는 모든 사람에게 가장 합당한 것을 모두 포함하고 있음."[10]

칼빈은 『기독교강요』 본문 곳곳에서 "종교"를 "경건"이라는 개념과 거의 같은 의미로 사용한다. 이점에 있어서 칼빈의 "종교" 이해는 에라스무스나 츠빙글리의 이해와 크게 다르지 않다. 특히 이 책의 기본 틀은 츠빙글리의 작품이 취하는 틀과 거의 동일하다. 『기독교강요』는 첫 부분에서 츠빙글리의 『참된 종교와 거짓 종교에 대한 주해』와 동일하게 하나님과 인간이라는 두 축을 설정한 후 그 사이에서 참된 종교가 어떻게 가능한지 설명한다.[11] 칼빈은 여기에서 하나님을 아는 지식의 가장 중요한 조건으로서 "종교" 혹은 "경건"을 언급한다. 그가 정의하는 "경건"은 다음과 같다. "왜냐하면 하나님의 능력에 대한 이러한 자각이 우리에게 경건을 가르쳐 주는 데 안성맞춤인 선생이며, 이 경건으로부터 종교가 태어나기 때문이다. 내가 경건이라고 부르는 것은 하나님을 향한 사랑과 결합된 경외심인데, 하나님의 은총을 아는 지식이 그것을 불러일으킨다."[12]

이상에서 살펴본 『기독교강요』의 제목과 내용에서 우리는 다음의 세 가지 점을 확인할 수 있다. 첫째, 칼빈을 비롯한 여러 종교개혁자들은 잘못된 신앙 이해와 그 행태에 맞서 바른 기독교 신앙을 설명하기 위해 "종교"라는 용어를 "경건"이라는 말과 유사한 개념으로 사용했다. 따라서 16세기 유럽 기독교 사회 속에서 사용된 "종교"라는 개념은 기본적으로 기독교에 한정된 개념이며, 특히 하나님 앞에서의 바른 이해와 바른 태도에 대한 "신앙적" 개념이었다고 추론할 수 있다. 그렇다면 "종

---

10 "Institutio Christianae Religionis: totam fere pietatis summam, et quidquid est in doctrina salutis cognitu necessarium, complectens; omnibus pietatis studiosis lectu dignissimum opus…" OS,1: 19.
11 "궁극적으로 참되고 견실한 지혜로 여겨질 만한 우리 지혜의 요체 거의 전부는 하나님을 아는 지식과 우리 자신을 아는 지식, 두 부분으로 이루어진다." Institutes, I.1.1, OS.3: 31.
12 Institutes, I.2.1, OS.1: 35.

교"가 기본적으로 기독교 종교에 대한 것임을 놓치고 그 대신 사회학적, 정치학적 관점에서 종교개혁을 이해하는 것은 자칫 16세기 종교개혁이 가지고 있는 본래의 종교적 의의를 간과할 위험을 갖게 된다.

둘째, 칼빈의 "종교" 정의가 보여주듯이 개혁자들은 "종교"라는 개념을 통해 기독교 신앙, 혹은 경건의 핵심적 내용을 포괄적으로 설명하려 했다. 따라서 종교개혁자들이 개혁하려 한 대상을 특정한 신앙 행태나, 교리, 혹은 조직이나 제도에 국한시켜 보는 것은 상당히 제한적인 이해이다. 이와 관련해 "종교개혁"이라는 용어를 "교회개혁"이라는 용어로 대체하는 문제에 대해 생각해 볼 수 있다. 실제로 "교회개혁"은 16세기 종교개혁자들이 사용한 용어였다.[13] 그러나 "종교개혁"이라는 용어를 버리고 이를 "교회개혁"이라는 명칭으로 대체한다면 이는 교회의 개혁뿐 아니라 더 많은 신앙적 사안들을 포괄하는 "종교개혁"의 대상 범위를 축소할 위험이 있다. 종교개혁자들이 개혁의 대상을 삼았던 "종교"는 교회뿐 아니라 기독교 신앙과 관련된 모든 영역을 포함하는 포괄적인 개념이었기 때문이다.

셋째, "종교"가 포괄적인 개념이었음에도 불구하고 종교개혁자들이 성경의 가르침 위에서 다시 규명하고 회복하려 했던 대상은 기독교의 "종교"였다. 즉 그들은 개인과 공동체의 여러 영역을 다룰 때 그 영역이나 주제를 항상 기독교 신앙과 관련지어서 생각했다. 따라서 16세기 종교개혁자들이 설정한 "종교"의 개념을 너무 넓게 적용해 모든 종교에게 일반적으로 적용되는 계몽시대 이후의 일반적인 "종교" 개념으로 이해하거나, 오늘날 통상적으로 통용되는 인간의 내적 관점을 무분별하게

---

13 칼빈은 아우크스부르크 잠정안을 반박하기 위해 저술한 1549년 자신의 작품의 제목 안에 "교회개혁"이라는 용어를 사용했다. "Interim adultero-germanum: cui adjecta est, vera christianae pacificationis et Ecclesiae reformandae ratio (불어 제목, L'Interim avec la vraye façon de reformer l'Eglise chrestienne et appointer les differens qui sont en icelle.) CO.7: 549ff. Cf. W. de Greef, *The Writings of John Calvin: A Introductory Guide*, trans. Lyle D. Bierma (Grand Rapids: Baker, 1989), 162.

적용해 16세기 종교개혁을 해석하는 것은 자칫 시대착오의 오류로 이어질 수 있다. 바람직한 해석과 설명은 일단 16세기의 "종교"에 대한 이해가 선행된 후에야 가능하다.

역사의 해석은 후대의 권리이며 의무이다. 후대 해석자의 권리와 자유를 사용해 16세기 종교개혁을 정의하고 설명할 때, 다양한 개념과 용어들을 사용할 수 있다. 그러나 이 사용 가운데 행여 나타날 수 있는 여러 위험성을 고려한다면, 굳이 다른 용어로 그 당시 인물들이 명명한 "종교개혁"이라는 용어를 대체할 필요는 없다. 이와 같은 용어의 변경은 그 용어가 지칭하는 사실이나 개념의 역사적 타당성과 해석 및 적용의 효용성에 대해 불필요한 설명을 더 해야 할 부담을 발생시킨다. 또 그 과정에서 도리어 종교개혁자들이 추구했던 개혁의 범위를 축소하거나 개혁의 주제를 혼동시킬 수도 있다. 한 예로 "종교개혁"이 아닌 "그리스도교 개혁"이라는 용어의 사용을 고려해 볼 수 있다. 혹자는 오늘날 "종교개혁"이라는 단어가 기독교가 아닌 타 종교에 끼치는 부당한 침해를 배려해서 "그리스도교 개혁"이라는 용어를 쓰자고 제안했다. 그러나 이와 같은 용어 변경을 위해서는 설정된 "그리스도교"가 무엇을 어디까지 의미하는지 상세하게 설명해 주어야만 한다. 또 타 종교와 구별되는 특정한 역사적 실체나 제도적 구조로서의 "그리스도교"라는 개념을 사용한다면 이는 종교개혁자들이 이해한 기독교 종교의 포괄적인 범위를 도리어 제한할 수 있다. 종교개혁자들은 비록 기독교의 "종교"에 대해 말했지만 그것을 특정 교파나 구조 안에서만 다루려 하지는 않았다. 그들에게 "종교"의 문제는 특정한 교리 체제나, 제도화된 구조로서의 그리스도교 그 이상의 문제였다. 그러므로 16세기 개혁자들이 일반적으로 사용했으며, 이후 이 운동을 지칭하기 위해 일반적으로 사용되어 온 "종교"라는 용어를 계속 사용하는 것이 바람직하다고 생각된다. 다만 500년이라는 짧지 않은 시간 동안 "종교"라는 용어의 범위와 내용에 변화가 있었기 때문에, 16세기 종교개혁자들이 이해했던 "종교"의 의미가 무엇인지를 먼저 확인하는 노력은 계속되어야 한다.

이 책에서 다루려고 하는 관심사 중 하나가 바로 종교개혁자들이 말하고자 했던 "종교"의 16세기적 의미를 규명하는 것이다. 물론 이제까지 개괄적으로 제시한 츠빙글리와 칼빈의 "종교"에 대한 설명이 종교개혁자들의 "종교" 이해의 모든 것은 아니다. 그러나 16세기 종교개혁 운동 가운데 츠빙글리와 칼빈이 차지하는 위상과, 두 사람의 여러 작품들 중 『참된 종교와 거짓 종교에 대한 주해』와 『기독교강요』가 차지하는 중요성, 그리고 두 작품의 구조와 내용의 일관성을 고려할 때 이 두 작품에서 발견할 수 있는 "종교"에 대한 이해가 16세기 종교개혁자들이 생각했던 "종교"에 대한 일반적인 이해를 대표한다고 말할 수 있을 것이다.

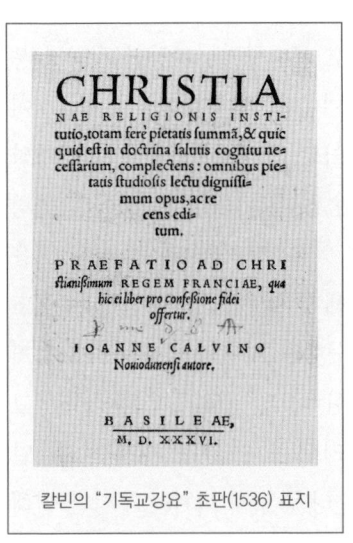
칼빈의 "기독교강요" 초판(1536) 표지

"종교"에 대한 이 두 작품의 설명을 통해 확인한 "종교"라는 용어의 개념은 다음과 같다. 즉 종교는 성경이 가르치는 삼위일체 하나님에 대한 바른 앎과 그 앎에서 마땅히 나타나야 할 인간의 합당한 반응의 전체였다. 이와 같은 종교개혁자들의 "종교" 이해는 성경을 하나님께서 주신 계시로 이해하며, 피조된 인간의 죄의 문제를 해결하는 길은 하나님의 전적인 은혜뿐이라고 인정하고, 그 은혜는 독생자 예수 그리스도의 성육신과, 대속적 죽음, 그리고 부활이라는 특정한 역사적 사건을 통해 이루어졌음을 믿는 기독교의 특유한 신앙고백이다. 16세기 종교개혁자들은 이와 같은 기독교의 독특한 신앙의 근본을 다시 회복하려 했다. 그리고 그들은 표면적 현안이나 특정한 주제, 몇 가지 제도가 아니라 기독교 신앙이 표현되어야 할 영역 전체를 이 근본에 따라 점검하고 변화시키려 했다.

1.2. 개혁(Reformation)

16세기 유럽의 기독교 종교개혁자들은 그들 시대 "종교"를 "개혁"하려 했다. 그렇다면 그들에게 "개혁"은 무엇이었을까? 우리의 관심사는 "개혁"의 성격과 방향에 더 놓여있다. 그 외연이 확대된 오늘날 "종교"라는 용어의 의미와 비교할 때, 오늘날 "개혁"이라는 용어는 분야와 영역을 망라하여 더 흔하게 남용 내지는 오용되는 용어이다. 따라서 "개혁"에 대한 부정확한 이해나 자의적 규정은 "종교개혁"을 정확하게 이해하고 그 의의를 현실에 타당하게 적용하는 데 있어 더 큰 장애물이 될 수 있다. 그렇다면 "개혁"에 대한 이해에 있어서도 16세기 주요 종교개혁자들은 기독교 신앙과 경건의 총체, 즉 "종교"에 발생한 심각한 문제 앞에서 어떤 변화를 시도하려 했는가를 되도록 정확하게 파악하는 것이 중요하다.

에드워드(Mark U. Edwards, Jr.)는 17세기 루터파 역사학자 제켄도르프(Ludwig von Seckendorg, 1626-1692)가 예수회의 공격에 맞서 루터파의 교파적 정당성을 변호하기 위해 "개혁"이라는 용어를 사용함으로써 비로소 이 용어에 역사적 의미를 부여했다고 주장했다.[14] 그러나 "개혁"이라는 말은 16세기 종교개혁자들이 직접 사용했던 용어임을 인식해야만 한다. 한 예로 루터는 1520년 발표한 『독일 민족의 귀족들에게 호소함』에서 당시 독일 교회에 필요한 변화를 설명하기 위해 "개선"(Besserung)이라는 용어와 함께 "개혁"(Reformation)이라는 용어를 함께 사용했다. "로마교도들은 아주 영악하게 자기들 주위에 세 개의 담을 둘러쳐 놓았는데, 이것들은 이제까지 그들을 보호해 주었으며 아무도 그것들을 개혁

---

[14] Mark U. Edwards Jr. "Reformation," OER 3: 396.

할 수 없었다."[15] 그는 이 책에서 공의회 소집을 통해 시도되던 로마 가톨릭 내의 기존 "개혁" 시도들을 염두에 두고 있다.[16] 루터가 이 책에서 말하는 "개혁"이라는 용어는 그가 새로 고안한 것은 아니다.

15세기 교황청의 "아비뇽 유수"(1309-1377)와 그 후 곧 이어진 "대분열"(Great Schism, 1378-1417) 문제를 해결하기 위해 로마 가톨릭 내에서는 공의회 운동(Conciliar Movement)이 전개되었다. 파리 대학 총장 제르송(Jean Gerson, 1363-1429)이 대표하는 공의회주의자들은 각 교회의 대표자들로 구성된 공의회가 교회의 문제에 대한 궁극적인 권위를 가지고 있다고 주장했다. 그러나 대분열이 수습된 이후 공의회 운동은 무력화되고 말았다. 대분열 이후 즉위한 교황 유게니우스 4세(Eugenius IV, 재위 1431-1447)와 이후 교황들은 공의회의 권위보다 교황의 권위를 높이기 위해 애를 썼다. 교황 편에 선 교황권주의자(papalism)들은 공의회 소집 및 승인의 최종 권한이 교황에게 있다고 주장했다.[17] 교황권의 확립을 위해 교황은 공의회를 분열시켰다. 그리고 16세기에 들어서면서 교황권주의는 마침내 공의회주의에 대해 승리를 거두었다. 루터가 95개조를 게시하기 불과 5년 전 교황 율리우스 2세(Julius II, 재위 1503-1513)는 라테란에서 공의회를 소집했다. 제5차 라테란 공의회(1512-1517)는 공의회주의자들

---

15 독일어로 작성된 이 저술의 전체 제목은 "기독교계 상태의 개선에 관하여 독일 민족의 귀족들에게 호소함"(*An den christlichen Adel deutscher Nation von des christlichen Standes Besserung*, 1520)이다. Martin Luther, "독일 민족의 귀족들에게 호소함," 『루터 저작선』, (trans. and ed.) John Dillenberger, 이형기 역 (서울: 크리스챤 다이제스트, 1999), 484. WA.6: 406.
16 루터는 실제로 이 작품에서 독일 내 교회개혁의 방안으로써 교황이 아닌 황제와 제후들에 의한 공의회 소집을 요구했다. "이러한 사람들은 개혁 또는 속박 받지 않는 공의회를 두려워한다. 그들은 모든 왕들과 제후들이 연합하여 공의회로 모이는 것보다 오히려 그들 서로가 적대시하게 하고자 한다." 『루터 저작선』, 509, WA.6: 425.
17 교황의 최종적 권위를 강조하는 "교황권주의"(papalism)는 중세 시대 다양한 적수들을 상대로 전개되었다. 교황권주의자들은 12-13세기에는 성직서임권을 둘러싸고 황제나 국왕의 권위 주장과 대립했으며, 이후에는 공의회주의자들과 대립했다. Steven Ozment, 『종교개혁의 시대, 1250-1550』, 이희만 역 (서울: 한울아카데미, 2020), 210-235. 교회의 최종적 권위를 주장하는 이들은 17세기 이후 강하게 대두된 프랑스의 갈리아주의(Gallicanism)에 맞서야 했으며 이들은 "교황지상주의"(ultramontanism)이라고 불렸다.

이 회집해 놓은 피사 공의회에 맞서 교황이 자신의 권위로 소집한 회의였다. 놀랍게도 교황이 소집한 이 회의가 내건 목적은 "개혁"이었다.[18] 그러나 아쉽게도 이 공의회는 앞으로 공의회는 교황만이 소집할 수 있다고 결정한 것을 제외하고는 어떤 또 다른 의미 있는 성과를 이루지 못했다.

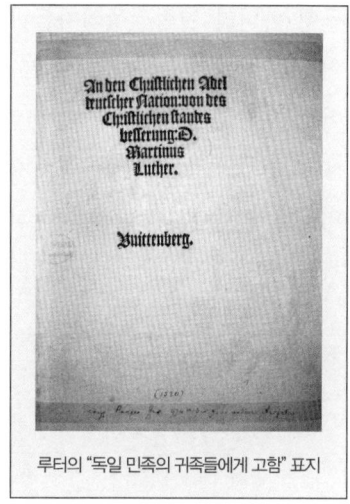

루터의 "독일 민족의 귀족들에게 고함" 표지

여기에서 주목할 점은 "개혁"이라는 용어가 17세기에 비로소 만들어진 것이 아니라 16세기와 그 이전부터 널리 사용되던 개념이었다는 사실이다. 중세 시대 "개혁"이라는 용어는 반드시 종교적 의미에서뿐 아니라 다양한 영역에 걸쳐 널리 활용되었다. "개혁"은 교회법이나 도시법의 종합 정리를 의미하는 법률적 용어, 혹은 대학의 제도 향상을 위한 조치들을 지칭하는 기술적 용어로 사용되었다. 한 예로 1442년 황제 프리드리히 3세(Friedrich III, 1415-1493)가 공포한 공공질서 확립을 위한 법령은 "황제 프리드리히 개혁"(König Friedrich Reformation)이라는 제목 하에 편집되었으며, 이 법령의 집행자들은 "개혁자"(Reformierer)라고 불렸다.[19] 중세 시대 "개혁"은 기독교 신앙과 교회 문제와 관련해서도 폭넓게 사용되었다. 일찍이 교황 인노켄트 3세(Innocent III, 재위 1198-1216)는 1215년 "거룩한 땅의 수복"(ad recuperantionem terrae sanctae)과 "보편적 교회의 개혁"(ad reformationem universalis ecclesiae)을 위해 제4차 라테란 회의를 소집했다.[20] 중세 후기 교황청의 혼란 중에는 공의회주의자

---

18 Euan Cameron, *The European Reformation* (Oxford: Clarendon, 1991), 39-40.
19 Carter Lindberg, 『유럽의 종교개혁』, 조영천 역 (서울: CLC, 2012), 34-35.
20 Konrad Pepgen, "Reform," OER 3: 393.

들뿐 아니라 교황권주의자들까지도 자신들의 주장을 "개혁"이라는 용어로 표현했다. 세속 군주들도 자신들의 종교 정책을 "개혁"이라는 용어로 포장했다. 15세기 대분열을 종식시킨 황제 지기스문트(Sigismund, 1368-1437)의 종교 정책은 "황제 지기스문트의 개혁"이라고 불렸다.[21] 도미니크와 프란시스코에 의해 세워진 로마 가톨릭의 수도회들도 그 설립과 이후 변화의 시도를 신앙의 "개혁" 운동이라고 여겼다.[22]

아비뇽 교황청. 교황은 1309년 로마를 떠나 1377년까지 이곳에 머물렀다.

16세기 종교개혁자들은 중세 시대 사용되던 "개혁"의 개념의 중요한 요점들을 다음과 같은 의미에서 차용했다. 첫째, "개혁"은 표면적인 부분이 아닌 근본적인 부분을 대상으로 삼았다. 종교개혁자들이 "변화" 혹은 "회복"(re-)의 대상으로 삼은 종교의 "형상"(forma)은 중세 신학자들이나 그 이전 고대 철학자들의 이해와 같이 "근간", "본질"을 의미했다.[23] 칼빈은 프랑스의 왕 프랑수아 1세(François I, 재위 1515-1547)에게 헌

---

21 Cameron, *The European Reformation*, 38.
22 Patrick Collinson, 『종교개혁』, 이종인 역 (서울: 을유문화사, 2013), 37-39.
23 Cameron, *The European Reformation*, 38.

정한 『기독교강요』 서문에서 이 저술의 목적, 더 나아가 종교개혁의 목적을 다음과 같이 말했다. "이 작품을 쓴 유일한 목적은 종교에 대한 얼마큼의 열의로 감동된 사람들이 참된 경건을 형성하는 데 필요한 어떤 근본적인 것들을 가르치려는 데 있습니다."[24] 여기에서 칼빈은 개혁의 대상인 "종교"를 "경건"과 동일시하면서, 이 자신은 이 참된 종교의 근본을 논의의 주제로 삼았다고 말한다. 칼빈뿐 아니라 16세기의 종교개혁자들은 당시 발생하고 있는 여러 신앙적 문제들을 해결하기 위해서는 기독교의 근본적 토대를 회복해야 한다고 보았다. 따라서 종교개혁이 가지고 있는 본연의 의미를 확인하기 위해서는 종교개혁자들이 기독교 종교의 근본적 토대를 무엇이라고 생각했는지 확인해야 한다.

둘째, "개혁"은 개선이나 향상을 의미하기도 하지만 기본적으로는 본연의 모습으로 돌아가는 "회복"(recovery)을 의미했다. 자체적인 개혁을 위해 로마 교황이 소집한 제5차 라테란 회의 역시 그들이 추구한 "개혁"에 대해 옛 교회가 가졌던 순수함과 고대적 찬란함, 그리고 본연의 영광으로의 회복이라고 말했다.[25] 종교개혁자들도 "개혁"에 대해 말할 때 기존 전통을 무시하거나 폐기하여 기독교 신앙을 완전히 새로 구성하는 것이라고 말하지 않았다. "개혁"은 기독교 종교의 본래 보습을 재발견하고 이를 회복하는 것이었다. 이 점에 있어서 종교개혁자들의 "개혁"은 고대 그리스-로마 문화의 "근원으로"(ad fontes)의 "회복" 혹은 "재생"(renaissance)을 추구했던 르네상스 인문주의의 자료와 취지와 유사한 점이 많다. 그러나 종교개혁자들에게 "회복"해야 할 "종교"의 근원은 고대 그리스-로마 문화나 세련된 진술의 방식이 아니라 "성경의 가

---

[24] Institutes, Preface, "Tantum erat animus rudimenta quaedam tradere, quibus formarentur ad veram pietatem qui aliquo religionis studio tanguntur." OS 3: 9.
[25] 1512년 5월 3일 제5차 라테란 회의의 개회 설교에서 에기디오(Egidio da Vitedo, 1469-1532)는 교회의 개혁이 필요함을 외쳤다. 이 회의는 여러 개혁안을 결의했고 교령 "Supernae dispositionis arbitrio"을 통해 이를 발표했다. John C. Olin (ed. and trans.), *The Catholic Reformation: Savonarola to Ignatius Loyola* (London: Harper & Row, 1969), 44-53 참조.

르침과 그 가르침에 충실했던 초대교회의 모범들"이었다.

하나님의 말씀인 성경의 진리는 단연코 회복으로서의 개혁이 지향해야 할 최고의 기준이었다. 츠빙글리는 『참된 종교와 거짓 종교에 대한 주해』에서 참된 경건의 기준은 하나님의 말씀뿐임을 다음과 같이 강조했다.

> 여기서 도출되는 바는 경건한 자는 하나님의 말씀이 아니고는 그 어떤 다른 말씀으로 양분을 공급받을 수 없다는 것이다. 말하자면 그가 하나님만을 의뢰하면 그렇게 그는 또한 하나님의 말씀만으로 확신을 갖게 되며, 하나님의 말씀으로 말미암아 확신을 갖게 되면 하나님 말씀 말고 그 어떤 다른 말씀도 받아들이지 않는다.[26]

칼빈 역시 하나님의 말씀인 성경을 회복해야 할 기독교 신앙의 최고의 기준이라고 말했다. "그러나 참 종교가 우리를 비추기 위해서는 그 기원이 하늘의 교리로부터 주어져야 하며 또한 성경의 제자가 되지 않고는 도무지 참되고 건전한 교리를 최소한의 맛조차 감지할 수 없다는 사실이 고려되어야 한다."[27]

그러나 종교개혁자들이 개혁의 기준으로 삼은 성경에 대한 강조, 즉 "오직 성경으로"(sola scriptura)의 원칙은 모든 교회 전통의 폐기를 뜻하지 않았다. 1530년 제정된 루터파의 아우크스부르크 신앙고백은 삼위일체 교리를 고백한 가장 첫 조항에서 니케아 회의가 결정한 교리의 권위를 인정했다. "교회들은 우리들 사이의 공통된 동의와 함께, 하나님의 신적 본질의 하나됨과 세 위격에 대한 니케아 회의의 신조가 참되다고

---

[26] Zwingli, "참된 종교와 거짓 종교에 대한 주해," 99. "Pius ergo solus est, quem verbum dei alit, reficit, confortat. E diverso vero sequitur, quod pius nullo alio verbo pasci potest quam divino. Sicut enim deo solo fidit, ita eius solius verbo certus redditur; et sicut solo dei verbo certus redditur, ita nullius verbum quam dei recipit." Z.3: 670-671.

[27] Institutes, I,6,2, OS.3: 63.

가르친다."²⁸ 칼빈 역시 1542년 제네바 시의회에 새로운 예배 모범을 제출하면서 그 제목을 통해 개혁의 기준 가운데 초대교회의 모범이 있음을 밝혔다.²⁹ 종교개혁자들은 신흥 종교를 만들려 한 것이 아니다. 그들은 바른 신앙의 토대를 흔들고 있는 "종교"의 문제들을 수정하여, 기독교의 근간인 성경과 또 성경에 충실했던 초기 교회의 종교를 회복하려 했던 것이다.

취리히에 있는 츠빙글리의 동상. 성경 즉 말씀의 검을 들고 있다.

16세기 종교개혁에 대한 해석자들의 다양한 해석과 규정은 후대가 마땅히 누릴 수 있는 권리이며 책무이다. 그러나 종교개혁자들이 말한 "종교"와 "개혁"의 의미는 일단 존중될 필요가 있다. 그들의 이해를 종

---

28 Augsburg Confession, Art. 1, Schaff, 3: 7.
29 "La forme des prieres et chantz ecclesiastuques avec la maniere d'administrer les sacremens et consacrer le mariage selon la coustume de l'Eglise ancienne, 1542," CO.6: 165.

합하자면 16세기 전개된 종교개혁은 일차적으로 "성경의 가르침과, 그 가르침에 충실했던 초대교회의 모습을 기준으로 하여 하나님에 대한 이해와 신앙생활 전체를 바르게 회복하려 했던 운동"이었다. 따라서 종교개혁자들이 설정하고 밝힌 "종교개혁"의 주된 의도를 신자 개인의 영성 회복 운동이나 교황의 권위에 대한 도전이라고 말하는 것은 당시 개혁의 대상을 지칭하기 위해 "종교"라는 용어를 총체적 차원에서 사용한 개혁자들의 문제의식을 지나치게 축소하는 것이다. 개인적 영성 회복은 기독교 종교에서 가장 기본적이고 중요한 부분임은 분명하다. 그러나 기독교 신앙 전체를 개혁의 대상으로 삼았던 종교개혁의 입장에서 볼 때는 기독교 종교의 한 요소일 뿐이다.

다른 한편 16세기 종교개혁을 사회개혁이나 정치적 혁명으로 규정하는 것 역시 종교개혁자들의 신앙적 관심과 초점을 고려할 때 초점이 맞지 않는 이해이다. 사회 정치적 변화는 종교개혁이 낳은 의미 있는 결과 중 하나일 뿐이다. 종교개혁은 개인과 교회뿐 아니라 사회 전반까지 아우르는 총체적인 운동이었음도 분명하다. 그러나 사회적 변화는 종교개혁자들이 추구한 "개혁"의 본질은 아니었다. 종교개혁은 처음부터 끝까지 기독교 신앙의 회복을 위한 운동이었고 대부분의 16세기 개혁자들은 이와 같은 영적인 목적을 또 다른 차원의 목표 때문에 약화시키거나 남용하려 하지 않았다는 사실에 주의를 기울어야 한다.

2. 종교개혁의 원인들과 그에 따른 해석들

서구의 역사 2000년에 걸쳐 기독교의 바른 신앙과 참된 경건, 즉 종교를 회복하려 했던 개혁 운동은 여러 차례 있었다. 그러나 16세기 종교개혁은 이 운동이 단순히 기독교나 종교적 문제를 향한 개혁에 그치지 않고 당시 사회와 문화, 그리고 정치와 경제 체제에까지 영향을 주었다. 종교개혁은 16세기 유럽을 넘어서 이후 서구의 근대화와 기독교회의 전 세계적 전파 과정에서도 지대한 영향을 주었다는 데 그 역사적 의의가 있다. 물론 전 세계적인 광범위한 영향을 남기는 것이 종교개혁자들의 본래 의도는 아니었다. 그러나 종교개혁이 남긴 큰 역사적 영향은 이 운동이 발생하고 전개된 16세기 유럽의 시대적 상황과 이후 전개된 근대화 및 세계화의 결과라고 볼 수 있다. 따라서 종교개혁의 특징이나 그 결과를 재조명하고 평가하기 위해서는 16세기 전후 유럽의 종교, 문화, 사회적 상황들을 검토하고, 종교개혁 이후 근대 문화의 발전 과정까지 살피는 작업이 필요하다.

종교개혁에 대한 최근의 연구들은 16세기 종교개혁이 과연 어떤 배경과 원인으로 인해 발생했으며 이전의 개혁 운동과는 다른 양상으로 전개되었는지에 관심을 가져왔다. 그리고 연구들의 수만큼이나 종교개혁이 발생하게 된 원인, 그 시대적 배경에 대해 다양한 설명과 해석이 제시되어 왔다. 아래에서는 논의의 편의를 위해 가장 대표적인 네 가지 원인들을 정리하고 이를 중심으로 한 "종교개혁"에 대한 해석들을 분류한 후, 그 의의와 한계들을 평가할 것이다.[30]

2.1. 도덕적 타락

첫째, 종교개혁의 원인으로서 가장 전통적으로 지적되어 온 것은 중세 말 로마 가톨릭의 도덕적 부패이다. 이 원인에 집중하면 종교개혁을 중세 말 로마 가톨릭의 부패와 구조적 타락을 비판하는 과정에서 시작되어 새로운 종교적 대안으로 성공을 거둔 도덕적 갱신 운동으로 해석

---

30 종교개혁의 원인 분석을 크게 네 가지로 나눈 것은 박건택 교수의 설명에서 차용했음을 밝힌다. 박건택 교수는 종교개혁의 원인과 그에 따른 종교개혁에 대한 해석을 도덕적, 사상적, 경제-사회적, 그리고 종교신학적 설명으로 대별했다. 박건택, "서론: 계시의 해설가들,"『종교개혁 사상선집』(서울: 솔로몬, 2009), 40-49.

하게 된다.³¹ 이와 같은 해석은 종교개혁 이전 중세 말기 교황청을 위시한 로마 가톨릭 고위 성직자들 사이에 만연해 있던 심각한 도덕적 타락상에 주목한다. 또 15세기까지 지루하게 이어져 온 로마 교황청의 기능 상실과 분열, 그리고 그 결과로 유럽 전역에 만연한 사제들의 방만한 목회와 타락한 행태들에 대한 불만과 비판을 종교개혁의 가장 큰 요인이라고 지적한다. 대표적으로 지극히 세속적이었던 16세기에 처음으로 즉위한 교황 율리우스 2세와 그의 뒤를 이은 메디치 가문 출신 교황 레오 10세(Leo X, 재위 1513-1521) 시대의 부패상과, 그들이 추진한 바티칸의 성 베드로 성당 재건축, 그리고 이를 위해 전개한 면벌부(indulgentia) 판매 등을 종교개혁의 중요한 배경이라고 언급한다. 더불어 사실상 세속 영주가 되어버린 여러 지역의 대주교들과 대수도원장들의 부패상 등을 중요한 문제 요인으로 나열한다. 이들로 인해 유럽 여러 지역에서 다양한 모습으로 발생한 성직세습(nepotism), 복수성직제도(pluralism), 궐석성직제도(absenteeism), 그리고 성직매매(simony) 등 성직제도 부패의 심각한 사례들을 열거한다.³² 전통적 해석이 특히 주목하는 것은 루터로 하여금 95개조를 게시하게 만들었던 면벌부 판매이다. 교황청은 면벌부를 발행하여 자신들의 세속적 야망을 충족시키기 위해 구원의 공로를 금전으로 교환하려 했다.³³

전통적 해석에 따르면 종교개혁은 주로 엘리트 기독교인들의 새로운 신앙생활의 대안 제시나 특정 지역 교회들이 전개한 도덕적 개선 운동

---

31 Cameron은 루터를 영웅시하는 전통적인 해석을 비판하면서 14-15세기 유럽의 기독교는 내외의 여러 문제들에도 불구하고 식자층과 평민들 사이에서 나름대로의 역할을 하고 있었다고 반박한다. 그는 중세 말 로마 가톨릭의 문제는 "부패"나 "쇠퇴"가 아니라 문제들을 대처할 능력이 약화된 "취약성"이었다고 주장한다. Cameron, *The European Reformation*, 20-21.
32 Carlos M. N. Eire, *Reformations: The Early Modern World, 1450-1650* (New Haven: Yale University Press, 2016), 44-47.
33 16세기 초 요한 테첼(Johann Tetzel, 1465-1519)의 설교를 중심으로 독일에서 전개된 면벌부 판매는 마인츠와 브란덴부르크 대주교인 알브레히트(1490-1545)가 세속적 이익을 얻기 위해 교황청을 강화하려 했던 교황 레오 10세와 결탁한 결과였다. Lindberg, 『유럽의 종교개혁』, 123-127.

바티칸 소재 성 베드로 성당. 르네상스 예술의 총화인 이 성당 건축은 종교개혁이 촉발된 한 원인이기도 했다.

으로 규정된다.[34] 즉 이처럼 만연한 로마 가톨릭의 부패가 상당 기간에 걸쳐 누적된 결과 용감하게 교황에게 맞선 루터라는 한 수도사가 영웅으로 부상했으며, 이후 이 행동이 기존 종교 질서에 반발했던 대중들과 세속 군주들의 지지를 받아 종교개혁이라는 거대한 변화의 흐름으로 형성되었다는 것이다.

전통적 해석은 루터를 영웅적 인물로 묘사하고 자신들의 운동을 하나님의 특별한 역사로 묘사하려 했던 초기 루터파 신학자들에게서 주로 나타난다.[35] 그러나 교회의 타락상에 집중하는 전통적 해석은 로마 가톨

---

[34] Tonkin은 종교개혁을 기독교 경건의 도덕적 전환으로 규정한 대표적인 해석자들 가운데 슈페너(Philipp Jacob Spener, 1635-1705), 제켄도르프, 그리고 아놀트(Gottfrided Arnold, 1666-1714) 등 17-18세기 독일의 경건주의자들을 포함시킨다. 독일 경건주의자들은 로마 가톨릭의 메마른 교조주의에 맞서 살아있는 경건을 회복시킨 운동으로 종교개혁을 이해했다는 것이다. John Tonkin, "Reformation Studies," OER, 3: 402-403. Cf. Arthur G. Dickens, John M. Tonkin and Kenneth Powell (eds.), *The Reformation in Historical Thought*, 116-118.

[35] 최초로 루터의 생애를 묘사한 멜란히톤(Philiop Melanchthon)과 940페이지에 이르는 서신을 통해 루터의 종교개혁 과정을 설명한 슐레이다누스(Johannes Sleidanus), 그리고 13권으로 이

릭 진영이 선호하는 해석이기도 하다. 종교개혁의 가장 중요한 원인으로 중세 말 교회의 부패를 지적하면서, 로마 가톨릭 역사가들은 이후 전개된 로마 가톨릭 진영의 개혁 시도와 쇄신을 통해 프로테스탄트 종교개혁의 대의는 사실상 해소되었다고 말하고 싶어 한다.[36] 이들과 달리 특정한 교파적 입장을 따르지 않는 여러 중립적 관점의 연구들도 종교개혁을 도덕적 갱신 운동으로 해석한다. 이들은 도리어 종교개혁과 그 이후 이로 말미암아 기독교 전체와 특별히 개신교 진영이 내에서 발생한 여러 교리적 갈등과 교파들의 분열, 그리고 증오와 반목의 사례들을 비판한다. 그리고 오늘날 종교개혁의 참 정신을 계승하는 것은 교회와 신앙생활을 윤리적으로 갱신하고 이를 바탕으로 평화롭고 포용적인 사회를 만들어 가는 것이라고 주장한다.[37]

교황청과 고위 성직자들을 비롯한 로마 가톨릭 성직 체계의 타락과 부패는 분명히 종교개혁이 발생한 중요한 이유 가운데 하나이다. 루터와 츠빙글리로부터 모든 종교개혁자들은 교황청과 대주교, 대수원장들뿐 아니라 이들의 감독을 받는 일반 사제들과 수도사들의 부정과 부패를 신랄하게 비판했다. 그러나 로마 가톨릭의 부패에만 초점을 맞춘 전통적 해석은 분명한 한계를 지닌다. 교회의 부패와 타락은 4세기 로마 제국이 기독교를 공인한 직후부터 기독교 내부에서 계속 나타났던 문

루어진 플라키우스(Matthias Flacius)의 "교회 역사"(*Ecclesiastica Historia*, 1559-1574) 등이 대표적인 사례이다. Hillerbrand, "Was There a Reformation in the Sixteenth Century?," *Church History* 72/3 (2003): 525-526.

[36] 이와 같은 전통적 이해에 따라 종교개혁을 도덕적 개선을 통한 중세 말 로마 가톨릭적 기독교의 전환으로 보는 역사가들은 이에 맞서 전개된 로마 가톨릭의 대응을 "반동종교개혁"(Counter Reformation)이라고 규정했다. 19세기의 독일 실증주의 역사가 랑케(Leopold von Ranke, 1795-1886)와 20세기 역사학자 리터(Moriz Ritter, 1840-1923)는 1555년부터 1648년 사이 독일에서 전개된 로마 가톨릭의 대응을 "반동종교개혁"(Gegenreformation)이라고 지칭했다. 이에 맞서 로마 가톨릭 역사가인 제딘(Hubert Jedin)은 1946년 "반동종교개혁"과 더불어 "가톨릭 종교개혁"이 병존했음을 주장했다. Edwards, "Reformation," OER 3: 397-398. 랑케가 "반동종교개혁" 규정 이후 이에 대한 로마 가톨릭 역사가들의 반대 논리에 대해서는 Lindberg, 『유럽의 종교개혁』, 36-38 참조.

[37] Rodney Stark, 『우리는 종교개혁을 오해했다』, 손현선 역 (파주: 헤르몬, 2018), 43-69.

제들이었다. 그리고 이 문제에 대한 개혁 시도는 중세 천 년 동안 끊임없이 다양한 모습으로 계속되어 왔다. 7-8세기 시작된 중세 수도원 운동과 13세기 탁발 수도회 운동, 그리고 가까이는 중세 후기 위클리프(John Wycliffe, c. 1320-1384), 후스(Jan Hus, 1369-1415), 사보나롤라(Girolamo Savonarola, 1452-1498)와 같은 개혁적 인물들의 제도적, 이론적, 도덕적 개혁을 위한 시도가 있었다. 종교개혁이 일어나기 바로 전 15세기에는 흐루테(Gerhard Groote, 1358-1393)가 시작한 "새로운 경건운동"(Devotio Moderna)과 같은 일반인들에 의한 개혁 운동이 나타나기도 했다.

이런 점에서 종교개혁을 교회 갱신 운동 내지는 도덕성의 개선 운동으로 보는 전통적이며 일반적인 이해는 중세 시대 나타났던 다양한 개혁 노력과 차별되는 16세기 종교개혁의 독특한 의의를 잘 설명하지 못한다. 또 16세기 종교개혁이 이전의 개혁 운동과 달리 왜 이토록 큰 역사적 전환점이 되었는지 그 이유를 충분히 설명하지 못한다. 전통적 해석이 주목하는 로마 가톨릭의 면벌부 판매는 16세기에 처음 시도된 것이 아니었다. 면벌부를 반박하기 위해 95개조를 게시한 루터 역시 그 이후 로마 가톨릭의 도덕적, 구조적 문제를 비판하기보다는 로마 가톨릭의 교리와 그 "종교적" 토대를 공격하는 데 초점을 맞추었다. 사실상 중세 말 로마 가톨릭의 구조적, 도덕적 부패를 가장 신랄하게 비판했던 것은 종교개혁자들보다는 1511년 『우신예찬』(Stultitiae Laus)을 발표했던 에라스무스를 비롯한 인문주의자들이었다. 프로테스탄트 종교개혁자들이 점차 인문주의자들과 입장을 달리했다는 사실을 고려하면, 로마 가톨릭의 도덕적, 구조적 타락이 16세기 종교개혁이 발생하게 된 가장 큰 원인이라고 말하기에는 어려움이 있다. 그러므로 16세기 종교개혁을 단순히 교황청의 부패와 사제들의 타락을 비판하고 그에 대한 대안을 제시하는 데 성공한 교회 갱신 운동으로만 보는 해석은 종교개혁의 근본적인 원인을 설명하고 그 의의를 밝히는데 불충분하다. 뒤에서 살펴보겠지만 이와 같은 전통적 해석은 트렌트 회의에서 시도된 로마 가톨릭의 개혁을 비판하면서 더 근본적이며 총체적인 개혁을 주장했던 주요 종교개혁자들의 종교개혁에 대한 이해를 상당히 축소한다. 종교개혁자들이 추구했던 기독교 종교의 개혁은 인문주의자들이 목표로 삼았던 기독교계의 도덕적 개선이나 교회의 구조적 갱신 그 이상을 목표로 삼았다.

2.2. 새로운 사상

둘째, 종교개혁의 가장 중요한 원인으로서 15세기 발달한 새로운 사상에 주목하는 해석이 있다. 종교개혁의 사상적 배경에 주목하는 해석에서는 특히 15세기 말부터 16세기에 걸쳐 일어난 르네상스 인문주의(Renaissance Humanism) 운동이 중요하다.[38] 그러므로 이 해석은 새로운 르네상스 사상을 바탕으로 종교개혁이 일어났으며 이후 르네상스 인문주의의 학문적 도구들이나 사상적 방향의 도움을 받아 종교개혁이 유럽의 문화와 사회 전체를 변화시키는 큰 영향력을 가지게 되었다고 본다.

14세기 이탈리아에서 발생한 르네상스 인문주의는 십자군 전쟁 이후 유럽 사회가 다른 세계의 문화와 접하면서 나타난 새로운 경험의 결과였다. 중세 후기 유럽인들은 동쪽으로는 오랫동안 막혀 있던 이슬람 세계와 그 너머 인도와 중국의 문화를 접했으며, 서쪽으로는 신대륙의 발

---

[38] 종교개혁의 사상적 배경에 대해 많은 관심을 기울인 대표적인 연구는 Steven Ozment, *The Age of Reform, 1250-1550: An Intellectual and Religious History of Late Medieval and Reformation Europe* (New Haven: Yale University Press, 1981), 『종교개혁의 시대, 1250-1550』, 이희만 역 (서울: 한울아카데미, 2020)과 Alister E. McGrath, *Reformation Thought: An Introduction* (Oxford: Blackwell, 1988), 『종교개혁사상』, 최재건 역 (서울: CLC, 2006)이다. McGrath의 연구는 1993년과 1999년 두 차례 개정판을 냈다. 이 두 연구들은 중세 말 스콜라주의와 종교개혁의 사상적 배경을 대척적으로 보기보다는 연속성을 가진 것으로 본다. 그러나 르네상스 인문주의를 종교개혁의 가장 중요한 사상적 원인으로서 인정한다는 점에서는 공통적이다. "종교개혁의 밀물이 형성되는 데에 기여한 수많은 지류들 가운데 가장 중요한 것은 단연코 르네상스 인문주의였다. 오늘날 '이탈리아 르네상스'라고 불리는 운동이 힘을 받아 14세기 이탈리아에서 이룬 발전의 불가피한 결과가 종교개혁이었을 것이라는 주장에는 충분한 근거가 있다." McGrath, *Reformation Thought*, 77.

미켈란젤로 피에타, 가장 성경적인 주제를 가장 세련된 그리스-로마의 방식으로 표현했다.

견이라는 새로운 지평을 경험했다. 이제 그들이 생각하는 세계는 봉건적이며 폐쇄적인 중세 유럽의 체계를 넘어서게 되었다. 그 가운데 이탈리아의 지식인들이 다시 발견한 것은 그들의 세계가 원래부터 그렇게 폐쇄적이며 "기독교적"인 것이 아니었다는 사실이었다. 그들이 재발견한 자신들의 본래 정체성은 기독교 세계가 형성되기 이전의 그리스-로마(Greco-Roman)의 개방적인 문화였다. 그리스-로마의 고전 문화는 중세 기독교 문화와 달리 인간의 가능성과 아름다움을 중시했고, 그 가치들을 풍성하게 표현할 줄 알았다. 이제 르네상스 지식인들은 고대 그리스-로마의 사상적, 문화적 유산을 재발견하고 그곳에서 새로운 가능성을 찾는 데 매진했다. 가장 먼저 나선 이들은 이탈리아의 문학가, 예술가들이었다. 막강한 재력과 권력을 소유한 피렌체의 메디치(Medici) 가문과 대부호 집안들, 그리고 이 가문 출신의 교황들은 르네상스 인문주의자들이 보여준 새로운 가능성과 그 아름다움에 매료당했다. 이들은 고대 그리스-로마 문화의 "근원으로 돌아가서"(ad fontes) 그 시대의 화려하고 개방적인 아름다움을 되살림으로써(renaissance) 새로운 시대를 열 수 있으리라는 기대를 함께했다.

15세기 중엽부터 알프스 북쪽의 지식인들도 새로운 시대에 대한 기대를 공유했다. 대학을 통한 학자들 사이의 교류와 여러 문헌들의 유통은 르네상스 인문주의의 이상이 알프스 이북 유럽에도 전파되도록 해주었다. 예술과 문학을 주된 도구로 사용했던 이탈리아의 르네상스와 비교할 때 알프스 이북 지역의 지식인들은 문헌학과 수사학을 자신들의 이상을 표현하는 수단으로 선택했다. 알프스 이북의 인문주의자들은 고대 그리스와 로마의 문화에 대한 관심만큼이나 기독교 사상과 문화의 원천에 대해 깊은 관심을 가졌다. 그 결과 초대교회 교부들의 문헌과 원어 성경이 편집 출간되었다. 특히 성경의 원어 원전에 대한 관심과 연구는 기독교적 인문주의로서의 특색을 만들어 냈다. 기독교 인문주의자들은 원어 성경이라는 기독교의 원천으로부터 이미 한계에 다다른 중세 기독교 사회와 문화에 새로운 활력을 불어넣으려 했다.[39]

프랑스의 대표적인 인문주의자 데타블(Jacques Lefèvre d'Éptples, 1455-1536)은 1509년 구약 시편의 히브리어 본문을 편집해 발간했다.[40] 독일의 인문주의자 로이힐린(Johannes Reuchlin, 1455-1522)은 이보다 앞선 1506년에 히브리어 연구를 위한 문법서인 『히브리어의 기초들에 관하여』(De Rudimentis Hebraicis)를 출판했다.[41] 그러나 기독교 인문주의의 성경 원전에 대한 탐구를 대표하는 결과물은 기독교 인문주의를 대표하는 에라스무스가 1516년 발표한 *Novum Instrumentum omne*였다. 에라스무스는 이 대조편집판 신약성경에서 그가 수집한 사본들에 기초한 헬라어 신약 성경 원전과 이 원전을 자신이 라틴어로 새로 번역한 내용과

---

[39] Thomas Kaufmann, 『종교개혁의 역사』, 황정욱 역 (서울: 길, 2017), 99-103.
[40] McGrath, *Reformation Thought*, 237.
[41] Kaufmann은 로이힐린과 후텐(Ulrich von Hutten, 1488-1523) 등이 전개한 반계몽주의자들과의 투쟁이 이후 루터와 독일 종교개혁자들에게 많은 영향을 끼쳤다고 평가한다. 그러나 알프스 이북의 인문주의가 전적으로 종교개혁으로 귀결되었거나 종교개혁을 단순히 인문주의로부터의 한 이탈로 보는 것은 문제가 있다고 지적한다. Kaufmann, 『종교개혁의 역사』, 103-109.

대조해 담았다. 에라스무스는 이 작업을 통해 기존 라틴어 성경을 헬라어 성경으로 대체하려 한 것은 아니었다. 그는 이 대조 작업을 통해 본래 헬라어 성경이 가지고 있는 고전으로서의 아름다움을 조금 더 반영한 라틴어 성경 본문을 구성하려 했다. 그가 보기에 성경 헬라어는 고전 문학의 아름다움을 대표하는 언어로서 수백 년 기독교를 지배한 벌게이트 성경(Vulgate Bible)의 라틴어가 가진 고루함을 해결해 줄 중요한 도구였다. 그러나 그의 의도를 넘어서서 *Novum Instrumentum omne*는 기존 중세 스콜라 신학의 권위와 전통에 대한 도전으로 여겨졌다. 그의 원어 신약 성경은 수많은 종교개혁자들이 "오직 성경으로"의 원칙에 입각해 성경의 진리를 내세우는 데 가장 유용한 도구로 활용되었다.[42]

헬라어와 히브리어 성경을 중시하고 이를 기초로 성경의 진리를 탐구했다는 점에서 거의 모든 16세기 종교개혁자들은 르네상스 인문주의가 제시한 새로운 사상적 전환에 영향을 받았다고 볼 수 있다. 종교개혁자들이 내세웠던 이른바 "오직 성경으로"의 원칙은 기본적으로 원어 성경을 기초로 삼았다. 그들은 설교와 주석과 신학 연구 등 개혁을 위한 기초적 작업에서 헬라어 신약과 히브리어 구약 성경을 사용했다. 그리고 진리의 원천의 재발견으로부터 현실을 변화하려는 종교개혁자들의 개혁 정신 역시 르네상스 인문주의의 "갱신"과 그 방향을 같이 했다.

그럼에도 불구하고 종교개혁을 르네상스 인문주의라는 사상적 전환의 종교적 결과라고 해석하는 것은 여러 가지 점에서 무리가 있다. 무엇보다도 르네상스 인문주의자가 종교개혁의 많은 동기를 제공했지만, 종교개혁이 본격적으로 시작되는 지점에 이르러, 인문주의자들은 결국 종교개혁에 동참하지 않았기 때문이다.[43] 인문주의자들과 종교개혁자들

---

42   Richard Rex, "Humanism," in *A Companion to the Reformation World*, ed. R. Po-chia Hsia (Oxford: Blackwell, 2006), 60-61.
43   Rex는 모어(Thomas More)나 부데(Guillaume Budé), 로이힐린(Johann Reuchlin), 클리토브(Jodocus Clichtove), 코클라이우스(Johann Cochlaeus) 등 초기 기독교 인문주의자들이 루터에 의해 발생한 종교개혁에 대해 최소한 거리를 두었으며 심지어 적대적이었음을 지적한

은 서로의 목표가 각각 다르다는 점을 처음부터 알고 있었다. 인문주의자에게 르네상스의 목적은 고대의 근원으로 돌아가 문화를 고양시키고, 세련된 표현법과 새로운 교육을 사용하여 삶을 고상하게 "개선"하는 것이었다. 이 목적에는 에라스무스와 같은 다분히 세속적인 인물들뿐 아니라 미켈란젤로를 시켜 바티칸에 베드로 성당을 치장하려 했던 르네상스 교황 율리우스 2세도 의견이 크게 다르지 않았다.

시스티나 성당 천장

이와 달리 종교개혁자들이 추구한 개혁의 목적은 종교의 근본을 "개혁"하는 것이었다.[44] 종교개혁자들이 성경과 초대교회의 모범을 개혁을 위한 근원으로 삼은 것은 단순히 기독교의 내적 영성을 활성화하거나 신앙생활의 방식을 개선하기 위함이 아니었다. 종교개혁의 목적은 문화적, 사상적이기보다는 신앙적이며 종교적이었다. "자신 안에서"나 "공

다. 16세기 중반 이후에도 많은 인문주의자들이 로마 가톨릭에 남았다는 사실도 지적한다. Rex, "Humanism," 62.

[44] McGrath도 종교개혁자들과 인문주의자들은 스콜라 신학, 성경, 교부들, 새로운 교육방법의 목적, 수사학에 대한 태도에서 처음부터 서로 다른 입장에 따른 긴장을 가지고 있었다고 말한다. McGrath, *Reformation Thought*, 107-111.

동체 안에서"의 가치보다 "하나님 앞에서"(coram Deo)의 가치가 훨씬 더 중요했다. 개혁자들이 회복하려 한 종교는 하나님의 은혜를 가르치는 성경의 진리에 대한 바른 깨달음과 이 깨달음으로부터 마땅히 나타나야 할 하나님 앞에서의 합당한 신앙의 삶 전체였다.

1520년대 중반 발생한 루터와 에라스무스의 충돌은 이미 예견된 것이었다. 타락한 인간의 구원 가능성에 대한 두 사람의 이해 차이는 곧 종교개혁과 인문주의가 얼마나 다른 것인지를 확실히 보여주었다. 그러므로 르네상스 인문주의의 등장이라는 사상적 전환을 종교개혁이 일어나게 된 가장 중요한 원인으로 여기고 이를 바탕으로 사상사적 측면에서만 종교개혁을 해석하는 것은 종교개혁의 "종교적" 본질을 간과할 위험이 있다. 도덕적 개선이나 사상적 전환에 대한 부응과 차별되는 "종교개혁"의 목적이 무엇이었는지는 이후 인간의 자유의지를 둘러싸고 전개된 루터와 에라스무스의 논쟁을 살펴봄으로써 더 선명해질 것이다.

2.3. 정치 경제 구조의 변화

셋째, 종교개혁의 주요 원인을 중세 말 급속히 진행된 정치 경제적 변화에서 찾는 해석이 있다. 이 해석은 주로 실증주의적 역사가들과 마르크스주의 역사가들에 의해 제시되어 왔다. 대표적으로 공산주의 사상가 엥겔스(Friedrich Engels, 1820-1895)는 종교개혁을 "16세기 여러 층의 계급들의 물질적 이익을 향한 투쟁"이라고 해석했다.[45] 그는 기존의 로마 가톨릭 세력을 전통적인 지배 계급으로 여기며, 루터와 츠빙글리, 칼빈과 같은 주요 종교개혁자들(Magistrate Reformers)을 부르주아 계급의 대변자들이라고 간주했다. 그리고 이들과 비교해 뮌처와 1525년 독일 농민반란세력과 같은 급진적 개혁자들(Radical Reformers)을 초기 프롤레타리아

---

45   Lindberg, 『유럽의 종교개혁』, 55.

계급의 대변자라고 해석했다.[46]

  십자군 운동의 종료 이후 확대된 유럽의 국제 교역 및 아메리카 대륙으로의 진출 및 인도양 항로의 개척 등에 따른 지리적 확장은 유럽 사회의 정치 경제적 영역에도 적지 않은 변화를 가져왔다. 교역의 확대와 화폐 경제의 활성화, 그리고 도시의 발달들을 통해 직접 수입을 확보한 세속 통치자들은 새로운 재원을 확보함으로써 세력을 강화했다. 이에 반해 여전히 봉건 질서에 적응되어 있던 교황청과 로마 가톨릭 고위 성직자들의 경제적 상황은 상대적으로 약화되었다.[47] 이 무렵 지중해 무역의 거점이었던 이탈리아의 여러 도시들이 크게 성장했다. 피렌체나 나폴리, 밀라노, 베네치아와 같은 이탈리아의 주요 도시 국가들은 경제적 부요함을 바탕으로 정치 군사적으로도 영향력을 키워나갔다. 알프스 이북에서도 라인강 유역의 주요 교역로를 따라 상업 도시들이 발달했다. 르네상스 인문주의의 새로운 사상적 흐름에 따라 대학들도 활력을 얻었고 이를 중심으로 한 대학도시들이 발전했다.[48]

  이 자유도시들에는 교회를 비롯한 중세 봉건 영주들에게 일정한 세금을 바칠 필요가 없는 상인과 중소 상공업자들과 같은 새로운 경제 계급들이 입지를 강화해 나갔다. 각국의 왕들과 제후들은 자유도시들에서 직접 징수할 수 있는 세금을 원했기 때문에 자유도시민들에게 더 많은 경제적, 종교적, 학문적 자유를 허용했다. 이들 자유도시에는 새로운 정치적 경제적 변화가 가능했고, 그 결과 종교개혁이 시작되고 확산되는

---

46 Hillerbrand, "What There a Reformation in the Sixteenth Century?," 536-537. Cf. 박종균, "루터 종교개혁운동에 나타난 혁명정신에 대한 연구," 「기독교사회윤리」 39 (2017): 7-36. 20세기 초 영국의 역사학자 박스(Ernest Belfort Bax, 1854-1926)는 랑케의 과학적 연구 방법을 기초로 기존의 신학적 연구를 벗어나 사회주의적 관점에서 종교개혁을 연구했다. 이필은, "19세기 영국 기독교사회주의에 대한 이해: 박스의 종교개혁에 대한 이해를 중심으로," 「현상과 인식」 31/3 (2007): 170-220.

47 Eire, *Reformations*, 12-18.

48 Ozment는 작센의 경우 1550년 인구의 5분의 1이 도시에 거주했으며 16세기 도시와 소도시의 인구가 두 배로 증가했다고 말한다. Ozment, 『종교개혁의 시대』, 271.

스트라스부르크 시청 앞에 서 있는 구텐베르크의 동상

모판의 역할을 했다. 무역을 주된 산업으로 삼았던 스트라스부르크, 취리히, 바젤, 제네바, 그리고 대학도시였던 비텐베르크가 종교개혁의 거점이 된 것은 우연이 아니었다. 종교개혁이 "도시의 개혁"이었다고 평가될 만큼 종교개혁에 있어서 이들 도시의 역할은 지대했다.⁴⁹

도시의 발전과 더불어 종교개혁 해석자들이 크게 주목하는 새로운 변화는 인쇄술의 발전이다.⁵⁰ 독일 마인츠 출신의 금속 세공업자 구텐베르크(Johannes Gutenberg, c. 1398-1468)가 1440년대 금속활자를 개발하여 새로운 기술을 사용하는 인쇄소를 개설한 후, 이전과는 비교할 수 없을 정

---

49 프로테스탄트 종교개혁을 도시를 중심으로 한 "도시의 종교개혁"으로 평가한 대표적인 연구는 1970년대 묄러(Bernd Moeller)의 연구에 의해 제기되었다. Bernd Moeller, *Imperial Cities and the Reformation: Three Essays*, ed and trans. H. C. Erik Midelfort and Mark U. Edwards Jr. (Durham: Labyrinth, 1972). 이후 도시의 종교개혁의 본질과 특징에 대한 해석상의 논쟁은 Moeller와 Ozment 사이에, 그리고 이 둘을 모두 비판한 Brady 사이에서 활발하게 전개되었다. Lindberg, 『유럽의 종교개혁』, 70. Cf. Steven Ozment, *The Reformation in the Cities: The Appeal of Protestantism to Sixteenth-Century Germany and Switzerland* (New Haven: Yale University Press, 1975); Thomas A. Brady, *Ruling Class, Regime and Reformation at Strassbourg 1520-1555* (Leiden: E. J. Brill, 1978).

50 콜린스는 한 역사학자의 말을 빌려 종교개혁이 "오직 인쇄에 의한 구원의 문제"였다고까지 말했다. Collinson, 『종교개혁』, 56.

도로 빠른 속도로 똑같은 내용의 문서를 광범위하게 보급할 수 있는 길이 열렸다.[51] 역사가들은 이전 세기 잉글랜드의 위클리프나 보헤미아의 후스와 달리 루터와 츠빙글리의 개혁 운동이 성공할 수 있었던 결정적인 요인이 새로운 인쇄술의 발전이었다고 생각해 왔다. 성경과 종교 관련 서적은 당시 가장 인기 있는 인쇄물이었다. 인쇄술은 소수의 성직자들의 전유물로 여겨졌던 성경을 모든 식자층이 접할 수 있도록 해 주었다. 루터의 95개조와 1520년대 발표한 유명한 종교개혁 3대 논문도 독자들의 수요에 부응하려 한 인쇄업자들이 서둘러 제작 보급한 덕에 단 몇 주 만에 독일과 유럽 각국으로 확산될 수 있었다.[52]

도시를 중심으로 한 경제와 정치 구조의 변화, 인쇄술이 대표하는 새로운 기술의 도입이 종교개혁의 시작과 확산에 가장 중요한 요인이었던 것은 분명한 사실이다. 이 점에 있어서 종교개혁이 "상이한 도시적, 지방적 종교개혁의 연관 관계로서만 존재"했다고 보는 카우프만(Kaufmann)의 해석도 일리가 있다.[53] 그러나 정치 경제적 변화를 16세기 유럽 종교개혁의 방향성과 특징을 결정지은 가장 중요한 원인이라고 단정할 수 있을까? 도시의 발전과 화폐 경제의 활성화는 비단 15세기와 16세기만의 현상이 아니었다. 16세기의 특별한 변화를 가정한다고 할지라도 모든 설명이 다 가능하지 않다. 16세기 유럽에서 자유도시들이 가장 크게 발전했고, 상당히 많은 출판사가 활동했던 지역은 이탈리아였다. 그러나 이탈리아에서는 독일과 같은 종교개혁이 나타나지 않았

---

51 Eire, *Reformations*, 8-12.
52 Andrew Pettegree, "Print Workshop and Markets," in *Oxford Handbook of the Protestant Reformation*, ed. Ulinka Rublack (Oxford: Oxford University Press, 2017), 373-389.
53 "나는 종교개혁을 도시 및 영방국가적 맥락에서의 교회 제도의 변형 과정들, 일부는 이 과정을 열어젖히고 일부는 동조한, 일부는 사적이지만 대개는 공적인 특히 팸플릿 출판을 통한 커뮤니케이션 행위, 그리고 이 과정과 불가분으로 연결된 도시들과 영방국들과 지역, 제국과 유럽 등 매우 상이한 무대에서 일어난 정치적, 법적, 군사적 투쟁으로 이해한다." Kaufmann, 『종교개혁의 역사』, 17-18.

다. 신대륙의 은 유입으로 인해 화폐 경제가 가장 활성화된 지역은 포르투갈과 스페인이었다. 그러나 이곳에서는 스위스나 저지대 지방과 같은 수준의 종교개혁 확산이 이루어지지 못했다. 물론 이와 같은 점은 각 지역의 중앙집권화의 정도 차이, 그리고 16세기의 정치적 구도를 통해 설명할 수 있을 것이다. 그러나 왕실의 중앙집권이 안착된 이베리아 반도나 교황청과 밀접했던 이탈리아의 특수한 형편을 설명하는 것만으로는 잉글랜드나 스칸디나비아 반도, 그리고 프랑스와 스위스 연방 도시들에게 종교개혁이 높은 호응을 얻은 이유를 일관성 있게 설명하기는 쉽지 않다.

인쇄술을 비롯한 기술의 발달이 종교개혁에 큰 도움을 주었듯이 종교개혁이 인쇄 사업과 여러 기술 발달에 도움을 준 것도 사실이다. 그러나 이와 같은 사실로 인해 종교개혁을 경제, 사회, 기술에 따른 종교 구조의 변환이었다고 규정하는 것은 무리가 있다. 인쇄술의 발전은 종교개혁에 반대했던 로마 가톨릭 설교자들과 신학자들에게도 좋은 커뮤니케이션 도구였다. 새로운 정치 경제적 변화나 기술의 진보라는 측면에서 보면 루터가 활동했던 작센 지역은 이 새로운 변화에 있어 이탈리아나 스페인과 비교할 때 상당히 뒤처진 지역이었다. 따라서 종교개혁이 어떤 성격의 운동이었는지를 밝히기 위해서는 새로운 기술의 발전을 통해 다른 종교적 입장이나 다른 문학 작품들보다 왜 개신교 종교개혁이 더 많은 영향력을 끼칠 수 있었는지를 더불어 설명해야 한다. 이와 관련해 테일러(Larrisa Taylor)는 16세기 초 로마 가톨릭 설교가들의 활동이나 문헌 보급, 그리고 아직 문서를 읽을 수 없는 대다수 대중들의 종교 생활의 현실들을 지적하면서 종교개혁의 성취는 단순히 인쇄술의 결과라기보다는 이 새로운 기술을 통해 전달된 그들의 메시지의 결과 때문이었다고 잘 지적했다.[54]

---

[54] Larrisa Taylor, "Society and Piety," in *A Companion to the Reformation World*, 33.

종교개혁이라는 역사적 사실과 그 역사적 사실의 배경적 요인 및 결과는 잘 구별될 필요가 있다. 무엇보다도 16세기 종교개혁자들은 정치적 변화나 경제 구조의 개편에 따른 새로운 신앙 체계의 수립을 종교개혁의 목적이라고 말하지 않았다. 종교개혁의 성격을 잘 규명하기 위해서는 이로 인해 생겨난 여러 변화에 시선을 빼앗기기에 앞서 이런 변화를 종교개혁자들이 어떻게 평가했는지를 살펴야 한다. 종교개혁으로 인한 정치적 권력의 변화는 가장 중요한 평가의 주제이다. 16세기 종교개혁이 진행되는 동안 이 기회를 이용해 자신들의 권력을 강화하려 했던 왕과 제후들이 있었다. 또 이 틈에 자신들의 경제적 이익을 추구했던 많은 세력들도 다양한 계층에서 나타났다. 대부분의 종교개혁자들은 정치적, 경제적 유익을 추구하는 세속적 욕망에 대해 전반적으로 비판적이었다.

물론 모든 정치적 상황에 대해 개혁자들이 항상 비판적이기만 했던 것은 아니다. 루터는 로마 교황청의 독재와 농민반란 세력의 위협에 맞서 세속 군주들의 독자적 권리를 옹호했다. 부처와 멜란히톤은 슈말칼트 동맹을 이끌던 헤센의 필립 공작(Philipp von Hessen, 1504-1567)의 이중 혼인을 적극적으로 비판하지 않았다. 취리히의 개혁자 츠빙글리와 그의 후계자 불링거는 권징의 최종 권한이 시의회에 있다고 말했다. 칼빈도 제네바 시의회와 협력했으며 자본주의적 경제활동을 인정했다. 그러나 이와 같은 체제 우호적인 종교개혁자들의 입장에 마음이 상해 "종교개혁"을 미완의 개혁이라고 단정하는 것은 신중한 평가가 아니다. 이런 비판적 해석은 종교개혁을 근대적인 인권 운동이나 민중 해방운동으로 이미 보고 있는 해석자의 선입견 때문에 발생한다. 루터가 농민반란을 주도한 뮌처(Thomas Münzer, 1489-1525)를 비판하고, 츠빙글리가 재세례파를 거절하고, 칼빈이 세르베투스(Michael Servetus, c. 1513-1553)와 논쟁을 벌인 것은 정치 사회적인 목적 때문이라기보다는 신학적이며 종교적인 목적 때문이었다. 따라서 눈길을 끄는 몇 가지 예외적인 주장이나 조치들에 집중해 이런 주장이 나타나게 된 전체적인 맥락이나 그 이론적 토대를 간과한 해석은 특정한 이론을 개진하기 위해 역사에서 일정한 사례를 취사선택하는 무리수가 될 위험이 크다. 엥겔스는 1848년 베를린 혁명을 해석하고 옹호하는 관점에서 300년 전 벌어진 독일 농민전쟁과 종교개혁을 공산주의적 관점에서 읽어 냈다.[55] 20세기 사회학자 베버(Max Weber, 1864-1920)는 종교개혁의 후예인 칼빈주의자들이 강조했던 철저한 종교적 규율이 근대 자본주의 제도에 자양분이 되었다고 말함으로써 교회사가들뿐 아니라 사회학자들 사이에서 여전히 논란을 불러 일으키고 있다.[56] 이런 편향된 해석과 관련해 옥스퍼드 대학의 맥클로흐(Diarmaid MacCulloch)는 최근 연구에서 "종교개혁은 사회적, 경제적 힘에 의해 야기되거나, 심지어 국가주의 같은 세속적인 사상에 의해 야기"되지 않았으며, 이보다는 "죽음, 구원, 그리고 죽음 이후의 삶 등에 관한 거대한 사상에서 발생했다"라고 지적했다.[57]

종교개혁을 당시의 정치 경제적 구도에 따라 해석하고 그 의미를 찾아 적용하는 해석은 종교개혁으로부터 어떤 특정한 현실 해석이나 사회 변혁을 위한 역사적 근거로 찾는 데 도움이 될 수는 있다. 그러나 이런 해석은 "기독교 신앙의 회복"을 추구했던 종교개혁자들의 본래의 취지를 놓칠 가능성이 크다. 16세기 종교개혁자들에게 정치와 경제의 문제는 종교개혁의 본질이 아니었다. 정치, 경제, 사회, 문화 모든 영역은 종교개혁자들에게 하나님 앞에서의 참된 경건을 구현해야 할 "종교" 실

---

55 엥겔스의 "독일 농민전쟁"(Der Deutsche Bauernkrieg, 1850)은 1차 자료를 심도 있게 분석 검토한 결과가 아니라 Wilhelm Zimmerman의 "독일의 위대한 농민전쟁의 역사"(Geschichte des grossen deutschen Bauernkrieges, 1841-1843)의 내용을 자의적으로 인용한 것이었다. Arthur G. Dickens, John M. Tonkin, and Kenneth Powell (eds.), *The Reformation in Historical Thought*, 237-241.
56 Max Weber, 『프로테스탄트 윤리와 자본주의 정신』, 박문재 역 (서울: 현대지성, 2018), 162-239.
57 Diarmaid MacCulloch, *All Things made New: Writing on the Reformation*, 『영국의 종교개혁』, 한동수 역 (서울: CLC, 2018), 23.

천의 영역일 뿐이었다. 즉 이 영역들에서 나타나는 회복의 모습들은 하나님의 말씀에 순종함으로써 구현되어야 할 종교개혁의 성패를 가늠해 볼 수 있는 적용점들이었다. 종교개혁자들이 주장했던 종교개혁의 본질은 언제나 성경의 진리를 바르게 파악하여 그 진리에 따라 하나님 앞에서의 바른 경건과 신앙을 총체적으로 회복하는 것이었다. 루터와 칼빈을 비롯한 대표적인 개혁자들은 이와 같은 신앙적 관점에 따라 적대적인 세력뿐 아니라 우호적인 세력에 대해서도 비판과 경고를 서슴지 않았다. 당시 현안에 대한 호응과 비판은 개혁자들에게는 적어도 그 취지와 자세에 있어서 정치적인 것이 아니라 신앙적인 것이어야 했다. 스코틀랜드의 종교개혁자 존 녹스가 전개한 정치적 저항 사상은 종교개혁자들이 보여준 이와같은 "종교적" 일관성을 더 선명히 보여줄 것이다.

2.4. 대중들의 종교적 요구

넷째, 종교개혁의 주요 원인을 중세 말부터 16세기에 이르기까지 나타난 새로운 대중들의 종교적 요구로부터 찾으려는 해석이 있어 왔다. 이와 같은 입장의 종교개혁 해석은 기존의 사상사적 해석이나 정치 경제학적 해석의 한계를 지적하면서, 이전 시대의 기독교 개혁 운동과 달리 당시 일반인들 안에 나타났던 "종교적" 요구들과 그 원인들에 주목한다.[58] 이와 같은 새로운 관심의 배경에는 20세기 엘리아데(Mircea Eliade, 1907-1986)의 영향 하에 전개된 종교사학파의 관점이 놓여 있다. 종교사학파는 마르크스주의적 해석에 반대하며 인간 내면의 종교성을

---

[58] Blickle은 엥겔스의 독일 농민반란에 대한 정치 경제적 해석을 비판하고 이에 대한 대안으로 "공동체적 종교개혁"(Gemeindereformation)이라는 개념을 도입했다. Peter Blickle, *The Revolution of 1525: The German Peasants' War from a New Perspective*, trans. Thomas A. Brady Jr. (Baltimore: Johns Hopkins University Press, 1981); *Communal Reformation: The Quest for Salvation in Sixteenth-Century Germany*, trans. Thomas Dunlap (Atlantic Highland: Humanities, 1992).

부각시켰다. 여기에서 말하는 "종교"는 위에서 설명했던 16세기적 의미의 종교는 아니다. 엘리아데는 인간의 행동 안에는 그 행동을 결정짓는 내면적 신성함이 있으며 따라서 모든 인간은 사회적 동물이기 이전에 종교적 인간이라고 주장했다. 종교사학적 입장을 취하는 연구들은 대부분 "종교"를 근대 이후 기독교를 넘어서 확대된 의미로 이해한다. 즉 이들이 말하는 초월적 존재나 내세에 대한 감각과 기대이다.

이런 관점에 따르면 16세기 종교개혁은 "종교적 존재"로서의 인간의 본질적인 욕구가 당시 시대적 상황에 부응해 표출된 사건이다.[59] 아날 학파에 속하는 페브르(Lucien Fevbre, 1878-1956)는 16세기 종교개혁의 핵심 과제를 당시 많은 신자들의 "불안한 양심에 대한 처방을 제시하는 것"이었다고 분석한다. 그리고 많은 대중들이 종교개혁의 가르침과 실제적 제안들로부터 "자신들의 종교적 욕구와 영적 상황을 위한 해결책"을 발견했다고 주장했다.[60] 들뤼모(Jean Delumeau, 1923-2020)는 1968년 발표한 연구에서 종교개혁의 여러 원인들을 나열한 후, 종교개혁자들이 제시한 대안과 이에 상대했던 로마 가톨릭의 대응이 당시 기독교 신자들의 종교적 양심을 자극해 그들에게 기독교 종교를 내면화하는 데 기여했다고 종교개혁의 의의를 분석했다.[61]

종교사적 관점과 유사한 입장에서 종교개혁을 바라보는 여러 해석들은 특정 개혁자의 생애와 사상에 집중하거나 16세기 전후의 구조적 문제를 거시적으로 다루기보다는, 어떤 지역이나 도시를 선택해 그곳에서 실제로 벌어진 사례들에 초점을 맞추어 종교개혁의 특징을 분석하는 경

---

59 박건택, "서론: 계시의 해설가들," 47-49.
60 Lucien Febvre, "The Origin of the French Reformation: A Badly-Put Question?," in *A New Kind of History and Other Essays*, ed, Peter Burke (New York: 1960), Ozment,『종교개혁의 시대』, 292에서 재인용.
61 Jean Delumeau, *Naissance et Affirmation de la Réforme* (Paris: Presses Universitaires de France, 1968), 박건택, "종교개혁사 연구와 한국 교회,"「신학지남」80/1 (2013), 158-160에서 재인용.

죽음의 춤. 중세시대 흑사병과 같은 역병들은 구원과 내세의 영생을 더 사모하게 만들었다.

향을 보여준다.[62] 그리고 이들이 관심을 갖는 실제 사건들은 정치, 경제적 사건보다는 그 지역의 일반 대중들의 신앙생활이나 이해가 구체적으로 반영되는 결혼이나 장례, 예배와 예전, 절기 및 생활 패턴과 같은 풍습이나 대중들 사이에 종교 이해와 문화가 표현되고 전달된 양상들이다.[63] 이와 같은 종교사, 문화사적 연구들은 일반적으로 종교개혁 시대

---

62 R. Buick Knox (ed.), *Reformation Conformity and Dissent: Essays in Honour of Geoffrey Nuttall* (London: Epworth Press, 1977); Carlos M. Eire, *From Madrid to Purgatory: The Art and Craft of Dying in Sixteenth-Century Spain* (Cambridge: Cambridge University Press, 1995); Katharine Jackson Lualdi and Anne T. Thayer (eds.), *Penitence in the Age of Reformation* (Aldershot: Ashgate, 2000); Eamon Duffy, *The Voices of Morebath: Reformation and Rebellion in an English Village* (New Haven: Yale University Press, 2001). Taylor, "Society and Piety," 28-29.

63 기존의 접근을 비판하면서 종교의 시각적 전달 방식의 변화와 특징에 주목해 "대중 종교"(popular Religion)라는 관점에서 종교개혁을 분석한 대표적인 연구는 Robert W. Scribner의 *For the Sake of Simple Folk: Popular Propaganda for the German Reformation* (Cambridge: Cambridge University Press, 1981)이다. Matheson이나 Dyrness의 연구들과 이런 관심사를 함께 한다. Peter Matheson, *The Rhetoric of the Reformation* (Edinburgh: T.&T. Clark, 1998); *The Imaginative World of the Reformation* (Edinburgh: T.&T. Clark, 2000); William A. Dyrness, *Reformed Theology and Visual Culture: The Protestant Imagination from Calvin Edwards* (Cambridge: Cambridge University Press, 2004). 종교개혁 당시 여성들의

는 기독교의 쇠퇴기가 아니라 도리어 여러 가지 위협과 불확실성 속에서 일반 대중들 사이에 종교적 욕구가 더 커진 시기로 보며, 고착화된 로마 가톨릭의 종교 시스템이 이 욕구를 충족시키는 데 한계가 있었다고 주장한다.[64]

대중 종교에 대한 관심은 루터나 츠빙글리로 대표되는 주요 종교개혁자들보다 상대적으로 소외되었던 급진 개혁 운동에 대한 연구를 촉진했다. 이들은 주로 엘리트와 그 지역 권력자들의 호응을 얻었던 주요 개혁자들보다 독일 농민반란을 주도했던 뮌처나 취리히의 재세례파들, 그리고 제네바에서 처형당한 세르베투스 등이 어떻게 또 다른 대중들에게 호소력을 가질 수 있었는지 관심을 기울인다.[65] 이와 같은 연구의 결과 이들은 16세기에 국한된 하나의 "종교개혁"(The Reformation)이 있었던 것이 아니라 그보다 더 긴 시기에 걸친 다수의 "종교개혁들"(Reformations)이 있었다고 주장하는 경향을 보인다.[66]

활동과 사상에 대한 연구도 같은 관점을 공유하는 것으로 볼 수 있을 것이다. Roland Bainton, *Women of the Reformation in Germany and Italy* (Minneapolis: Fortress, 1971); *Women of the Reformation: In France and England* (Minneapolis: Fortress, 1973); *Women of the Reformation from Spain to Scandinavia* (Minneapolis: Fortress, 1977). 칼빈 시대 제네바 시의회 기록과 컨시스토리 기록을 중심으로 여러 사례들을 분석하여 종교개혁의 현실을 분석한 Kingdon과 그의 제자들의 연구도 주목할 만하다. Robert M. Kingdon, *Adultery and Divorce in Calvin's Geneva* (Cambridge: Harvard University Press, 1995); John Witt Jr. and Robert M. Kingdon (eds.), *Sex, Marriage, and Family in John Calvin's Geneva, vol. 1: Courtship, Engagement, and Marriage* (Grand Rapids: Eerdmans, 2005).

64 중세와 종교개혁 시대, 그리고 이를 넘어선 근대의 연속성은 Oberman과 그의 제자들인 Ozment나 Steinmetz 등의 주된 연구 관심사이다. 그러나 이들은 사회사나 종교사적 차원보다는 사상사적인 차원에서 연속성을 규명하는 관심을 기울였다. Cf. Heiko Oberman, *The Harvest of the Medieval Theology* (Cambridge: Harvard University Press, 1963); *Forerunners of the Reformation: The Shape of Late Medieval Thought* (Cambridge: James Clark & Co, 1967); *The Dawn of the Reformation* (Edinburgh: T.&T. Clark, 1986). David C. Steinmetz, *Reformers in Wings: From Geller von Kayserberg to Theodore Beza* (Oxford: Oxford University Press, 2001); *Luther in Context* (Grand Rapids: Baker, 2002); *Calvin in Context* (Oxford: Oxford University Press, 2010).

65 Williams는 이 분야에서 가장 기념비적인 연구를 발표했다. George H. Williams, *The Radical Reformation* (Kirksville: Truman University Press, 1995).

66 Chaunu는 종교개혁 시대를 13세기로부터 시작해 17세기까지 연장해 적어도 네 가지 종

실제로 16세기 유럽의 대중들 안에 종교적 욕구가 팽배했던 것은 사실이다. 항해술의 발달로 인해 가능해진 새로운 세계와 문화의 발견은 유럽의 지식인들과 유산자들에게는 희망찬 새로운 가능성이었을지 모르지만 많은 일반 대중들에게는 감당하기 어려운 큰 충격과 공포였다. 그 이전 시대만큼이나 15-16세기 유럽은 여전히 역병과 기근으로 고통을 당했고, 종말론적 공포도 짙게 드리워져 있었다. 1453년 마침내 비잔틴 제국을 무너뜨리고 서유럽으로 진격해 오던 오스만 투르크 제국의 파죽지세는 기독교 세계를 크게 위협하고 있었다. 여전한 실제적 불안 속에서 사람들은 영적 안전을 더 많이 갈구했다. 그러나 기존 로마 가톨릭 체제는 종교적 위로와 안정을 제공하기에 역부족이었다. 교구 사제들은 무능했고, 이제 막 이전 세기의 분열을 수습한 교황들은 교황청을 치장하는 데 정신이 팔려 있었다. 많은 사람들에게 무슬림의 침공은 무능한 로마 가톨릭 종교 체제에 대한 하나님의 심판으로 받아들여졌다.[67]

이런 위기 상황 속에서 위에서 언급한 일반 신자들 중심의 신앙 공동체가 형성되기도 했다. 기존 체제 안에서는 새로운 영성을 추구하는 운동이 나타났다. 에라스무스가 속했던 "공동생활형제단"과 여러 탁발 수도회 내의 개혁적 공동체들이 그 대표적인 사례들이다.[68] 그러나 대중들은 이런 과감한 시도보다는 제도권 교회에서 제공하는 면벌부와 같은

교개혁들이 있었다고 주장했다. Pierre Chaunu, *Le Temps des Réformes: Histoire religieuse et système de civilisation. La crise dela Chrétienté, l'éclatement, 1250-1550* (Paris: Fayard, 1975). Collinson은 종교사적 연구의 한계를 지적하면서도 들뤼모의 입장을 인용하면서 하나의 종교개혁이 아닌 여러 종교개혁들이 있었음을 긍정한다. Collinson, 30-32. Lindberg는 "긴 16세기"를 설정하고 그 기간 중 프로테스탄트뿐 아니라 여러 종류의 종교개혁들이 있었다고 말한다. Lindberg, 『유럽의 종교개혁』, 13-14. Tracy도 Lindberg와 유사하게 종교개혁 시대를 길게 보고 그 가운데 여러 종류의 "종교개혁들"이 있었다고 말한다. James D. Tracy, *Europe's Reformations 1450-1650: Doctrine, Politics and Community* (Lanham: Rowman & Littlefield, 2006). Wallace는 종교개혁의 시대 범위를 심지어 1350년에서 1750년까지 400년으로 설정했다. Peter G. Wallace, *The Long European Reformation: Religion, Political Conflict, and the Search for Conformity, 1350-1750* (Basinstoke: Palgrave, 2012).

67   Eire, *Reformations*, 4-8.
68   Cameron, *The European Reformation*, 61-64.

손쉬운 대안을 더 선호했다. 아이러니하게도 면벌부의 판매는 르네상스 정신의 구현을 위해 성 베드로 성당을 새롭게 재건하려 했던 교황의 교회 개선 시도의 한 방법이었다. 면벌부 판매는 주로 왕실의 강력한 중앙집권이 약했던 신성로마 제국 영토에 집중되었다. 종교사적 연구들은 새로운 영성운동이나 면벌부 판매의 호황 같은 사례에 주목하면서 중세 말기는 전통적 해석이 말하는 신앙의 쇠퇴기가 아니라 도리어 각 계층에 걸쳐 새로운 종교적 대안을 열망했던 시기임을 밝혀냈다. 이들은 경제, 정치적 구조 분석에 치우쳤던 사회학적 접근을 비판하고, 다시 한 번 "종교적" 차원에서 종교개혁을 이해할 수 있는 계기를 회복시켰다. 종교사적 연구는 엘리트 중심의 역사 서술 방식을 일반인의 일상을 조명하는 역사 서술 방식으로 전환시켰다. 이들의 영향으로 오늘날 많은 종교개혁 연구들은 1970년대부터 전개된 "대중 종교"와 "종교개혁들"이라는 관점을 따라 진행되고 있다. 즉 탁월한 특정 신학자들의 사상이나 활동보다는 일반 대중들의 종교적 정서와 종교개혁에 반응을 추적하며, 주류 교파적 전통보다는 여러 지역에서 다양하게 등장한 공동체들의 신앙 행태에 관심을 갖는 것이다.[69]

그러나 보편적인 "종교성"을 종교개혁의 주된 원인이라고 설명하는 해석 역시 16세기 유럽의 종교개혁의 독특한 성격과 그 역사적 의의를 설명하는 데에는 한계가 있다. 종교사적 연구는 특정한 지역이나 특정한 사례들을 연구하여 대상을 구체화하고 종교개혁의 현장을 생생하게 소개한다는 장점을 갖지만, 그와 더불어 특정 사례들을 어떻게 16세기 종교개혁 전체의 성격으로 일반화할 수 있는지 설명해야 할 부담을 갖게 한다. 또 앞서 살핀 사회학적 연구와 마찬가지로 대중들의 다양한 종교적 요구와 반응들을 고찰하는 가운데 정작 종교개혁을 시작하고 주도한 개혁자들의 목소리를 간과하거나 왜곡할 위험도 분명히 존재한다.

---

69 Hillerbrand, "Was There a Reformation in the Sixteenth Century?," 542-543.

다시 한 번 배경과 결과는 사실이나 사상 자체가 아님을 유의해야 한다.[70] 종교개혁자들은 절망에 빠진 개인들의 종교적 욕구를 충족시켜 주는 것을 주목적으로 삼아 개혁 운동을 전개한 것이 아니다. 그들은 새로운 신앙 체계와 교리를 시대적 필요에 따라 제시함으로써 당대의 종교적 필요를 채우려 한 것도 아니다. 당시의 많은 대중들은 이신칭의 교리나 새로운 성찬이론보다는 천 년간 이어온 성물 숭배, 성지 순례, 그리고 미사와 고해성사에서 더 직접적인 위안을 얻었다. 이런 영적 갈급함 속에서 종교개혁자들은 개인들에게 새로운 희망의 길을 제공함으로써 어떤 종교적 권위와 영예를 획득하는 것을 개혁의 목적이 아니라 도리어 개혁해야 할 거짓 종교로 보았다. 루터는 "양심의 자유"를 늘 강조했지만 그가 말한 "양심"은 항상 하나님 앞에서 죄를 감지하는 신앙적 감각을 의미했다. 따라서 종교개혁자들이 추구한 양심의 자유는 항상 종교의 첫 주제인 "십자가 복음"의 고백에 뒤따르는 귀결이며 개혁의 두 번째 주제였다.

종교개혁자들의 가르침과 개혁 노력은 권력자들뿐 아니라 일반 대중들에게도 적지 않은 반발을 불러일으켰다. 루터는 농민 반란세력과 대립했으며, 츠빙글리는 재세례파와 충돌했다. 칼빈도 제네바에서 제네바 시민들과 많은 갈등을 경험했다. 이 갈등 속에서 칼빈은 참다운 개혁은 자신들의 필요에 따라 성경의 진리를 자의적으로 해석해 적용하는 것이 아니라 하나님의 진리의 말씀에 따라 우리들의 모든 필요와 요구를 부인하고 삶 전체를 헌신하는 것이라고 선포했다. 그가 재세례파를 비판했던 이유는 그들이 말하는 개혁이 이런 초점을 벗어나 있었기 때문이다. 칼빈은 재세례파의 순교 정신을 높이 평가하면서도 순교를 기억함으로써 얻을 수 있는 종교적 고양이 "하나님의 영광"을 구하는 참된 경

---

[70] Hillerbrand는 이와 같은 위험과 관련하여 최근 사회적 연구자들이 "종교개혁 시대"보다 최근 더 널리 활용하고 있는 "초기 근대"(early modern)라는 시대 명칭의 모호함에 대한 불만을 제기한다. Hillerbrand, "Was There a Reformation in the Sixteenth Century?," 543-545.

건과 혼동되어서는 안 된다고 경고했다. 종교개혁이 항상 당대의 대중 종교를 지향했던 것은 아니라는 사실은 칼빈의 재세례파 비판 논의를 분석하는 뒷장에서 더 상세하게 설명될 것이다.

3. 종교개혁 연구 방법

위에서 살펴본 종교개혁의 네 가지 원인들은 모두 종교개혁이 발생하게 된 중요한 배경 요소임이 틀림없다. 또 그동안 각 원인들에 집중해 제시되었던 종교개혁에 대한 네 가지 해석들이 모두 유용한 관점과 설득력 있는 분석을 제공하고 있는 것이 사실이다. 그러나 종교개혁 연구에 있어서 종교개혁자들이 설정하고 추구했던 "종교개혁"의 본연의 목적과, 종교개혁이 나타나게 된 원인들 혹은 그 결과들은 세심하게 구별될 필요가 있다. 본래 목적과 원인 및 결과 사이의 구별이 부족한 결과 발생하는 부정확한 해석은 해석자의 의도된 관심이나 특정한 적용을 향한 편향성에 따라 종교개혁이라는 역사적 사실을 곡해할 수 있기 때문이다.[71] 특히 종교개혁의 배경이 되는 여러 요인들 가운데 한 가지만 너무 강조하여 종교개혁을 규정하고 그 특징을 평가하는 것은 공정한 역사적 판단을 확보하는 데 있어 분명한 한계가 있다. 물론 한 개인이나 하나의 사건이 아닌 "종교개혁"이라는 시대적 운동 전체를 순수하게 객관적으로 평가하는 일은 사실상 불가능할 것이다. 그러나 이런 불가능성이 종교개혁자들이 직접 밝힌 종교개혁의 목적과 본질을 편협한 "신앙고백적" 접근이라고 딱지를 붙여 무시하고 특정한 상황이나 몇 가지 귀결에 집착해 "종교개혁"을 문화, 사상, 정치, 경제, 심리적 사건이라고 자의적으로 해석할 수 있게 해 주지는 않는다. 순수한 객관적 해석이 불

---

[71] Collinson은 종교개혁에 대한 해석자들의 다양한 정의로 인해 오늘날 "종교개혁"이라는 개념 자체가 중구난방이 되어 버렸다고 비판한다. Collinson, 『종교개혁』, 21-22.

제네바 종교개혁 기념비. 왼쪽부터 파렐, 칼빈, 베자, 녹스이다.

가능함을 인정한다 할지라도 되도록 최선을 다해 정확하고 편견 없이 역사적 사실이나 실체의 성격을 규명하려 시도하는 것이 아니라면 역사 연구의 정당성과 의의가 어디에 있겠는가? 정확하고 편견 없는 연구를 위한 노력에는 반드시 그 역사적 사실이 남긴 1차 자료들, 그리고 그 역사적 운동을 주도한 인물들의 목소리를 직접 들으려는 과정이 반드시 포함되어야 한다.

이제까지 살핀 "종교"와 "개혁"에 대한 종교개혁자들의 이해를 종합하면, 그들에게 종교개혁이란 "성경의 가르침과 그 가르침에 충실했던 초대교회의 모범을 따라 하나님에 대한 바른 이해와 그 이해로부터 나타나야 할 신앙의 반응 전체를 회복하는 노력"이었다고 말할 수 있다. 결국 이들의 종교개혁은 새로운 상황에 따른 다양한 적응의 시도가 아니라 도리어 새로운 상황에 맞서 "하나님의 뜻과 계획"을 드러내고 이에 순종하는 총체적인 회복이었다. 종교개혁에 대해 이후 제시된 여러 가지 역사적, 신학적 평가와 해석들도 나름대로의 의미와 가치를 가지고 있지만 종교개혁이라는 역사적 사실에 대한 정확하고 정당한 해석과 연구를 위해서는 우선 종교개혁자들이 추구했던 개념과 목적을 존중하는 접근이 필요하다. 즉 종교개혁자들이 주장했던 "종교개혁" 이해를 먼저 파악한 후 이를 바탕으로 종교개혁이 발생한 여러 가지 시대적 배경 요인들을 검토하고, 이 검토 위에서 다시 한 번 종교개혁자들이 추진했던 개혁의 성패와 성과를 평가하는 단계가 더 바람직할 것이다. 이와 같은 검토와 반성, 그리고 평가의 과정은 종교개혁이 오늘날 교회와 사회를 향해 가질 수 있는 의의를 제시하고 실제로 적용하는 데에도 도움이 될 것이기 때문이다.

참고문헌

Bainton, Roland. *Women of the Reformation from Spain to Scandinavia*. Minneapolis: Fortress, 1977.

———. *Women of the Reformation in Germany and Italy*. Minneapolis: Fortress, 1971.

———. *Women of the Reformation: In France and England*. Minneapolis: Fortress, 1973.

Blickle, Peter. *Communal Reformation: The Quest for Salvation in Sixteenth-Century Germany*. Trans. Thomas Dunlap. Atlantic Highland: Humanities, 1992.

Blickle, Peter. *The Revolution of 1525: The German Peasants' War from a New Perspective* Trans. Thomas A. Brady Jr. Baltimore: Johns Hopkins University Press, 1981.

Brady, Thomas *A. Ruling Class, Regime and Reformation at Strassbourg 1520-1555*. Leiden: E. J. Brill, 1978.

Burnett, Amy Nelson and Emidio Campi. (Eds.) *A Companion to the Swiss Reformation*. Leiden: E. J. Brill, 2016.

Cameron, Euan. *The European Reformation*. Oxford: Clarendon, 1991.

Calvin, John. *Institutes of the Christian Religion* (1559): Library of Christian Classics, vols. XX and XXI. Trans. Ford Lewis Battles. Philadelphia: Westminster Press, 1960.

———. *Ioannis Calvini opera quae supersunt omnia*. Eds. G. Baum, Edward Cunitz, and Edward Reuss. 59 volumes. Brunsvigae: C.A. Schwetschke und Son, 1863-1900.

———. *Joannis Calvini Opera Selecta*. Eds. Peter Barth, Wilhelm Niesel, and Dora Schenuner. 5 volumes. München: Christian Kaiser, 1926-1962.

Cameron, James, K. (Ed.). *The First Book of Discipline*. Edinburgh: Scottish Christian Press, 1972.

Chanu, Pierre. *Le Temps des Réformes: Histoire religieuse et système de* civilisation. La crise dela Chrétienté, l'éclatement, 1250-1550. Paris: Fayard, 1975.

Collinson, Patrick. The Reformation: A History. London: Weidenfeld & Nicolson, 2003.『종교개혁』. 이종인 역. 서울: 을유문화사, 2005.

Delumeau, Jean. Naissance et Affirmation de la Réforme. Paris: Presses Universitaires de France, 1968.

Dickens, Arthur G. John M. Tonkin, and Kenneth Powell. The Reformation in Historical Thought. Cambridge: Harvard University Press, 1985.

Dickinson, William Croft (Ed.). John Knox's History of the Reformation in Scotland. 2 volumes. New York: Philosophical Library, 1950.

Duffy, Eamon. The Voices of Morebath: Reformation and Rebellion in an English Village. New Haven: Yale University Press, 2001.

Dyrness, William A. Reformed Theology and Visual Culture: The Protestant Imagination from Calvin Edwards. Cambridge: Cambridge University Press, 2004.

Eire, Carlos M. From Madrid to Purgatory: The Art and Craft of Dying in Sixteenth-Century Spain. Cambridge: Cambridge University Press, 1995.

―――. Reformations: The Early Modern World, 1450-1650. New Haven: Yale University Press, 2016.

Erasmus, Desiderius. Collected Works of Erasmus. 86 volumes. Toronto: University of Toronto Press, 1974-2016.

―――. Desiderii Erasmi Roterdami Opera Omnia. 10 volumes. Ed. J. Leclerc. Leiden: 1703-1706.

Febvre, Lucien. "The Origin of the French Reformation: A Badly-Put Question?" in A New Kind of History and Other Essays. Ed, Peter Burke and trans. K. Folca. London: Routledge, 1973.

Gordon, F. Bruce. Calvin. New Haven: Yale University Press, 2011.『칼뱅』. 이재근 역. 서울: IVP, 2018.

Greef, Wulfert. de. The Writings of John Calvin: A Introductory Guide, trans. Lyle D. Bierma. Grand Rapids: Baker, 1989.『칼빈의 생애와 저

서들』. 황대우, 김미정 역. 서울: SFC, 2006.

Hendrix, Scott. *Martin Luther: Visionary Reformer*. New Haven: Yale University Press, 2017.『마르틴 루터: 새 시대를 펼친 비전의 개혁자』. 손성현 역. 서울: IVP, 2017.

Hillerbrand, Hans J. (Ed.), *Oxford Encyclopedia of Reformation, 4 volumes*. Oxford: Oxford University Press, 1996.

─────. "Was There a Reformation in the Sixteenth Century?" *Church History* 72/3 (2003): 525-552.

Hsia, R. Po-chia. (Ed.) *A Companion to the Reformation World*. Oxford: Blackwell, 2006.

Kaufmann, Thomas. *Geschichte der Reformation*. Frankfurt am Main: Verlag der Weltreligionen; Neuauflage, 2009.『종교개혁의 역사』. 황정욱 역. 서울: 길, 2017.

Kingdon, Robert M. *Adultery and Divorce in Calvin's Geneva*. Cambridge: Harvard University Press, 1995.

Knox, John. *The Works of John Knox*. 6 volumes. Ed. David Laing. Edinburgh: Bannatyne Club, 1846-1864.

Knox, R. Buick (Ed.). *Reformation Conformity and Dissent: Essays in Honour of Geoffrey Nuttall*. London: Epworth Press, 1977.

Lindberg, Carter. *The European Reformations*. Oxford: Blackwell, 1996. 『유럽의 종교개혁』. 조영천 역. 서울: CLC, 2012.

Loshe, Bernhard. *Martin Luther: Eine Einfuhrung in sein Leben und sein Werk*. München: Verlag C. H. Beck, 1980.『마틴 루터의 신학: 역사적, 조직신학적 연구』. 정병식 역. 서울: 한국신학연구소, 2019.

Lualdi, Katharine Jackson and Anne T. Thayer (Eds.). *Penitence in the Age of Reformation*. Aldershot: Ashgate, 2000.

Luther, Martin. *Martin Luther : Selections From His Writings*. Trans. and ed. John Dillenberger. Garden City: Anchor, 1961.『루터 저작선』. 이형기 역. 서울: 크리스챤 다이제스트, 1999.

─────. *D. Martin Luthers Werke: Kritische Gesamtausgabe*. Weimar: Hermann Böhlaus Nachfolger, 1883-1929.

MacCulloch, Diarmaid. *All Things made New: Writing on the*

Reformation. New York: Penguin Books, 2017.『영국의 종교개혁』. 한동수 역. 서울: CLC, 2018.
Maltby, William S. (Ed.). *Reformation Europe: A Guide to Research II*. St. Louis: Center for Reformation Research, 1992.
Matheson, Peter. *The Imaginative World of the Reformation*. Edinburgh: T.&T. Clark, 2000.
──. *The Rhetoric of the Reformation*. Edinburgh: T.&T. Clark, 1998.
McGrath, Alister E. *Reformation Thought: An Introduction*. Oxford: Blackwell, 1988.『종교개혁사상』. 최재건 역. 서울: CLC, 2006.
Moeller, Bernd. *Imperial Cities and the Reformation: Three Essays*. Ed. and trans. H. C. Erik Midelfort and Mark U. Edwards Jr. Durham: Labyrinth, 1972.
Oberman, Heiko. *Forerunners of the Reformation: The Shape of Late Medieval Thought*. Cambridge: James Clark & Co, 1967.
──. *The Dawn of the Reformation*. Edinburgh: T.&T. Clark, 1986.
──. *The Harvest of the Medieval Theology*. Cambridge: Harvard University Press, 1963.
Olin, John C. (Ed. and Trans.) *The Catholic Reformation: Savonarola to Ignatius Loyola*. London: Harper & Row, 1969.
Ozment, Steven (Ed.). *Reformation Europe: A Guide to Research*. St. Louis: Center for Reformation Research, 1982.
──. *The Age of Reform, 1250-1550: An Intellectual and Religious History of Late Medieval and Reformation Europe*. New Haven: Yale University Press, 1981.『종교개혁의 시대, 1250-1550』. 이희만 역. 서울: 한울아카데미, 2020.
──. *The Reformation in the Cities: The Appeal of Protestantism to Sixteenth-Century Germany and Switzerland*. New Haven: Yale University Press, 1975.
Rable, Milmar A. (Ed.). *Erasmus' Vision of the Church*. Kirksville: Sixteenth Century Journal Publishers, 1995.
Rublack, Ulinka (Ed.). *Oxford Handbook of the Protestant Reformation*. Oxford: Oxford University Press, 2017.

Schaff, Philip. (Ed.) *The Creeds of Christendom, vol. 3: The Evangelical Protestant Creeds*. London: Harper and Row, 1931.

Scribner, Robert W. *For the Sake of Simple Folk: Popular Propaganda for the German Reformation*. Cambridge: Cambridge University Press, 1981.

Stark, Rodney. *Reformation Myths: Five Centuries Of Misconceptions And (Some) Misfortunes*. London: SPCK, 2017. 『우리는 종교개혁을 오해했다』. 손현선 역. 파주: 헤르몬, 2018.

Steinmetz, David C. *Calvin in Context*. Oxford: Oxford University Press, 2010.

―――. *Luther in Context*. Grand Rapids: Baker, 2002.

―――. *Reformers in Wings: From Geller von Kayserberg to Theodore Beza*. Oxford: Oxford University Press, 2001.

Tracy, James D. *Europe's Reformations 1450-1650: Doctrine, Politics and Community*. Lanham: Rowman & Littlefield, 2006.

Wallace, Peter G. *The Long European Reformation: Religion, Political Conflict, and the Search for Conformity, 1350-1750*. Basinstoke: Palgrave, 2012.

Weber, Max. *Die protestantische Ethik und der Geist des Kapitalismus*. 『프로테스탄트 윤리와 자본주의 정신』. 박문재 역. 서울: 현대지성, 2018.

Wendel, François. *Calvin: Sources et évolution de sa pensée religieuse*. Paris: Presses Universitaires de France, 1950. 『칼빈: 그의 신학사상의 근원과 발전』. 김재성 역. 고양: 크리스챤 다이제스트, 2002.

Whitford, David M. *Reformation and Early Modern Europe: A Guide to Research*. Kirksville: Truman State University Press, 2008.

Williams, George H. *The Radical Reformation*. Kirksville: Truman University Press, 1995.

Witt, John Jr. and Robert M. Kingdon (Eds.). *Sex, Marriage, and Family in John Calvin's Geneva, vol. 1: Courtship, Engagement, and Marriage*. Grand Rapids: Eerdmans, 2005.

Zwingli, Ulrich, *Huldreich Zwinglis Sämtliche Werke*. Zurich: Theologischer Verlag, 1905-.

Zwingli, Ulrich. 『츠빙글리 저작선집 3』. 공성철 역. 서울: 연세대학교 출판문화원, 2017.
박건택. "종교개혁사 연구와 한국 교회."「신학지남」80/1 (2013): 151-187.
―――.『종교개혁 사상선집』. 서울: 솔로몬, 2009.
박종균. "루터 종교개혁운동에 나타난 혁명정신에 대한 연구."「기독교사회윤리」39(2017): 7-36.
이필은. "19세기 영국 기독교사회주의에 대한 이해: 박스의 종교개혁에 대한 이해를 중심으로."「현상과 인식」31/3 (2007): 170-220.

제3장

16세기 종교개혁의 주요 과제들

1. 개혁의 세 가지 과제

종교개혁자들이 개혁의 대상으로 삼았던 "종교"는 기독교 신앙 전체를 포함하는 포괄적인 개념이었다. 따라서 종교개혁을 몇 가지 특정한 단어로 대체해 축소하기는 어렵다. 그럼에도 불구하고 16세기 종교개혁 과정에서 가장 시급하고 중요하게 부각되었던 과제들은 분명히 있었다. 이 과제들은 가르침, 예배, 그리고 제도 이상 세 가지로 요약할 수 있다. 루터가 1520년 연이어 발표한 이른바 "종교개혁 3대 논문"은 이런 이해를 가능하게 해 준다.

1520년 루터가 발표한 이 세 편의 논문들은 종교개혁의 세 가지 대표적인 과제를 각각 제시했다. 가장 먼저 8월에 발표된 『독일 민족의 귀족들에게 호소함』(An den christlichen Adel deutscher Nation)은 교회와 국가의 제도적인 문제를 지적하며 이 문제를 회복하기 위한 실제적인 대안을 제시했다. 루터는 이 글에서 로마 가톨릭의 사제 위계체제와 차별되는 "만인사제사상"을 주장함으로써 신앙 공동체 개혁의 중요한 원리를 제시하고 교회의 구조를 그 근본으로부터 개혁할 것을 촉구했다. 두 번째 과제는 예배였다. 1520년 10월에 발표된 『교회의 바벨론 포로』(De captivitate Babylonica ecclesiae)는 미사와 칠성례를 중심으로 한 로마 가톨릭의 성례전과 그 신학적 기초를 비판했다. 루터는 이 글에서 하나님의 말씀에 입각한 예배의 회복을 주장했다. 세 번째 중요한 개혁의 과제는 교리였다. 1520년 11월 루터가 발표한 『그리스도인의 자유』(*Von der Freiheit eines Christenmenschen*)는 자신의 갈라디아서 주석을 바탕으로 저술되었다. 루터는 이 글에서 로마 가톨릭에 의해 왜곡된 구원의 교리에 맞서 인간의 행위가 아닌 오직 믿음으로만(sola fide) 의롭다 여김을 받을 수 있다는 "이신칭의"의 교리를 제시했다.[1]

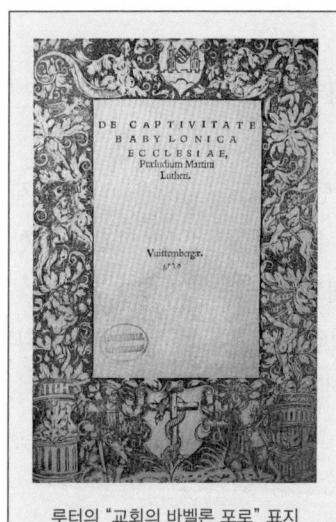

루터의 "교회의 바벨론 포로" 표지

칼빈 역시 가르침과 예배, 그리고 제도의 개혁을 종교개혁의 가장 중요한 세 가지 과제라고 말했다. 그 첫째는 종교의 진리였고, 둘째는 성례의 바른 시행이었으며 마지막은 성경적인 교회 통치의 실현이었다. 그가 슈파이어에 제국 의회를 소집한 황제 칼 5세(Karl V, 재위 1519-1556)를 향해 1543년에 쓴 『교회개혁의 필요성』은 종교개혁을 위한 핵심 과제에 대한 칼빈의 이해를 가장 잘 보여준다. 칼빈은 이 책에서 교리, 예배, 제도라는 세 가지 과제의 순서대로 그동안 진행되어 온 종교개혁의 대의와 정당성을 설명한다. 이 책의 서문은 이 점을 다음과 같이 밝힌다.

---

1 루터의 종교개혁 3대 논문의 한글 번역은 다음에서 인용한다. John Dillenberger (trans. and ed.), 『루터 저작선』, 이형기 역 (서울: 크리스챤 다이제스트, 1999). 루터의 주요 저작들의 배경에 대해서는 Timothy F. Lull, "Luther's Writings," in *Cambridge Companion to Martin Luther*, ed. Donald K. McKim (Cambridge: Cambridge University Press, 2003), 39-61 참조.

하나님께서 초기에 루터와 다른 이들을 일으켜 구원의 길로 우리를 비추도록 횃불을 들게 하시고 그들의 사역을 통해 우리의 교회들을 세우시고 건립하셨을 때, 우리의 종교의 진리와, 순수하며 합법적인 하나님 예배와, 인간 구원이 포함된 주요 교리들이 거의 다 무용지물이 되어 있었습니다.[2]

종교개혁은 단순한 신학적, 예전적, 제도적 개혁에 국한되지 않는다. 그러나 종교개혁자들은 이 세 가지 과제들을 가장 중대한 개혁의 대상으로 여기고, 이들을 성경의 가르침에 따라 개혁함으로써 참되고 순수한 기독교 신앙의 본래 모습을 회복하려 했다. 따라서 각각의 가르침을 살펴보는 것은 종교개혁자들이 말하려고 한 "종교"의 "개혁"의 성격과 그 기초 및 방향을 이해하는 데 많은 도움이 된다. 비록 루터의 3대 논문의 출판 순서는 제도, 예배, 교리의 순서이지만 "종교개혁"의 논리적 순서를 따라 교리, 예배, 그리고 제도의 순서로 이 세 가지 과제에 대한 종교개혁자들의 논의를 살펴보는 것이 좋을 것이다. 또 효과적인 논의 전개를 위해 각 인물이 종교개혁 사역을 시작한 순서를 따라 교리의 개혁에 대해서는 독일권 지역의 종교개혁을 대표하는 루터가 제시한 이신칭의 교리를 중심으로, 예배의 개혁에 대해서는 불어권 지역의 종교개혁을 대표하는 칼빈이 제네바에서 시도한 예배개혁을 중심으로, 제도의 개혁에 대해서는 영어권 지역의 종교개혁을 대표하는 녹스가 제안한 스코틀랜드 장로교 제도를 중심으로 살펴보려 한다.

---

[2] John Calvin, *De Necessitate Reformandae Ecclesiae: Supplex Exhortatio ad Invictiss Caesarem Carolum Quintum*, CO.6: 459. 『칼뱅 소품집』 1권, 박건택 편역 (용인: 크리스천 르네상스, 2016), 648-649.

2. 바른 가르침

2.1. 루터가 재발견한 성경의 진리

종교개혁을 위한 바른 가르침의 회복에 있어서 거의 모든 종교개혁자들이 가장 중시했던 교리는 구원론이었다. 그들이 내세운 "이신칭의" 교리는 종교개혁 신학의 근간이었다. 루터의 이신칭의 교리는 르네상스 인문주의 사상에 따른 귀결이나 새로운 사회적 변화에 따른 고안물이 아니었다. 이 교리는 루터가 자신의 삶의 경험 속에서 재발견한 성경의 진리였다.[3] 본래 법학을 연구하기 위해 1501년 에어푸르트 대학에 입학한 루터는 특유한 영적인 예민함과 주변에서 벌어진 상황들로 인해 법학 연구를 포기하고 아우구스티누스 수도회에 가입했다.[4] 그는 내면에서 끊임없이 솟아오르는 죄를 향한 성향 때문에 괴로워하면서 도저히 하나님 앞에 의롭게 설 수 없는 자기 자신의 현실에 좌절했다. 그는 이 문제를 해결하기 위해 수도사의 길을 택한 것이다.

그러나 루터는 수도원에서 수행한 고해와 고행을 통해서도 죄의 문제를 해결할 수 없었다. 그는 자신의 고해 신부 스타우피츠(Johann Staupitz, c. 1460-1524)의 권유에 따라 성경 연구를 통해 문제의 답을 찾는 길을 택했다.[5] 루터는 성경 연구를 위해 1502년 새로 설립된 비텐베르크 대학에 입학했다. 비텐베르크 대학은 당시 작센 지방의 통치자였던 선제후

---

[3] 루터가 "이신칭의" 교리를 재발견하게 된 배경과 과정 및 그를 둘러싼 논쟁에 대해서는 Bernhard Loshe, 『마틴 루터의 신학: 역사적, 조직신학적 연구』, 정병식 역 (서울: 한국신학연구소, 2019), 127-142 참조. Loshe는 루터가 바울서신에서 발견한 구원에 대한 교리는 전혀 새로운 것이 아니었지만 이 통찰이 당시 상황 속에서 객관적으로 갖고 있는 중요성을 발견한 점이 그 이전과는 다른 새로움이었다고 평가한다.

[4] Bainton은 루터의 우울증이 그의 개인적 성향 때문에 당대 로마 가톨릭에 의해 형성되어 있던 "종교" 때문이었다고 주장한다. Roland H. Bainton, 『마르틴 루터』, 이종태 역 (서울: 생명의말씀사, 2016), 37-43.

[5] Scott Hendrix, 『마르틴 루터: 새 시대를 펼친 비전의 개혁자』, 손성현 역 (서울: IVP, 2017), 88-110.

프리드리히(Friedrich der Weise, 재위 1486-1525)가 상대적으로 낙후되어 있던 이 지방에 인문주의 교육을 활성화하기 위해 설립한 고등 교육 기관이었다. 그는 이 대학에서 연구와 강의를 병행하면서 1512년 박사 학위를 취득했다. 루터는 이 대학에서 학생들을 가르칠 때 인문주의적 교육 방법을 따라 스콜라 신학의 명제집보다는 성경 본문을 중심으로 강의했으며, 성경 본문으로는 히브리어와 헬라어 원어 성경을 사용했다. 그가 1515년부터 강의한 로마서 강해는 이후 그가 종교개혁 신학의 중요한 교리를 체계화하는 중요한 자료가 되었다. 특히 로마서 1장 17절의 말씀은 죄의 용서와 의로움이 우리 안에 주입된 의의 계발을 통해 점진적으로 성취되는 것이 아니라, 그리스도께서 십자가에서 성취하신 공로를 우리에게 대가 없이 전가하는 은혜로 인해 선언되는 하나님의 의라는 진리를 루터가 깨닫게 해 주었다.

루터의 초상화

믿음으로만 의롭게 여겨짐을 의미하는 루터의 "이신칭의" 교리는 기본적으로 당시 로마 가톨릭이 가르치던 구원 교리를 비판하기 위한 교리였다. 로마서에서 구원의 진리를 재발견한 루터는 구원의 공로를 금전으로 교환할 수 있다고 말하는 면벌부 판매 행위를 용납할 수 없었다. 루터는 면벌부 판매자 테첼(Johan Tetzel, c. 1465-1519)이 비텐베르크 인근을 방문한다는 소식을 듣고 1517년 10월 혹은 그 이후 95개조로 구성된 구체적인 내용을 담아 교황에게 면벌부 판매를 중단해 줄 것을 요청했다. 95개조는 처음부터 종교개혁이라는 거창한 목적을 염두에 둔 선언문은 아니었다. 그러나 루터의 95개조는 당시 유럽 여러 나라에 팽배해 있던 교황

청에 대한 반감과, 특히 독일의 민족적 감정으로 인해 삽시간에 큰 호응을 얻었다.[6]

정치적 압박을 가해 루터의 입을 막으려 취한 교황청의 조치는 도리어 성경에서 진리를 재발견한 젊은 수도사이자 신학자였던 루터의 개혁적 동기를 더 자극했다. 루터는 자신의 주장을 철회하거나 수정하기보다는 더 정교하게 주장하기 시작했다. 논쟁이 격화된 결과 루터는 1518년 자신이 소속되어 있던 아우구스티누스파 수도회에 의해 하이델베르크에 호출되어 자신의 입장을 더 명확하게 설명해야 했다.[7] 그러나 이곳에서 공개된 루터의 성경적 주장은 하이델베르크의 많은 학자들과 학생들에게 깊은 인상을 남겨서 이후 부처(Martin Bucer, 1491-1551)와 필립 멜란히톤(Philip Melanchthon, 1497-1560)과 같은 개혁자들이 종교개혁에 헌신하는 계기가 되었다.[8]

하이델베르크 논쟁 이후 루터의 문제는 로마 교황청에까지 알려졌다. 교황 레오 10세는 독일에서 확산되고 있는 루터의 문제를 처리하기 위해 유능한 학자이며 토론가인 엑크(Johannes Eck, 1486-1543)를 파견했다. 1519년 라이프치히에서 엑크를 상대로 열린 토론에서 루터는 만일 교황 혹은 공의회라도 성경에 위배된 내용을 가르치고 시행한다면 자신은 순종할 수 없다고 말했다. 이것은 교황에게는 루터를 파문하기에 충분한 이유였다. 교황 레오 10세는 1520년 6년 교령 "Exsurge Domine"를 발표해 루터를 파문하겠다고 위협했다. 그러나 루터는 이 파문장을 비텐베르크에서 공개적으로 불태움으로써 로마 가톨릭과 완전히 결별했

---

[6] 95개조가 10월 31일에 루터의 손으로 직접 게재되었는지에 대해서는 논란이 있다. Collinson, 『종교개혁』, 90; Hendrix, 『마르틴 루터』, 151-162. 그러나 중요한 것은 이 문서에서 발견할 수 있는 루터의 "종교개혁적" 입장과 그 내용일 것이다.

[7] 루터가 이 토론을 위해 마련한 "하이델베르크 논제"와 "라이프치히 논제"는 루터의 종교개혁 사상의 발전 양상을 확인할 수 있는 중요한 자료이다. Loshe, 『마틴 루터의 신학』, 158-160, 174-186.

[8] Kaufmann, 『종교개혁의 역사』, 204-207.

음을 선언했다. 그리고 곧이어 루터는 세 편의 논문을 한 해에 연속적으로 발표함으로써 자신이 주장하고자 하는 것은 단순한 반항이나 개인적 불만이 아니라 신학과, 예배, 그리고 교회 제도를 성경이 가르치는 대로 새롭게 회복하는 "종교개혁"임을 주장했다.

2.2. 이신칭의 교리의 요점

루터와 종교개혁자들이 보기에 면벌부 판매와 이런 조치를 낳게 한 로마 가톨릭의 구원론은 구원의 은혜를 손상시키고, 선행의 바른 동기를 왜곡하는 오류였으며, 성경의 가르침에 대한 배반이었다. 로마 가톨릭에서는 교황을 우두머리로 삼은 제도적 교회가 신자들에게 구원을 줄 수도 있으며, 또 빼앗을 수도 있다고 주장했다. 마태복음 16장 19절에서 베드로가 받은 천국의 열쇠는 베드로의 후계자인 교황에게 계승된 구원 여탈권이라고 해석되었다. 이런 의미에서 보면, 로마 가톨릭의 구원론은 단순한 행위구원론이 아니었다. 선한 행위라고 해서 다 구원에 공로가 되는 것은 아니었기 때문이다. 오직 로마 교회가 합법적으로 인정하는 행위만 구원을 확보하는 데 도움이 되는 공로적 선행이었다. 합법적인 교회의 인정이 없다면 아무리 선한 동기로 행한 행위라도 구원에 있어 무가치했다. 반면, 상식적으로는 선한 행위라고 보기 어려운 일들도 교회의 인정이 있다면 구원의 공로를 쌓는 행위로 공로로 인정될 수 있었다. 십자군 운동 참전, 성지순례, 면벌부 구입 등은 교회가 인정한 선행의 공로로 활용되었다.

무엇보다도 가장 중요하고 기본적인 공로의 행위는 미사와 고해성사로 대표되는 성례전들이었다. 이런 의미에서 루터가 공격했던 로마 가톨릭의 구원론은 교회 구원론이었으며 예전적 구원론이었다.[9] 로마 가

---

9 Cameron, *The European Reformation*, 15; Ozment, 『종교개혁의 시대』, 301-304.

톨릭에서 구원 여부를 결정하는 권위를 가진 교회는 베드로의 후계자인 로마 교황을 수장으로 삼은 성직위계체제였다. 신자의 삶과 선행은 성직위계체제가 설정해 놓은 구원의 공로를 획득하기 위한 평생에 걸친 고군분투의 과정이었다. 일생 동안 충분한 공로를 확보하지 못하면 이 고군분투는 사후 연옥에서까지 계속되어야 했다. 면벌부는 연옥에 있는 영혼들의 구원을 위한 공로를 제공하려는 조치였다.

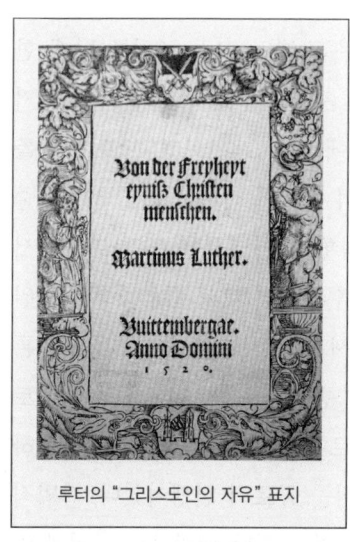

루터의 "그리스도인의 자유" 표지

면벌부를 반대하면서 시작된 신학 논쟁의 과정을 거치면서 루터는 "종교개혁"의 가장 중요한 신학적 기초인 이신칭의 교리를 확립해 나갔다. 이 교리를 통해 루터가 말하려 했던 것은 행위와 대조되는 믿음 자체에 대한 강조가 아니었다. 중요한 것은 믿음의 양상이 아니라 믿음의 내용과 대상이었다. 루터가 말하려 한 믿음의 대상은 "오직 하나님의 은혜"(sola gratia)였다. 그리고 믿음의 내용인 하나님의 은혜는 사람들이 자의적으로 결정하는 것이 아니라 하나님의 말씀인 "성경에서만"(sola scriptura) 발견할 수 있는 구원의 진리였다. 루터는 『그리스도인의 자유』에서 하나님의 말씀이 무엇인지에 대해 다음과 같이 말했다. "하나님의 말씀이란 육이 되셔서 고난을 받으시고 죽음에서 부활하셨으며 거룩하게 하시는 성령을 통하여 영광을 받으신 그의 아들에 관한 하나님의 복음이다."[10] 따라서 이신칭의 교리의 대조점은 구원과 관련한 인간의 공로와 하나님의 전적인 은혜 사이에 놓여 있었다. 곧 이 교리는 우리의

---

10 "그리스도인의 자유," 98. WA.7: 22-23.

구원이 우리의 선행이나 심지어 믿음의 고백과 같은 인간의 어떤 반응에 의존하는 것이 아니라 오직 예수 그리스도의 십자가와 부활로 성취된 하나님의 은혜에만 의존함을 강조하는 것이었다.

이신칭의 교리는 기독교 종교의 실천적 측면을 간과하지 않았다. 루터와 종교개혁자들은 "오직 믿음"을 강조할 때, 결코 믿음으로 모든 것을 다 해결하고 천국행 티켓을 확보할 수 있다는 식의 값싼 은혜를 주장하지 않았다. 이신칭의 교리는 여전히 죄인임에도 불구하고 의롭게 여겨주시는 하나님의 은혜를 신뢰함으로써 그 "의롭게 여겨주심"에 합당한 삶을 살아가기 위해서 지속적 회개가 필요하다는 실천적 가르침을 항상 강조했다. 루터는 선행의 중요성에 대해 다음과 같이 말했다. "여기에서 믿음은 사랑을 통하여 참으로 활동하게 된다. 즉 믿음은 보답을 바라지 않고 기꺼이 섬기는 가장 자유로운 행위, 즐거움과 사랑으로 행해지는 행위로 표현된다. 그리스도인 자신은 신앙의 충만함과 부요함으로 만족한다."[11] 선행은 여전히 그리스도인의 신앙과 기독교 종교에서 여전히 핵심적 요소이다. 이신칭의 교리는 선행을 부정하고 믿음만 긍정하려는 주장이 아니었다. 이신칭의 교리가 회복하려 한 것은 선행의 참된 동기였다. 선행의 참된 동기는 하나님의 구원 은혜에 대한 감사와 헌신이었다.

종교개혁자들은 성경이 가르치는 구원의 진리를 확증함으로써 선행의 동기와 목적을 재확인하고 신자의 삶 전체를 개혁하려 했다. 절대적인 구원의 은혜 앞에서만 성도는 담대히 하나님께 나아갈 자녀의 자유와 더불어 회개와 감사의 삶을 지속할 수 있다. 그러므로 종교개혁의 가장 일차적인 과제인 바른 가르침의 회복은 하나님의 전적인 은혜를 강조하고 재발견하는 것이었다. 루터파의 신학을 대표하는 아우크스부르크 신앙고백(Augsburg Confession, 1530)의 제20조는 다음과 같이 이점을

---

11 "그리스도인의 자유," 119, WA.7: 34.

명확하게 고백한다. "첫째로, 우리의 행위들은 하나님과 화해나, 죄 사함과 은혜, 칭의를 얻어 낼만 하지 않다. 우리와 아버지를 화목하게 하신 유일한 중보자와 화해자가 되신 그리스도로 인해 은혜 안으로 받아들여졌음을 믿을 때, 오직 그 믿음으로써 우리는 이 모든 것들을 얻는다."[12]

3. 바른 예배

3.1. 칼빈이 시도한 예배개혁

종교개혁의 또 다른 중요한 과제는 예배였다. 16세기 종교개혁자들이 이해한 "종교"는 하나님의 은혜에 대한 바른 이해와 그 이해로부터 나타나야 할 인간의 합당한 반응의 전체였다. 그리고 신자의 합당한 반응이 표현되는 일차적인 현장은 예배였다. 루터를 비롯한 모든 개혁자들이 보기에 로마 가톨릭은 예배를 구원의 은혜에 대한 신자의 합당한 감사로서의 반응이 아니라 은혜를 받아 이를 완성하기 위한 공로적 수단으로 변질시켰다. 그리고 이 수단을 강화하고 다변화하는 과정에서 예전의 목록과 그 구체적인 방식 속에 비성경적인 고안물들을 첨가했다. 종교개혁자들은 로마 가톨릭의 공로적 예전들을 미신적인 우상숭배라고 비판했다.

프랑스 출신의 종교개혁자 칼빈은 『기독교강요』에서 참된 종교의 회복을 위한 참된 예배의 회복이 필수적이라는 점을 다음과 같이 강조했

---

[12] Augsburg Confession, Art. XX, Schaff, 3: 21. 아우크스부르크 신앙고백은 같은 조항에서 선행의 필요성과 그 바른 동기와 근거에 대해서도 분명하게 진술한다. "우리들은 선한 일을 하는 것이 필수적이라고 가르친다. 이는 이 선행들로 인해 우리가 은혜를 받을만하게 된다고 믿기 때문이 아니라, 우리가 선행을 행하는 것이 하나님의 뜻이기 때문이다. 오직 은혜로만 죄의 사함과 은혜를 얻을 수 있다. 그리고 믿음으로만 성령을 영접하며, 우리의 마음이 새로워지고, 새로운 성향을 덧입어, 이로써 선한 일들을 행할 수 있게 된다." Augsburg Confession, Art. XX, Schaff, 3: 24-25.

다. "돌아보건대 처음에 우리는 하나님을 아는 지식은 냉랭한 사변에 자리하지 않으며 그에 대한 예배를 수반해야 한다고 말했다 … 이로부터 순수한 종교는 미신과 다르다는 사실이 또한 명백해진다."13 칼빈은 로마 가톨릭 예전에 대한 이론적 비판에서 더 나아가 실제 목회 현장에서 바른 예배를 구현하려 했다.

젊은 칼빈 초상화

본래 파리 대학의 젊은 인문학자이며 법학자였던 칼빈은 종교개혁자들에 대한 박해를 피하기 위한 여정 중 1536년 잠시 들린 스위스 제네바에서 갑작스럽게 목회의 부름을 받았다. 그는 자신을 목회 현장으로 강권한 파렐(Guillaume Farel, 1489-1565)과 함께 곧 이 도시에서 그동안 미신적으로 행해지던 여러 예전들을 개혁하기 위해 노력했다. 칼빈이 그 작성에 참여하여 1537년 시의회에 제출한 "제네바 신앙고백"(Confession de le foy)과 "신앙교육서"(Instruction et confession de foy dont on use en l'Eglise de Genève)는 종교개혁의 신학적 기초를 제시하기 위한 지침서였다. 그리고 이 문서들과 함께 제출된 "교회설립시안"(Articles concernant l'organisation de l'Église et du culte a Genève)은 제네바의 교회의 구조와 예배의 개혁을 위한 구체적 방안을 제시했다.14

"교회설립시안"은 가장 첫 문장에서 다시 한번 세 가지 개혁의 과제에 대해 말한다. 그리고 그 가운데 가장 시급한 문제는 성만찬의 개혁이

---

13 Institutes, I.12.1, OS.3: 105.
14 François Wendel, 『칼빈: 그의 신학사상의 근원과 발전』, 김재성 역 (고양: 크리스챤 다이제스트, 2002), 56-64.

라고 말하며, 출교를 포함한 권징의 도입은 예배개혁을 위한 개혁적 조치로써 제안했다.

> 분명하기는, 우리 주님의 성만찬이 자주 거행되고 빈번하게 실시되지 않는 한 교회의 질서가 제대로 잡혔다고 말할 수 없고, 누구도 거룩하고 특별한 경외 없이는 성찬에 감히 참여하려는 생각을 갖지 않는 한, 좋은 행정 조직이 되었다고 말할 수 없습니다. 그렇기 때문에 교회를 그 순수함에서 보전하기 위해서는 출교라는 권징이 필요하며, 이것을 통해 하나님의 거룩한 말씀에 즐겁고 순종하는 마음으로 따르지 않는 자들이 바로 잡힙니다.[15]

그러나 안타깝게도 출교를 시행하여 예배를 개혁하려 했던 칼빈과 파렐의 시도는 실패하고 말았다. 칼빈과 파렐은 권징을 예배개혁의 연장선상에서 이해했다. 성찬은 분명하게 신앙을 고백하고, 그 고백에 합당하지 않은 범죄가 드러나지 않은 신자들에게만 허락되어야 했다. 성찬의 순수함을 보존하기 위해서는 는 철저한 권징의 시행이 필수적이었다. 그러나 오랜 시간 로마 가톨릭 대주교의 종교 통제를 통해 이루어진 사부아 공작의 정치적 지배에 시달려 왔던 제네바 시의회는 권징의 최종 결정권을 자신들의 권한에 두려했다.[16] 1538년 부활절에 이들 개혁 교회 설교자들은 시의회의 명령과 달리 자격이 없음이 드러난 이들에게 성찬을 베풀지 않았다. 시의회는 자신들의 명령에 불복종한 설교자들을 즉각 추방했다. 이렇게 하여 칼빈이 시도했던 "종교"가 아닌 다른 목적 하에 종교개혁을 활용하려 한 세속 정부에 의해 중단되고 말았다.

칼빈은 제네바를 떠나 1541년까지 스트라스부르크에 머물렀다. 그는 이 기간 부쳐의 배려와 도움 속에서 프랑스 난민 교회를 목회하면서 예

---

15 "교회설립시안," 『칼뱅 소품집』 1권, 489, OS.1: 369.
16 Bruce Gordon, 『칼뱅』, 이재근 역 (서울: IVP, 2018), 159-162.

배개혁의 필요성에 대한 이해를 발전시켰고, 그 실천을 위한 구체적 방법도 사역 현장에서 구체적으로 경험할 수 있었다. 한편 개혁자들을 추방한 이후 대내외적 상황으로 인해 큰 혼란에 빠진 제네바 시의회 내의 개혁 세력은 다시 칼빈을 초청했다. 칼빈은 어렵게 제네바의 초청을 수용하면서 1541년 9월 다음과 같이 고백했다. "주여 당신께 나의 심장을 드립니다. 즉각적으로 그리고 신실하게." 이 고백은 한 개인의 고백이 아니라 칼빈이 실천하려 한 예배개혁의 지향점을 대변했다.

칼빈은 복귀의 조건을 명확히 밝혔다. 그것은 그가 제시하는 교회개혁의 방안을 시의회가 시행해야 한다는 것이다. 칼빈은 스트라스부르크에서의 목회 경험을 반영해 새로운 "교리교육서"(Catechism)와 더불어 "교회 법령"(Ordinances Ecclesiastique)을 작성해 제출했다. 칼빈은 이 새로운 법령에서 스트라스부르크의 모델을 따라 목회자들이 독단적으로 출교를 비롯한 권징을 시행하는 것이 아니라 성도들의 대표들인 장로들과 함께 말씀에 순종하는 교회법정(consistoire)을 구성해 운영할 것을 제안했다.[17] 칼빈이 제안한 교회법정은 사법적 기구가 아닌 영적인 기구로써 매주 목요일 모여 주중에 시민들 사이에 발생한 신앙적 일탈 행위들을 함께 심의해 경고, 근신, 출교 등의 조치를 취하고, 성도들 사이에 분쟁이 있으면 당사자들을 불러 화해를 촉구하는 역할을 수행했다. 따라서 그가 제안한 교회법정은 정치적 목적에 따른 제안이 아니라, 하나님의 말씀의 가르침에 따른 "참된 종교"를 바르게 세우기 위한 종교개혁적 제도라고 해석해야 한다.

3.2. 예배개혁의 목표와 방법

칼빈이 제네바에서 시도한 예배의 개혁은 그가 추구한 종교개혁의 가

---

[17] "교회 법령," 『칼뱅 소품집』 1권, 603. OS,2: 358.

장 중요한 과제 가운데 하나였다. 특히 그 가운데 미사로 인해 왜곡된 성찬의 개혁은 가장 중요한 예배개혁의 과제였다. 당시 로마 가톨릭은 미사에서 사제가 떡을 예수님의 몸으로 바꾸고 이 영성체를 신도들이 먹음으로써 죄를 처리할 수 있다고 가르쳤다. 미사는 일반인들이 알아듣기 어려운 라틴어로 진행되었으며 그 안에 여러 가지 형식과 순서들이 첨가되었고, 특별한 경우를 위한 여러 종류의 사적 미사들이 횡행했다. 종교개혁자들이 볼 때 이와 같은 잘못된 미사 이해와 변질된 실행들은 그리스도의 십자가의 완전한 공로를 부인하며 그리스도의 희생으로 이미 죄에서 놓임 받은 신자들의 양심을 속박하는 중대한 오류였다. 바른 예배에 대해 종교개혁자들은 다음과 같이 이해했다. 예수님께서 우리 모든 인류의 죄와 그 책임을 십자가에서 모두 담당하셨고 부활을 통해 이 사실이 확증되었다. 십자가와 부활로 성취된 예수 그리스도의 대속적 공로는 성령께서 믿음을 선물로 주신 모든 신자들을 자녀로 삼아주시는 전적인 은혜에 의해서 값없이 주어진다. 따라서 이 진리 위에 선 기독교 종교에 합당한 예배는 오직 예수 그리스도의 십자가와 부활을 기념하고 신앙 공동체 전체가 그 은혜에 대해 함께 감사하며 헌신을 결단하는 헌신이어야 했다.[18]

    칼빈은 로마 가톨릭의 미사를 거부하고 예배를 성경의 가르침대로 회복하기 위해 말씀이 중심이 되는 예배를 강조했다. 말씀 중심의 예배란 하나님께서 베푸신 구원의 은혜가 분명하게 선포되는 예배를 의미한다. 이런 말씀 중심의 예배를 위해서는 잘 준비되고 검증된 목사의 역할이 중요했다. 칼빈은 복음과 예배를 위해 교회와 직분들이 있는 것이지, 교회와 직분자들을 위해 예배와 복음이 있는 것이 아니라고 말했다. 1541년 칼빈이 제안한 "교회 법령"이 규정한 교회 안의 네 가지 직분

---

[18] 칼빈이 제안한 교회 제도의 종교개혁적 의의에 대해서는 아래의 논문에서 구체적으로 다루었다. 김요섭, "그리스도의 몸인 교회: 칼빈의 교회 제도 제안의 신학적 기초," 「개혁논총」 15 (2010): 193-225.

개념은 교회 조직의 합리화나 효율성 증대를 위한 방안이 아니라 예배 공동체로서 교회의 정체성을 확립하기 위한 종교개혁의 방안이었다. 한 예로 칼빈은 예배를 섬기는 각 직분들 가운데 특히 목사 임명에 있어서 기존 목사들이나 시의회에 의한 일방적 임명을 거부하고, 모든 시민들이 함께 목회자를 선출하는 방식을 제안했다. 이는 단순히 교회 내의 민주주의의 구현을 위한 방법이 아니었다. 이는 목사를 세우고 청빙하는 과정에서 교회의 모든 성도들이 말씀하시는 그리스도의 주권을 인정하고 경험하기 위한 종교개혁의 실현 방안이었다. 장로는 교회를 통제하거나 감시하는 직분이 아니라 도리어 성도를 돌보고 함께 섬기는 직분으로서 제시되었다. 로마 가톨릭 체제 안에서 사제의 도우미로 전락해 버린 집사 직분 역시 성경의 가르침에 입각해 회복되어야 했다. 칼빈은 이를 위해 빈민 구제와 병원 시설을 구축하고 집사들이 이를 관리하며 운영할 수 있도록 했다. 집사들의 구제 사역은 교회의 또 다른 프로그램이 아니라 은혜에 대한 감사로서의 예배를 공동체적인 삶에서 구현하기 위한 종교개혁의 한 방편으로서 제안되었다.[19]

칼빈이 제네바 시의회에 제출해 1542년 채택된 "예배 모범"은 설교를 중심으로 한 예배 형식의 개혁을 추구했다.[20] 예배개혁의 기준은 성경 말씀이었다. 칼빈은 말씀에 순종하는 바른 예배를 지속하고, 이를 통한 신앙교육을 위해 모든 어린이들과 청소년들에게 신앙교육을 실시하고 이 교육 과정을 철저히 관리하려 했다.[21] 예배에서 말씀 선포를 담당

---

19 "이 일은 무엇보다 구빈원 봉사원들의 가족들이 정직하게 하나님을 따라서 행동하는 일이 요구된다. 왜냐하면 그들은 하나님께 바쳐진 집을 다스려야하기 때문이다." "교회 법령," 599, OS.2: 342.
20 제네바 예배개혁에서 설교가 차지하는 중요성과 칼빈을 포함한 설교자들의 설교 방식과 내용에 대해서는 다음을 참고하라. Scott M. Manetsch, *Calvin's Company of Pastors: Pastoral care and the Emerging Reformed Church, 1536-1609* (Oxford: Oxford University Press, 2013), 146-164.
21 "모든 시민들과 지역주민들은 주일 정오에 있는 신앙교육에 아이들을 데리고 오거나 보내야 한다. 아이들을 교육할 목적으로 작성된 일정한 교리문답집이 있어야 하며, 그들에게 주는 교리와 더불어 그들이 배운 것에 대해 질문하여 그들이 잘 듣고 기억하고 있는지를 확인해야 한다." "교회 법령," 602, OS.2: 356.

하는 칼빈을 비롯한 목사들은 매주 모여 설교를 위해 성경을 연구했고, 주중에는 모든 시민들을 대상으로 한 공개 성경 강의를 열었다. 칼빈은 성경 본문을 순서대로 강의하는 방식으로 성경공부와 설교를 진행했다. 이는 예배 중 선포되는 말씀의 내용이 목회자의 개인적인 필요나 성도들의 현실적 요구에 의해 좌지우지되지 않도록 방지하려는 예방책이었다.

칼빈은 진정한 예배의 현장을 공적 예배에 국한시키지 않고 삶의 현장 전체로 확대하려 했다. 신자의 삶 전체가 하나님의 이름을 높이며 그분에게 영광을 돌리는 경배의 삶이 되어야 했기 때문이다. "교회 법령"이 일상생활에서 부를 수 있는 시편 찬송을 제안하고, 결혼과 장례, 환자 및 죄수 심방 등을 규정한 것은 모두 이와 같은 목적에 따른 종교개혁적 조치였다. 칼빈은 『교회개혁의 필요성』에서 삶 전체를 예배의 장으로 만들려 한 개혁의 취지를 다음과 같이 밝혔다.

제네바 칼빈 강당. 칼빈은 매주 이곳에서 성경을 강의했다.

우리는 사람들로 하여금 자신의 이성과 육적인 욕망, 그리고 자기 자신을 부인하여 오직 하나님만을 복종하고 더 이상 자신의 뜻이 아닌 하나님의 뜻대로 살도록 촉구함으로써, 진정한 회개를 권면하는 일에 자주 그리고 부지런히 애쓰고 있습니다. 또한 우리는 이런 갱신에 뒤따르는 외적 의무와 사랑의 행위를 게을리 하지 않습니다. 바로 이것이 하나님이 인정하는 것으로 우리가 아는 확실하고 무오한 예배의 방법입니다. 왜냐하면 그것이 하나님께서 자신의 말씀으로 규정하신 것이기 때문입니다. 이것만이 하나님에게 인정받는 그리스도 교회의 유일한 제사입니다.[22]

성경 말씀 중심의 예배개혁의 핵심은 그 방법보다 내용에 있었다. 칼빈은 자신의 설교와 성경공부, 그리고 모든 신학적 저술에서 성경의 주제가 하나님의 구원의 역사임을 강조했다. 예배의 형식과 결과보다 그 기초와 근거가 더 중요했다. 하나님의 구원 역사는 예수 그리스도에 의해 성취되었다. 따라서 모든 예배의 근거는 오직 그리스도의 대속의 은혜에 대한 감사와 부활에 대한 확신이어야 했다. 성도의 삶은 그 모든 영역이 말씀을 통해 깨닫고 성례를 통해 체험한 그리스도의 구원의 은혜에 감사하여 끊임없이 회개하며 순종하는 삶의 예배가 되어야 했다.[23] 칼빈과 종교개혁자들이 추진한 예배의 개혁은 교회 행사나 의식을 시대적 변화나 대중의 필요에 맞추어 조정하려 한 것이 아니라, 그들이 재발견한 구원의 진리에 합당한 참 경건의 반응으로 회복하려 한 종교개혁적 시도였다.

---

22 "교회개혁의 필요성," 『칼뱅 소품집』 1권, 664, CO.6: 461.
23 칼빈의 예배개혁의 원리와 구체적 방안의 종교개혁 의의에 대해서는 다음의 논문에서 상세하게 분석했다. 김요섭, "'제네바 예배모범'에 나타난 칼빈의 예배개혁 신학과 실천적 의미 연구," 「한국개혁신학」 33 (2012): 72-101.

4. 바른 공동체

4.1. 바른 신앙공동체로서의 교회

성경의 가르침에 부합한 바른 교회 제도의 수립은 종교개혁을 위한 또 다른 중요한 과제였다. 위에서 살펴보았듯이 교리와 예배 영역에서 발생한 당시 기독교 신앙의 왜곡과 부패는 사실상 로마 가톨릭이 주장했던 사제 위계체제로서의 교회 개념과 깊게 관련되어 있었다. 종교개혁자들은 외형적 제도로서 확정되는 유형적 교회가 유일한 교회의 정체성이라고 생각하지 않았다. 성경에서 말하는 "그리스도의 몸"으로서의 교회는 일차적으로 하나님께서 선택하신 성도들의 공동체였다. "우리는 또한 하나의 거룩한 교회가 영원히 존속한다고 가르친다. 그러나 이 교회는 복음이 바르고 순수하게 가르쳐지고, 성례들이 복음에 따라 바르게 시행되는 이 모든 성도들의 공동체이다."[24]

종교개혁자들은 초대교회 아우구스티누스로부터 시작하여 중세의 개혁자 위클리프가 재조명한 "비가시적 교회"(ecclesia invisibilis)로서의 교회의 영적 정체성(spiritual identity) 개념을 교회개혁을 위한 초석으로 삼았다. 즉 개혁자들은 하나님의 선택에 의한 "비가시적 교회"의 영적 정체성으로부터 로마 가톨릭의 위계질서 체제에 맞서 교회의 영속성과 일치의 기초를 찾은 것이다. 이는 교회의 근본을 외적 형식이나 제도적 합법성보다 하나님의 불변하는 은혜 위에 세우고자 한 교회론이었다.

> 이런 방식으로 우리의 구원은 확실하고 견실한 받침대 위에 서게 된다. 세상의 모든 구조물이 전복되더라도 교회는 흔들리지도 않고 쓰러지지도 않는다. 첫째, 교회는 하나님의 선택과 함께 서 있으므로 그의

---

24 Augsburg Confession, Art. VII, Schaff, 3: 11-12.

영원한 섭리가 아니라면 변화하거나 몰락할 수 없다. 둘째, 이와 같이 교회는 그리스도의 견고함과 결합되어 있는 바, 그는 자기의 지체들이 갈기갈기 찢겨 나가거나 잘려 나가는 것을 그냥 두지 않으시듯이 자기를 믿는 자들이 자기와 갈라지는 것을 더 이상 허용하지 않으신다.[25]

그러나 "모든 신자들의 어머니"인 "가시적 교회"(ecclesia visibilis) 역시 중요했다. 종교개혁자들은 구체적인 제도적 조직체이며 예배 공동체로인 가시적 교회의 중요성을 이 교회에 맡겨진 사역에서 찾았다. 즉 하나님께서 이 오직 가시적 교회의 사역을 통해 자신의 자녀들을 부르며 양육하신다는 것이다.

> 왜냐하면 이 어머니가 자기 몸에서 우리를 잉태함이 없다면, 낳음이 없다면, 자기 품에서 양육함이 없다면, 자기의 보호와 다스림 아래서 우리가 인생에 속한 육신을 벗고 천사들과 같이 될 때까지 돌봄이 없다면, 그 무엇으로도 우리에게는 생명에 이를 길이 없기 때문이고, 연약함 가운데서 전 생애에 걸쳐 배워야 하는 학생인 우리가 학교를 떠나는 것이 허용되지 않기 때문이며 … 교회의 슬하에서 멀어지면 아무 죄사함과 구원도 소망할 수 없기 때문이다.[26]

교회의 영적 정체성으로서의 비가시적 교회의 영속성에 대한 확신과 가시적 교회가 지닌 사역적 정체성(functional identity)에 대한 존중은 무엇보다도 이 땅에 세워진 유형적 교회의 지속적 개혁을 요구하는 것으로 귀결된다. 지상에 존재하는 가시적 교회는 그 안에 많은 위선자들이 섞여 있다는 사실, 그리고 선택받은 신자들 역시 여전히 불완전하다는 사실로 인해 결코 완전한 완성에 이를 수 없다. 따라서 하나님의 자녀들

---

25   Institutes, IV.1.3, OS 5: 6.
26   Institutes, IV.1.4, OS 5: 7.

은 가시적 교회가 위탁받은 말씀과 성례의 올바른 시행을 위해 끊임없이 교회 안의 문제들을 점검하고, 이 문제들을 그들을 불러 모으신 하나님의 말씀을 기준으로 삼아 항상 개혁해야 한다.

"교회의 개속되는 개혁"(ecclesia semper reformanda)이라는 개혁교회의 대표적인 구호는 윤리적, 사회학적 구호가 아니었다. 이는 지상 교회의 필연적인 한계에 대한 종말론적 교회 이해와, 그럼에도 불구하고 교회 안으로 자기 자녀들을 부르시고 그 안에서 그들을 양육하시는 하나님의 선택과 섭리에 대한 믿음에 기초한 종교개혁적 고백이었다. 종교개혁적 교회론의 가장 중요한 초점은 지상에 세워진 유형 교회의 구조와 제도를 점검하여 개혁하려 할 때, 그 점검과 개혁의 기준이 구성원들의 어떤 편의나 시대 상황이어서는 안 되며 오직 하나님의 말씀이어야 한다는 사실이었다.

4.2. 녹스가 경험한 교회개혁의 필요성

스코틀랜드 출신의 종교개혁자 존 녹스는 다른 어떤 종교개혁자들보다 여러 국가에서 다양한 상황을 직접 겪으면서 교회개혁의 방향과 목적을 정립했던 인물이다. 그는 본래 로마 가톨릭 사제이며, 소장 학자였다. 그러나 그는 종교개혁 사상을 설교하다가 체포되어 화형당한 스승 위샤트의 순교를 목격하면서 종교개혁 신학을 받아들였다. 1547년 섭정이었던 여왕 메리(Mary Guise, 1515-1560)와 친 로마 가톨릭 정부에 반발해 세인트앤드루스 성에서 반란이 일어났다. 녹스는 이들 반란군들을 위해 설교했다. 섭정이 끌어들인 프랑스 함대에 의해 반란이 진압되자, 녹스도 이들과 함께 체포되어 프랑스 함선의 노예로 복역해야 했다. 19개월의 복역 끝에 녹스는 잉글랜드의 왕 에드워드 6세(Edward VI, 재위 1547-1553)의 중재를 통해 석방되었고, 이후 잉글랜드에서 교구 목사와 왕실 설교자로서 종교개혁 활동에 동참했다. 잉글랜드 사역 기간에 녹스는 온건하고 점진적인 방식을 선택한 국교회주의적 개혁에 반대하고 분명하고 신속한 개혁을 주장하고 실천했다. 특히 그는 잉글랜드 국교회주의자들이 1552년 시도한 "공동기도서"(Book of Common Prayer) 개정 내용을 비판하며 예배 시행 방식에 있어 분명한 개혁이 필요함을 과감하게 주장하기도 했다.27

존 녹스 초상화

잉글랜드의 종교개혁은 1553년 에드워드 6세가 세상을 떠나고 그의 누이 메리(Mary Tudor, 재위 1553-1558)가 즉위해 로마 가톨릭을 복원함으로써 좌절되었다. 많은 개혁자들이 처형되거나 투옥되었고 녹스를 비롯한 더 많은 개혁자들은 국외로 망명했다. 녹스 역시 망명을 선택했다. 그는 잉글랜드를 떠나 프랑스를 거쳐 독일 프랑크푸르트, 그리고 마침내 스위스 제네바에 이르는 망명의 여정을 밟았다. 그 가운데 프랑크푸르트에서 잉글랜드 피난민 교회를 목회하면서 자신이 주장한 대로 말씀 중심의 예배를 시행했다. 그러나 녹스의 급진적 예배개혁을 못마땅하게 생각한 잉글랜드 피난민 중 국교회주의자들의 반대로 인해 프랑크푸르트에서 추방당하는 아픔을 겪었다.

이 모든 반복되는 고난과 실패, 그리고 피난의 과정 속에서 녹스가 가진 가장 큰 관심사는 어떻게 하나님의 말씀에 부합한 교회를 실제로 세울 수 있는가의 문제였다. 녹스는 너무 많은 현실적 상황을 고려하는 국

---

27 녹스의 대담한 주장은 결국 "공동기도서" 안에 성찬시행 방식과 관련한 설명 내용을 추가로 인쇄하여 삽입하게 만드는 "흑주사건"(Black Rubric)을 일으켰다. 김요섭, 『존 녹스: 하나님과 역사 앞에서 살았던 진리의 나팔수』 (서울: 익투스, 2019), 59-123.

교회주의적 개혁으로는 제대로 된 종교개혁을 정착시킬 수 없다고 생각했다. 헨리 8세(Henry VIII, 재위 1509-1546?)가 1534년 수장령(Acts of Supremacy)을 발표한 이후 그 아들 에드워드 6세 치하에 이르기까지 약 20년간 진행된 잉글랜드의 종교개혁은 메리 여왕의 핍박 앞에 너무나도 무력하게 무너져 내렸기 때문이다.[28]

녹스는 1555년부터 1559년 스코틀랜드로 복귀하기까지 제네바에 머물면서 칼빈의 배려 가운데 잉글랜드 피난민 교회에서 목회했다. 녹스는 훗날 제네바를 "사도시대 이래 가장 훌륭한 그리스도의 학교"라고 말하며, 이곳에서 비로소 교회개혁을 위한 중요한 방법들을 발견했다고 회고했다.[29] 이곳에서 녹스가 목격한 교회개혁의 실천 방안은 두 가지였다. 첫째, 끊임없는 말씀의 가르침이었다. 제네바에서 잉글랜드 피난민들이 주일에 회집한 강당은 칼빈이 주중에 시민들에게 성경을 강의한 곳이었다. 아이들에게 체계적이고 철저하게 교리문답 교육이 행하는 제네바 교회의 노력도 깊은 인상을 주었다. 성경 말씀에 대한 가르침과 그에 따른 교회의 개혁은 주일에 듣는 한 번의 설교나 신학자들의 학문적 사색으로 이루어지는 일이 아니었다. 하나님의 말씀인 성경은 남녀노소와 신분고하를 막론하고 항상 가르쳐지고 있어야 했다. 둘째, 철저한 권징의 시행이었다. 녹스는 스코틀랜드와 잉글랜드, 그리고 프랑크푸르트의 개혁 시도가 성공하지 못한 것은 말씀에 순종하여 삶 전체를 예배로 드리는 공동체적인 노력이 부족했기 때문이라고 진단했다. 듣고 끝나버리는 신앙으로는 종교개혁이 확립될 수 없었다. 녹스가 목격한 제네바 교회는 정확하고 바른 성경의 진리가 효과적이면서도 주도면밀하게 가르쳐질 뿐 아니라, 말씀에 대한 순종 여부를 철저하게 점검하고 이를 신앙적으로 지도하여 성도들의 믿음을 자라게 하는 그리스도의 학교였다.

녹스는 스코틀랜드 개신교 귀족들의 요청을 받고 1559년 고국으로

---

[28] 김요섭, 『존 녹스』, 147-167.
[29] Works 4: 240.

돌아왔다. 1560년 친 로마 가톨릭 정책을 펼치던 섭정 왕비 메리가 갑자기 세상을 떠나고 프랑스 군대가 떠나자, 의회를 장악한 개신교 귀족들이 정권을 장악했다. 의회는 녹스와 목회자들에게 스코틀랜드를 개신교 국가로 세울 수 있는 신학적 기초를 제시해 달라고 요청했다. 이 요청에 응해 녹스와 동료 목사 5명은 단 4일 만에 "스코틀랜드 신앙고백서"(Scotland Confession)와 "치리서"(The First Book of Discipline)를 작성해 의회에 제출했다. 녹스는 이 신앙고백서와 치리서 작성에 주도적으로 참여했다. 두 문서는 모두 목사와 장로가 협력해 교회를 운영하는 장로교 제도를 제안했다. 의회가 이 제안을 수용함으로써 스코틀랜드는 장로교 제도를 국가가 승인해 채택한 나라가 되었다.[30]

4.3. 교회개혁의 목적과 방법

장로교 제도는 스코틀랜드 신앙고백서와 치리서가 제안한 교회개혁을 위한 제도적 방편이었다. 다른 여러 종교개혁자들의 이해와 마찬가지로 교회의 영적인 정체성이 장로교 제도의 신학적 근거로 제시되었다. 스코틀랜드 신앙고백은 비가시적 교회의 개념을 언급하면서 교회의 참다운 기초는 어떤 인간적인 제도나 합법성에 있는 것이 아니라, 오직 그리스도의 통치에 있다고 진술했다. "그리스도는 이 교회의 유일한 머리이시며, 교회는 그리스도 예수의 몸이자 신부이고, 모든 시대와 모든 지역, 민족, 언어 가운데 택함 받은 사람들을 포함하기 때문에 이 교회가 보편적이며 우주적임을 믿는다."[31] 그리스도께서만 교회의 유일한 머리이시라는 이 고백은 교회 어떤 인간 구성원이나 조직도 그리스도의 절

---

30 스코틀랜드 신앙고백의 역사적 배경과 교회론의 중요 사항에 대해서는 다음을 참고하라. 김요섭, "스코틀랜드 신앙고백 교회론의 구조적 특징과 신학적 의미 연구," 「성경과신학」 68 (2013): 181-216.

31 Scottish Confession of Faith, Art. XVI, Schaff, 3: 458.

대적 통치권을 침해해서는 안 된다는 교회개혁의 원리를 내포한다. 스코틀랜드 신앙고백은 전국적인 총회의 정기적 개최를 제안하면서, 총회를 비롯한 어떤 회의도 그리스도의 통치를 침해해서는 안 된다는 원칙을 분명히 선언했다.

> 회의가 하나님의 분명한 말씀에 따라 결정하고 명령한 것은 그 즉시 존중하고 용납해야 한다. 그러나 만일 사람이 회의의 이름으로 우리의 믿음에 대한 새로운 신조를 강요하거나, 하나님의 말씀에 위배되는 제도를 만든다면, 우리는 그것을 우리의 영혼으로 하여금 유일하신 우리 하나님의 음성보다 사람이 만든 교리와 제도를 따르도록 만드는 마귀의 교리로 알고 단호히 거절해야 한다.[32]

신앙고백서와 함께 제출된 치리서는 더 구체적으로 국가 차원에서 전개할 교회개혁 방안을 제시했다. 총 9장으로 구성된 치리서는 1장과 3장에서 교리와 성례와 관련한 로마 가톨릭의 우상숭배 척결 방안을 설명했다. 더 적극적인 교회개혁을 위한 방안들은 4장과 5장에서 제시된다. 먼저 4장은 각 교구의 목사 선출 방식과 전국적인 교회 관리 감독을 위한 정기적 총회 개최, 그리고 10개의 교구 구별에 대해 규정했다. 특히 치리서 4장은 목사 선출을 위한 신중한 절차의 확립을 제안하면서 그 취지를 다음과 같이 밝혔다. "가장 좋은 개혁교회, 정확히 말해 그리스도의 지침에 의한 감독자의 교회는 그리스도 예수의 양 무리를 먹이는 데 적합한지 회중들이 판단할 수 있도록 그 후보자를 그들에게 제시해야 하며 후보자는 삶과 태도뿐 아니라 교리와 지식에 대해 검증을 받아야만 한다."[33] 이 문장은 스코틀랜드의 개혁자들이 목회자 선출 방식의

---

[32] Scottish Confession of Faith, Art. XX, Schaff, 3: 465.
[33] "The First Book of Discipline," in James, K. Cameron (ed.), *The First Book of Discipline* (Edinburgh: St. Andrew Press, 1972), 96.

개혁을 처음부터 끝까지 신앙적 과제로 여겼음을 잘 보여준다.

치리서 이어지는 5장에서 더 구체적으로 교구 목사의 처우 문제와 이들을 감독하기 위한 각 교구의 감독시찰들(superintendents)에 관해 규정했다. 감독시찰들은 10개 혹은 12개로 구성된 교구를 맡아 일정한 임기에 한해 그 교구 내 교회들의 설립과 목사 임직 과정을 돌보는 행정적 역할을 담당했다. 치리서는 특히 이 감독시찰이 로마 가톨릭의 위계체제에 있는 주교와 같이 변질될 위험을 경계했다. 감독시찰들의 첫 임명은 의회가 행했지만, 감독시찰들이 세워진 이후부터는 기존 감독시찰들의 지도하에 해당 지역 목회자들의 선거를 통해 감독시찰들을 선출했다. 그들은 임명된 이후 교구의 목사들과 회중들의 지속적인 관리를 받았다.[34]

치리서 5장은 교회뿐 아니라 사회적 차원에서 종교개혁을 위한 방안들을 제안했다. 대표적인 방안으로 치리서는 각 교구에 학교를 설립해 모든 백성들을 대상으로 무상 교육을 실시할 것과, 대학은 기존의 내용과 방식을 개혁하여 새로운 교육을 실시할 것을 상세하게 규정했다. 그리고 교육개혁을 위한 재원은 이전까지 로마 가톨릭이 소유했던 재산과 기득권으로 확보하기로 했다. 장로교회 목사들은 급여를 받는 사역자로 그 신분과 처우를 규정했다. 이 모든 사회개혁의 방안들은 일관되게 신앙적인 목적을 지향했다. 그 목적은 신앙공동체의 유일한 통치권자인 "그리스도의 영광"을 드러내고 그분의 은혜를 가르치는 것이었다.

> 또 하나님께서 초대 교회 시대 사도들이나 다른 사람들은 갑작스럽게 변화시키셨듯이 사람들을 기적적으로 조명해 주시기를 중단하셨음을 볼 때, 만일 여러분들께서 지금 그리스도의 영광이 진보하기를 계속

---

[34] 제1치리서가 제시한 교회개혁 방안의 구체적 내용과 종교개혁의 의의에 대해서는 다음의 글을 참고하라. 김요섭, "그리스도의 주권 확립: 스코틀랜드 제1치리서의 목사직분 관련 규정 연구," 「역사신학논총」 35 (2019): 41-76.

갈망하시며 그리스도의 은혜들이 다음 세대에게도 계속되기를 소원한 다면, 존경하는 귀하들께서 이 나라의 어린이들을 도덕적으로 교육하며 경건하게 양육하는 일에 가장 주의를 기울이는 일이 필수적이다.[35]

녹스가 설교자로 활동했던 에딘버러 세인트 자일스 교회. 그리스도의 왕권을 상징하는 왕관 모양의 첨탑이 인상적이다.

녹스와 동료 개혁자들이 스코틀랜드에 도입한 장로교회의 제도는 교회의 유일한 머리이신 그리스도의 통치권을 확립하려 한 종교개혁의 한 방편이었다. 이를 위해서는 기존의 로마 가톨릭의 우상숭배적 행태들과 잘못된 잔재를 척결해야만 했다. 이런 점에서 철저한 권징의 시행은 교회개혁을 위한 가장 중요한 성경적 방법이었다. 각 교회, 각 노회, 전국적 총회는 기본적으로 권징을 집행하는 영적 치리 기구였다. 그러나 이 치리 기구들이 기존 로마 가톨릭 성직위계체제의 조직들처럼 그리스도의 말씀의 권위를 침해하지 않도록 제한하는 장치가 필요했다. 장로교 제도는 이 제한을 위해 법에 의한 운영과 임기 제한이라는 제도적 방법을 선택했다. 노회와 총회는 정해진 법에 따라 매년 의무적으로 소집되

---

35 "The First Book of Discipline," Cameron, 129-130.

어야 했다. 회의를 주재하는 노회장과 총회장의 임기는 제한되었다. 장로교 제도를 대표하는 대의제도 역시 그리스도의 주권을 확립하기 위한 개혁적 선택이었다. 교회의 각 회의들은 교회에서 선출된 대표들로 구성되는 대의제도를 통해 구성되었다. 장로교 제도는 대의제도를 통해 각 회중들의 의사를 반영하려 했다. 지역에 있는 각 교회 차원에서도 목사와 장로가 함께 치리하는 교회법정(session)을 설립해 철저하고 공정하게 권징을 시행하도록 했다. 스코틀랜드 신앙고백은 권징의 종교개혁적 목적을 다음과 같이 진술했다.

> 마지막으로 하나님의 말씀의 규정대로 교회 권징이 올바로 시행됨으로써 악덕이 억제되고 선행이 배양되는 것이다. 이러한 표지들이 보이고 두 세 사람의 소수라 할지라도 그 규정을 지키는 사람이 전혀 없지 않다면 그 곳에는 어느 때에든지 의심의 여지없이 그들 가운데 함께 하신다고 약속하신 그리스도의 참된 교회가 존재한다.[36]

이처럼 녹스를 비롯한 스코틀랜드의 종교개혁자들은 민주적 절차와 대의제도를 특징으로 하는 장로교 제도를 도입함으로써 교회 내 특정 계층의 독재를 방지하고, 구성원 전체의 참여를 확대하려 했다. 그러나 그들이 장로교 제도를 선택한 것은 단순히 민주주의를 발전시키거나 인권 보호를 확립하기 위한 것이 아니었다. 제네바에서 목격한 기준을 따라 녹스가 스코틀랜드에서 시도했던 장로교 제도의 궁극적인 목적은 영적이며 신앙적이었다. 그것은 순수한 말씀의 가르침과 바른 예배의 시행, 그리고 권징의 철저한 실시를 통해 교회와 사회 안에 예수 그리스도의 주권적 통치를 확립하는 일이었다.

교회개혁을 위한 녹스의 시도는 스코틀랜드에서 당장 큰 성과를 거두

---

[36] Scottish Confession of, XVIII, Schaff, 3: 462.

지는 못했다. 스코틀랜드 귀족들은 기존 로마 가톨릭의 재산을 포기한다는 치리서의 제안을 크게 환영했지만, 정작 이 재산을 사용해 전국적 무상 교육을 실시하겠다는 제안에는 난색을 표했다. 귀족들은 대의제도를 통한 권징 실행에 대해서도 동의하지 않았다. 1560년의 치리서는 결국 의회의 승인을 받지 못했다. 녹스는 이후 10여 년간 장로교회를 국가의 종교로 선택한 스코틀랜드에서 세속적이며 이기적인 귀족들과 다시 치열한 갈등을 치러야만 했다.[37]

녹스가 시도한 신앙공동체로서의 교회와 사회의 개혁은 1572년 녹스가 세상을 떠난 후 그의 후계자 앤드루 멜빌(Andrew Melville, 1546-1622)이 1578년 다시 작성해 제출한 "치리서"가 드디어 의회의 승인을 받음으로써 한 걸음 전진할 수 있었다.[38] 다른 개혁의 과제들과 마찬가지로 바른 공동체의 회복은 몇 가지 정책이나 제도가 성공함으로써 이루어지는 것이 아니라 예수 그리스도께서 다시 오셔서 자신의 통치를 가시적으로 완성할 때까지 계속 추진해야 할 지속적인 과제이다. 이어지는 장에서 다룰 녹스의 저항사상에 대한 검토는 예배와 교회 제도의 개혁에 있어 가장 큰 장애물이었던 정치인들의 세속적 이해관계에 맞서 그가 강조했던 종교개혁의 신앙적 본질이 무엇인지를 파악하는 데 도움이 될 것이다.

---

[37] 녹스가 작성을 주도했던 1560년의 치리서는 1578년의 치리서와 구별해 "제1치리서"라고 불리게 되었다. 김요섭, 『존 녹스』, 273-274. 제1치리서의 본문과 그에 대한 설명과 해제는 다음에서 찾아볼 수 있다. James K. Cameron, *The First Book of Discipline* (Edinburgh: St. Andrew Press, 1972).

[38] 제2치리서의 본문과 그에 대한 설명과 해제는 다음에서 찾아볼 수 있다. James Kirk, *The Second Book of Discipline* (Edinburgh: St. Andrew Press, 1980). Melville과 그의 시대 스코틀랜드 종교개혁에 대해서는 다음을 참고하라. Ernest R. Holloway, III. *Andrew Melville and Humanism in Renaissance Scotland, 1545-1662* (Leiden: E.J.Brill, 2011); Roger A. Mason and Steven J. Reid (eds.), *Andrew Melville (1545-1622): Writings, Reception, and Reputation* (Farnham: Ashgate, 2014).

5. 대조와 선택: 그들의 이야기를 듣는 방법

이어지는 장에서는 좀 더 본격적으로 루터와 칼빈, 그리고 녹스의 저술들을 직접 분석하여 이들이 말하고자 했던 "종교개혁"의 본연의 성격과 목적에 대해 규명해 볼 것이다. 그리고 이들이 말하는 종교개혁이 무엇인지를 밝히기 위해 "대조"의 방법을 취할 것이다. 즉 루터와 에라스무스, 칼빈과 재세례파, 녹스와 국교회주의자들 사이의 대조를 통해 인문주의, 급진세력, 국교회주의자와 구별되는 종교개혁자들의 종교개혁 이해를 추적할 것이다. 물론 이 세 가지 입장과 종교개혁 사이에는 구별과 차이만큼이나 연속성과 유사성이 많이 존재한다. 이들은 모두 기존 로마 가톨릭의 교황지상주의나 사제 위계체제, 그리고 예전 중심의 구원론을 모두 반대했으며, 각 상황에 따른 기독교 종교의 변화와 향상을 추진했다. 다른 한편, 루터와 칼빈, 칼빈과 녹스 사이에도 분명 서로 다른 견해와 입장이 존재했음이 분명하다. 그럼에도 불구하고 루터, 칼빈, 그리고 녹스가 공유했던 종교개혁의 성격과 목적은 인문주의의 개선, 재세례파의 혁명, 그리고 국교회주의자들의 정치적 변혁과 분명 차별된다. 이 세 개혁자들과 이들의 사상과 활동을 통해 형성된 독일어권의 루터파, 불어권의 개혁파, 영어권의 장로교회는 모두 그들과 다른 개혁 시도에 대해 반대하는 입장을 분명히 공유했다. 그리고 인문주의와 급진세력, 그리고 잉글랜드의 국교회주의적 개혁 시도는 16세기 후반부터 17세기에 이르는 시대 상황의 변화 속에서 세 명의 종교개혁자들이 추구했던 것과는 다른 모습의 기독교 전통을 형성했다. 이제부터 전개할 대조 분석을 통해 드러날 주요 종교개혁의 일반적 특징과 성격은 도리어 인문주의와 급진개혁세력, 그리고 국교회적 개혁의 강조점과 특징을 선명하게 하는 데에도 도움이 될 것이다.

이 책이 선택한 루터와 칼빈, 그리고 녹스가 과연 종교개혁의 주류를 대변하는가에 대한 의문도 있을 수 있다. 이에 대해서는 이 세 사람이 종교개혁의 가장 중요한 세 언어권을 대표했다는 점, 그리고 이들이 주장한 종교개혁 사상과 그 실현 방법이 후대에 지속적으로 권위 있게 활용되었다는 점, 세 사람의 차이에도 불구하고 이 차이점마저도 이후 개신교회 형성에 중요한 요인으로 활용되었다는 점을 답으로 제시할 수 있을 것이다. 이와 같은 고려 사항들은 선택이라는 방법이 필연적으로 가질 수밖에 없는 한계에도 불구하고 이 세 사람의 종교개혁 이해를 집중 분석하는 연구 방법의 적절함과 유용함을 어느정도 정당화해 줄 것이라고 생각한다.

위에서 언급했듯이 개혁자들의 주장을 "직접" 들어보는 것은 가장 기본적이며 필수적인 의도 파악의 방법임은 분명하지만, 여기에서도 선택이라는 방법을 취할 수밖에 없다. 모든 개혁자들의 모든 자료를 다 다룰 수는 없기 때문이다. 이에 덧붙여 루터와 칼빈, 그리고 녹스의 많은 저술들 가운데 어떤 저술을 선택하여 분석할 것인지에 대한 질문도 가능하다. 이 질문에 대해서는 들어가는 말에서 이미 밝혔듯이 우리가 선택한 루터의 『의지의 속박에 관하여』와 칼빈의 『재세례파 논박』, 그리고 녹스의 1550년대 저항 사상을 담은 서신들은 모두 그들이 생각한 종교개혁의 내용과 그들이 반대한 다른 개혁 시도 사이의 차이점을 가장 선명하게 보여주는 저술들이라는 점에서 선택되었다. 이 저술들이 각 개혁자들이 전개한 일관된 종교개혁 사상을 대표할 수 있는지에 대해서는 이 글들의 저술 동기와 이후 영향력 등 배경 요소들을 통해 더 설명될 것이다.

──────. *Martin Luther : Selections From His Writings*. Trans. and ed. John Dillenberger. Garden City: Anchor, 1961. 『루터 저작선』. 이형기 역. 서울: 크리스챤 다이제스트, 1999.

Mannetsch, Scott M. *Calvin's Company of Pastors: Pastoral Care and the Emerging Reformed Church, 1536-1609*. Oxford: Oxford University Press, 2013.

Mannion, Gerard and Eduardus van der Borght (Eds.). *John Calvin's Ecclesiology: Ecumenical Perspective*. London: Bloomsbury T.&T. Clark, 2011.

Mason, Roger A. and Steven J. Reid (Eds.). *Andrew Melville (1545-1622): Writings, Reception, and Reputation*. Farnham: Ashgate, 2014.

McKim, Donald K. (Ed.). *Cambridge Companion to Martin Luther*. Cambridge: Cambridge University Press, 2003.

Monter, William. *Calvin's Geneva*. New York: John Wiley & Sons, 1967.

Schaff, Philip. (Ed.) *The Creeds of Christendom, vol. 3: The Evangelical Protestant Creeds*. London: Harper and Row, 1931.

Selderhuis, Herman J. (Ed.). *Calvinus Clarissimus Theologus: Papers of the Tenth International Congress on Calvin Research*. Göttingen: Vandenhoek & Ruprecht, 2012.

──────. (Ed.). *Calvinus sacrarum Literarum Interpres: Papers of the International Congress on Calvin Research*. Göttingen: Vandenhoek & Ruprecht, 2008.

Speelman, Herman A. *Calvin and the Independence of the Church*. Göttingen: Vandenhoek & Ruprecht, 2014.

Wendel, François. *Calvin: Origins and Development of His Religious Thought*. Trans. Philip Mairet. London: William Collins and Son, 1963.

Zwingli, Ulrich. *Huldreich Zwinglis Sämtliche Werke*. Zurich: Theologischer Verlag, 1905-.

──────. 『츠빙글리 저작선집 3』. 공성철 역. 서울: 연세대학교 출판문화원, 2017.

김요섭. "그리스도의 몸인 교회: 칼빈의 교회 제도 제안의 신학적 기초." 「개혁논총」 15 (2010): 193-225.

―――. "'제네바 예배모범'에 나타난 칼빈의 예배개혁 신학과 실천적 의미 연구."「한국개혁신학」 33 (2012): 72-101.

―――. "그리스도의 주권 확립: 스코틀랜드 제1치리서의 목사직분 관련 규정 연구."「역사신학논총」 35 (2019): 41-76.

―――. 『존 녹스: 하나님과 역사 앞에서 살았던 진리의 나팔수』. 서울: 익투스, 2019.

박건택. 『칼뱅 소품집』 전2권. 용인: 크리스천 르네상스, 2016.

제4장

개선과 개혁: 인문주의와 종교개혁

1. 루터와 에라스무스의 관계

16세기 종교개혁자를 대표하는 루터와 르네상스 인문주의를 대표하는 에라스무스의 신학적 입장을 비교하면 종교개혁자들이 생각했던 종교의 "개혁"과 인문주의자들이 생각했던 종교의 "개선"의 차이를 확인할 수 있다.[1] 그리고 이 차이를 확인함으로써 종교개혁자들이 말하려 한 종교개혁의 본래적 의미를 이해할 수 있다. 두 사람의 관계와 당대 기독교 종교에 대한 사이에는 많은 공통점이 있었다. 그러나 두 사람은 결국 결정적인 점에서 이해의 차이가 있음을 서로 확인했다. 이 두 사람이 가

---

*   이 장의 내용은「개혁논총」42 (2017): 121-157에 게재한 논문인 "개선과 개혁: 에라스무스와 루터의 종교개혁 이해 비교"를 일부 수정한 것이다.

1   에라스무스와 루터의 "종교"에 대한 이해의 차이에 대해 20세기 후반부터 이미 유용한 연구들이 등장했다. Matthew Spinka, "Desiderius Erasmus, A Humanist Reformer," in *Advocates of Reform: From Wyclif to Erasmus*, LCC. XIV, ed. Matthew Spinka (Philadelphia: Westminster Press, 1953): 281-294; Gottfried G. Krodel, "Erasmus-Luther: One Theology, One Method, Two Results," *Concordia Theological Monthly* 41/10 (1970): 648-667; Charles E. Hambrick-Stowe, "Where is the Middle Way? A Study of the Luther-Erasmus Free Choice Debate," *Lutheran Quarterly* 29/1 (1977): 42-57. 그러나 위의 연구들은 "종교"에 대한 이해 차이를 드러내기보다는 종교개혁자로서의 에라스무스에 대한 재평가 및 루터의 개혁 사상과의 연속성을 재조명하려는 20세기 후반 연구 경향에 충실하다. Rummel은 개략적인 에라스무스 신학에 대한 연구를 통해 에라스무스가 종교개혁의 전개 과정에서 보여준 의미와 한계를 잘 지적했다. Erika Rummel, "The Theology of Erasmus," 32-34.

지고 있는 이해의 차이는 종교개혁과 인문주의 사이의 공통점과 차이점을 대표한다고 말할 수 있다. 16세기 초 긴밀한 관계 속에서 전개된 인문주의 운동과 종교개혁 운동의 우호적 관계는 1520년대 발생한 에라스무스와 루터 사이의 신학 논쟁을 기점으로 깨졌다. 이 결별에는 많은 여러 원인들이 작동했다. 그러나 이 결별의 근본적 원인은 당시 로마 가톨릭의 신학과 체제에 반대하면서 두 사람이 추구한 기독교 종교(religio)의 본질에 대한 이해의 차이와 이 본질을 회복하는 데 사용했던 방법론의 차이가 자리 잡고 있었다.

루터가 태어난 아이스레벤에 있는 루터 동상

1520년대 이전 많은 사람들은 인문주의를 대표하는 에라스무스와 종교개혁을 대표하는 루터의 관계를 협력적 관계로 인식했다. 예를 들어 스트라스부르크의 종교개혁자 부쳐(Martin Bucer, 1491-1551)는 1518년 하이델베르크 논쟁을 통해 루터의 종교개혁 사상을 접한 후 "에라스무스가 불붙인 것을 루터가 공개적으로 자유롭게 말했다"라고 평가했다.[2]

---

[2] Roland Bainton, *Here I Stand: A Life of Martin Luther* (New York: Abingdon Press, 1950), 87.

"순교사"의 저자인 폭스(John Foxe, 1516-1578)는 루터의 종교개혁을 위해 에라스무스가 길을 열어 놓았다고 말했다.[3]

에라스무스 자신도 당대의 평가를 잘 알고 있었다. 그는 "자신이 낳은 알을 루터가 부화시켰다"라고 말하는 사람들의 평가를 언급한 적이 있다.[4] 1516년 12월 에라스무스가 슈팔라틴(Georg Spalatin, 1484-1545)에게 받은 편지를 보면 그가 이 무렵 "한 아우구스티누스파 수도사"인 루터의 소문을 처음 들었음을 알 수 있다.[5] 이후 에라스무스는 1517년 95개조로 인해 발생한 루터와 교황청 사이의 논쟁과, 그 후 벌어진 루터의 파문 과정을 지켜보면서 비록 자신은 루터의 투쟁적인 성향을 좋아하지는 않지만 교황청이 루터를 파문한 것은 너무 지나친 조치라고 비판했다.[6] 에라스무스는 추기경 캄페지오(Lorenzo Campeggio, 1471 또는 1472-1539)에게 보낸 서신에서 루터에 대해 되도록 공정하게 판결해 달라고 직접 부탁한 적도 있다.[7]

---

[3] Whitford는 Foxe의 평가를 긍정하면서 실제로 1517년 95개조를 부착하기 이전 루터의 "전가" 개념과 "회개" 개념의 발전 과정을 면밀하게 검토해 보면 루터가 1516년 어간 자신의 대학 강의를 위해 연구한 에라스무스의 신약 헬라어 성경(*Novum Instrumentum omne*) 로마서 부분에서 칭의 교리와 관련한 중요한 신학적 개념들을 얻었을 것이라고 주장한다. David M. Whiford, "Erasmus Openeth the Way before Luther," *Church History and Religious Culture* 96 (2016): 532-540.

[4] 그러나 에라스무스는 이와 같은 당대의 평가를 거부했다. 그는 1528년 Johannes Caesarius에게 보낸 편지에서 자신이 낳은 알은 달걀이었는데 정작 루터가 부화시킨 병아리는 아주 다른 깃털을 가지고 있다고 말했다. CWE.10: 464. 신학자이며 종교개혁자로서 에라스무스에 대한 20세기 후반 해석의 변화에 대해서는 Erika Rummel, "The Theology of Erasmus," in *Cambridge Companion to Reformation Theology*, eds. David Bagchi and David Steinmetz (Cambridge: Cambridge University Press, 2004), 32-34 참조.

[5] Charles C. Cortright, "Luther and Erasmus: The Debate on the Freedom of the Will," *Logia* 22/1 (2013): 7-8.

[6] Terrence M. Reynolds, "Was Erasmus Responsible for Luther? A Study of the Relationship of the Two Reformers and Their Clash over the Question of the Will," *Concordia Theological Quarterly*, 41/4 (1977), 20-21. Daniel Preus, "Luther and Erasmus: Scholastic Humanism and the Reformation," *Concordia Theological Quarterly* 46/2 (1982): 221-222.

[7] Kleinhans는 에라스무스의 편지들을 분석하여 그가 1522년에 이르러 루터의 사상을 더 이상 우호적으로 대할 수 없다는 판단에 이르렀다고 주장한다. Robert C. Kleinhans, "Luther and

루터 역시 에라스무스의 학식과 인격을 높이 평가했고 이 훌륭한 인문학자를 향한 충분한 예의를 갖추려 했다. 그는 1524년 에라스무스에게 편지를 보내 자유의지와 관련한 논쟁에 뛰어들지 말아 줄 것을 정중하게 요청했다.[8] 그러나 종교개혁에 대한 에라스무스의 미온적 입장에 대한 루터의 불만은 이미 1517년부터 시작되었다. 루터는 에라스무스가 인문학 연구(bonae litterae)에는 뛰어나지만 바른 교리를 옹호하는 일에는 별로 관심이 없다는 사실을 아쉬워했다.[9] 자유의지를 둘러싼 치열한 논쟁이 벌어진 이후에는 에라스무스에 대한 루터의 평가가 바뀌었다. 그러나 루터의 동역자인 멜란히톤은 『자유의지에 관하여』가 발표된 후 에라스무스에게 편지를 보내 "루터는 여전히 당신에게 호의를 가지고 있습니다"라고 말하기도 했다.[10]

이처럼 루터와 에라스무스는 상대방을 존중하는 태도를 완전히 내려놓지는 않았다. 그러나 당대 기독교 종교의 문제가 무엇인지 그 근본을 지적하고 그 변화를 시도하는 방법과, 그 시도를 통해 이루려고 한 궁극적 목적에 대한 이해의 차이와 관련해서는 서로 한 치의 양보도 없는 격렬한 논쟁을 벌였다. 에라스무스와 루터가 추구한 기독교 종교의 회복은 근본적으로 그 방향과 목적이 서로 크게 달랐다. 에라스무스가 추구한 변화는 기독교 신앙의 개선이었다. 이는 그리스도를 본받는 신자의 내면적 변화를 통해 기독교 공동체 전체의 안정을 이루고 발전을 도모하는 것이었다. 반면 루터가 추구한 기독교 종교의 변화는 성경의 진리

Erasmus, Another Perspective," *Church History* 39/4 (1970), 466-467.

8 Preus, "Luther and Erasmus," 223.

9 Cortright, "Luther and Erasmus," 9. Preus는 스스로를 "기독교 인문주의자"로 자처했던 에라스무스의 삶의 목적은 "다른 사람들이 선한 문서들을 계발할 수 있도록 자극하는 것과 선한 문서들에게 한 연구를 신학과 조화시키는 것"이었다고 말한다. Daniel Preus, "Luther and Erasmus: Scholastic Humanism and the Reformation," *Concordia Theological Quarterly* 46/2 (1982), 220. Cf. Cornelis Augustijn, *Erasmus: His Life, Works, and Influence* (Toronto: University of Toronto Press, 1991), 104.

10 Preus, "Luther and Erasmus," 221.

에 따른 개혁이었다. 이 개혁은 성경이 가르치는 대로 명확한 구원의 진리를 재확인함으로써 구원의 확신 위에서 이루어지는 신자의 참다운 양심의 자유와 삶의 변화를 확고히 하고, 더 나아가 그리스도의 주권에 합당한 교회를 세우는 기독교 신앙의 근본적 회복이었다.

1524년 에라스무스가 발표한 『자유의지에 관하여』(De Libero Arbitrio, Diatribe seu Collatio)에 맞서 이듬해 루터가 『노예의지에 관하여』(De Servo Arbitrio)를 발표하자 그들의 이해 차이가 드디어 명확해졌다.[11] 에라스무스와 루터 모두 이 주제 안에 그들이 주장하려 했던 기독교 회복의 핵심 사항들이 포함되어 있음을 알고 있었다. 자유의지에 대한 두 사람의 논쟁은 단순한 학문적 토론이 아니었다. 이 논쟁은 에라스무스가 대표하는 인문주의의 "개선"의 이상과 루터가 대표하는 종교개혁자들의 "개혁"의 이상의 차이를 분명히 보여준 역사적 분기점이었다.

이 장에서는 자유의지와 관련한 에라스무스와 루터의 논쟁을 심도 있게 검토하여 두 신학자가 대표하는 인문주의의 "개선"과 종교개혁의 "개혁"을 규명하려 한다. 이를 위해 가장 먼저 두 신학자들의 상이한 성경관과 해석 방법론의 차이를 살필 것이다. 두 사람 모두 성경이 기독교 신앙의 최고의 기준임에 적극적으로 동의했고, 성경의 가르침을 기준으로 삼아 자신의 논리를 전개했다. 그러나 각 신학자들이 취한 성경에 대한 이해와 해석의 방법론은 중대한 차이점을 가지고 있었다. 이어서 자유의지의 가능성에 대한 인간론의 쟁점들을 분석할 것이다. 이 분석을 통해 두 신학자가 서로 다른 구원론적 지향점을 가지고 있음이 드러날 것이다. 그들의 이 논쟁을 통해 드러낸 인간론, 그리고 구원론과 관련한 이해의 차이는 인문주의의 "개선"과 종교개혁의 "개혁"을 구별하는 가장 중요한 신학적 요점이다. 본 장은 성경관과 인간론의 차이들을 종합

---

11 한글번역은 E. Gordon Rupp and Philip S. Watson (eds.), *Luther and Erasmus: Free Will and Salvation*, 이성덕, 김주한 역, 『루터와 에라스무스: 자유의지와 구원』 (서울: 두란노, 2011)을 사용하며 각각 『자유의지에 관하여』와 『노예의지에 관하여』로 표기하여 페이지를 밝힌다.

하여 기독교 "종교"에 대한 에라스무스와 루터의 서로 다른 이해를 정리할 것이다. 본 장의 결론에서는 두 사람이 여러 유사점에도 불구하고 서로 다르게 추구했던 개선과 개혁의 이해를 비교함으로써 루터가 시도했던 "종교개혁"의 본질과 성격이 무엇이었는지 설명할 것이다.

2. Sola Scriptura: 성경해석의 원칙

2.1. 에라스무스의 성경 이해와 해석 원칙

에라스무스는 『자유의지에 관하여』에서 신앙과 신학에 있어 가장 권위 있는 기준은 교회의 결정이나 교부들의 가르침이 아니라 성경이라고 강조했다.[12] 이 점에 있어서 에라스무스와 종교개혁자들 사이에는 큰 차이가 없었다. 그러나 에라스무스는 곧이어 자신의 책에서 전개할 자유의지와 관련한 논쟁은 성경의 확실한 권위에 대한 것이 아니라고 말한다. 즉 자신의 논의는 이 주제와 관련한 성경 구절들을 어떻게 해석하여 그 의미를 어떻게 정확하게 파악하는가의 문제에 관한 것이었다. "나는 성경의 유일한 권위가 인간의 모든 결정보다 우선하는 것이 옳다고 고백합니다. 그러나 성경의 권위는 여기에서 의문시되지 않습니다. 성경의 권위는 양 진영에 의해 인정되고 존중됩니다. 우리의 논쟁은 성경의 의미에 관한 것입니다."[13]

에라스무스는 자유의지와 관련한 성경 본문의 올바른 해석으로써

---

[12] 에라스무스는 1516년 *Novum Instrumentum omne*를 발간하면서 신약 성경 본문에 대한 스콜라 신학의 잘못된 이해들을 비판하는 자신의 견해를 피력했다. 그리고 이후에도 지속적으로 개정함으로써 헬라어 원어에 기초하여 당시 라틴 벌게이트 성경의 문제를 지적했다. Lewis Spitz, "Desiderius Erasmus," in *Reformers in Profile*, ed. B. A. Gerrish (Minneapolis: Fortress, 1967), 72-73.

[13] 『자유의지에 관하여』, 79, CWE.76: 16.

"기독교적 화합 가운데 참된 신앙의 진보를 위한 해석"을 제시한다.14 그는 이와 같은 해석이 필요한 이유는 자유의지와 관련한 성경의 여러 구절들이 모호하기 때문이라고 말한다. "먼저 성경에는 자유 선택을 옹호하는 것처럼 보이는 많은 구절들이 있다는 사실을 우리는 부인할 수 없습니다. 반면에 그것을 모두 부인하는 것처럼 보이는 구절도 있는 것이 사실입니다."15

에라스무스

에라스무스는 화합을 추구하는 해석의 원칙에 따라 루터의 단언적인 성경해석 방식을 비판한다.16 그는 먼저 루터가 의지의 자유 선택을 반대하면서 그 근거로 제시한 출애굽기 9:12와 로마서 9:18을 검토한다. 에라스무스는 "바로의 마음을 완악하게 하셨다"라는 본문을 루터처럼 문자적으로만 해석해서는 안 된다고 말하고, 이 본문을 일상적 언어 사용의 수사법을 적용해 해석해야 한다고 주장한다.17 또 말라기 1:2-3의 "내가 야곱은 사랑하였으나 에서는 미워하였다"라는 말씀에 대해서도

---

14 "그러나 나는 거리의 이런 사람들에게 이러한 종류의 토론에서 참된 신앙을 진보시키기보다는 기독교적인 화합을 해치기 쉬운 논쟁을 강요하지 않는 것이 더 좋다는 점을 이해시키고자 합니다." 『자유의지에 관하여』, 73, CWE.76: 8.
15 『자유의지에 관하여』, 83-84, CWE.76: 21.
16 "그들은 자신들이 성경에서 읽은 것은 무엇이든지 한 번에 모든 것을 포괄하는 단언적인 의견으로 단순화하고 곡해합니다." 『자유의지에 관하여』, 72, CWE.76: 7.
17 "그러므로 하나님은 하나님의 선하심을 깨닫고 회개하는 사람에게 자비를 베풀지만 회개할 기회를 주었으나 하나님의 선하심을 무시하고 계속 악을 행하는 자들은 완악하게 하십니다. 단순히 한 기회를 주는 대리인으로서 묘사되는 그러한 비유는 즉시 아들의 잘못을 벌하지 않은 것에 대해 아버지가 자신을 책망하며 아들에게 '내가 너를 망쳤다'라고 말하는 사용법과 일치합니다." 『자유의지에 관하여』, 105, CWE.76: 46-47.

이 구절이 인간의 자유 선택을 거절하는 근거가 될 수 없다고 다음과 같이 말한다.

> 게다가 '내가 야곱은 사랑하였으나 에서는 미워하였다'는 말을 문자 그대로 받아들인다면, 하나님은 우리가 사랑하는 것과 같이 사랑하지도 않고, 또한 모든 사람을 미워하지도 않습니다. 왜냐하면 하나님은 이런 유의 감정에 휩쓸리는 분이 아니기 때문입니다... 더욱이 비유적인 해석에서 하나님은 모든 이방인들을 사랑하거나 모든 유대인들을 미워하는 것이 아니라, 양쪽으로부터 사람들을 선택하셨습니다.[18]

에라스무스는 수사적이며 비유적인 해석을 따라 위의 본문들로부터 "교만의 억제"라는 윤리적 의미를 파악해 내야 한다고 말한다. "이를 통해 바울의 유일한 목적은 이방인들과 유대인들 모두가 교만해지는 것을 억제하려는 것이 분명해집니다."[19]

에라스무스는 서로 충돌하는 것처럼 보이는 구절들 사이에 "매듭을 푸는" 조화를 이룰 수 있는 해석이 필요하다고 역설한다.[20] 그가 말하는 조화로운 해석은 문자적 해석에 의한 교리적 엄격함이 아닌 실천적 적용을 위한 유연한 수용을 추구하는 해석이다.

> 그러므로 서로 모순되어 보이는 이러한 구절들은 우리가 우리 의지의 노력을 하나님의 은총의 도우심과 결합시킨다면, 쉽게 조화가 될 것입니다. 토기장이와 토기의 비유에서 그들은 우리에게 그들 문자 그대로의 의미를 취하라고 강요합니다. 왜냐하면 이것이 그들의 목적에 맞기

---

18 『자유의지에 관하여』, 110-111, CWE.76: 53.
19 『자유의지에 관하여』, 111, CWE.76: 53.
20 "영감으로 성경을 만든 성령은 자기 자신에 대해서 싸우지 않습니다. 양측은 다 성경의 침범할 수 없는 권위를 인정합니다. 그러나 이러한 매듭을 풀 수 있는 해석이 발견되어야 합니다." 『자유의지에 관하여』, 115, CWE.76: 57-58.

때문입니다. 그러나 여기에서 그들은 분별없이 성경의 자구에 근거합니다.[21]

또 조화로운 해석은 각 구절을 성경 본문의 맥락에서 파악하는 접근을 취한다. "나는 성경을 이해하는 최상의 방법은 어떤 주제가 그 본분 자체에서 검토되는지를 주의하는 것이라고 생각합니다. 이것이 결정되면 비유에서 우리의 목적에 적합한 것을 모으는 것이 필요합니다."[22]

자유의지의 문제와 관련해 에라스무스가 취하는 조화로운 성경해석의 구체적인 결과물 역시 "교만의 억제"라는 윤리적 가르침이다. 그는 갈라디아서 2:20을 설명하면서 "그러나 그 수정('내가 모든 사도보다 더 많이 수고하였다')은 그가 아무것도 하지 않았다는 것을 말하려는 것이 아니라 하나님의 은총의 도움으로 자신이 한 것을 자기 자신의 능력으로 돌리는 것처럼 보이지 않게 위해서"라고 해석한다. 그리고 그 결과 "일을 하는 데 오만함의 의심을 제거하는 것이지 협력을 배제하는 것은 아니다"라고 주장한다.[23]

에라스무스는 교리적 주제와 관련된 성경 본문들이 많은 경우에 모호하며 서로 충돌한다고 생각했다. 그리고 이런 모호한 성경 구절들을 올바르게 해석하는 합당한 방법은 본문의 수사법이나 비유를 파악하고 전체 맥락에서 조화를 추구하여 그 속에서 윤리적 교훈을 읽어내는 것이라고 주장했다.

> 하지만 누구도 성경의 모호성을 결정적으로 해결할 수는 없습니다. 삼위일체에서 삼위 사이의 위격의 구별, 그리스도 안에서의 신성과 인성의 결합, 용서받지 못하는 죄 등이 그렇습니다. 그러나 하나님께서 너

---

21 『자유의지에 관하여』, 116, CWE.76: 58.
22 『자유의지에 관하여』, 126-127, CWE.76: 70.
23 『자유의지에 관하여』, 126, CWE.76: 70.

무나 명백하게 하신 다른 일들도 있습니다. 그런 것들은 선한 삶을 위한 교훈과 같은 것들입니다.[24]

2.2. 루터의 성경 이해와 해석 원칙

루터는 확실성과 명확성이라는 성경의 특징을 강조했다. 즉, 그는 성경은 최종적인 권위일 뿐 아니라 확실하고 명확한 하나님의 구원의 진리라고 보았다. 루터는 에라스무스에 맞서 다음과 같은 논리를 펼친다. 성경의 명확한 진리에 대한 확신은 종교와 경건(pietas)의 필수 요소이다. 성경은 그리스도인으로 하여금 확신 있는 주장을 가능하게 할 뿐 아니라 확언을 그리스도인의 심성의 표지로 삼게 한다.[25] 따라서 에라스무스와 같이 진리를 모호한 것이라고 생각하며 성경을 불명확하다고 주장하는 "행위는 모든 종교와 경건을 부인하는 것이요 종교나 경건, 교리들은 아무런 중요성도 갖지 못한다고 주장이다."[26]

물론 루터도 성경을 해석할 때 경험하는 모호함의 어려움을 인정한다. 그러나 그 모호함은 성경 본문의 불명확함 때문에 발생하는 것이 아니다. 이 모호함은 해석하는 해석자의 "나태함"과 "맹목성" 때문에 발생한다. 그러므로 해석자의 이해가 모호하다는 이유로 성경 본문이 명확하다는 사실을 부정해서는 안 된다.[27]

---

24 『자유의지에 관하여』, 75, CWE.76: 10.
25 "확신 있는 주장을 좋아하지 않는 것은 그리스도인의 심성의 표지가 아니다. 오히려 반대로 사람이라면 그런 주장을 좋아해야 한다. 그렇지 않는다면 그 사람은 그리스도인이 아닐 것이다." 『노예의지에 관하여』, 152. LW.33: 19-20, WA.18: 603. Krodel은 이 점과 관련해 양자의 신학에 대한 이해 차이를 잘 지적한다. "에라스무스에게 신학은 그리스도인의 실존을 위한 규범을 세우는 기술적 작업(descriptive task)이었지만 루터에게 신학은 인간 실존을 형성하는 고백적 작업(confessional task)이었다." Krodel, "Erasmus-Luther," 663.
26 『노예의지에 관하여』, 153. LW.33: 21, "hoc esset aliud nihil, quam semel totam religionem ac pietatem negasse, aut asseruisse,nihil esse religionem, aut pietatem, aut ullum dogma." WA.18: 604.
27 "물론 나도 성경 안에는 이해하기 어려운 모호하고 난해한 구절들이 많이 있다는 점을 인정한

그렇다면 성경이 명확하게 말하는 진리는 무엇일까? 루터는 에라스무스의 성경 이해를 반박하면서 성경 전체에서 세 가지 진리는 명확하다고 주장한다. "성경은 하나님의 삼위성, 그리스도의 인성, 용서받을 수 없는 죄를 단도직입적으로 고백하고 있으며 여기에 관한 어떠한 모호함이나 애매함이 존재하지 않는다."[28] 루터는 삼위일체 하나님의 구원 은혜의 약속은 성경 전체에서 명확하게 선포되는 진리라고 단언한다. 그리고 기독교의 참된 종교와 경건 그리고 신앙은 성경이 명확히 선언하는 하나님의 약속을 신뢰함으로써 성령의 위로와 양심의 확신을 얻을 때만 가능하다고 말한다. 루터가 보기에 에라스무스의 회의주의적 성경 이해는 결국 참된 기독교 종교를 부인하게 만든다.

> 그리고 당신은 이러한 잘못된 충고를 통해 하나님에 대한 무지를 배양시키는 동시에 신앙을 경멸하도록 가르친다. 또한 하나님의 약속을 불신하게 하고 성령의 모든 위로와 양심의 확실성들을 쓸데없는 것으로 간주하도록 만든다… 또한 당신은 이 정도로 만족하지 않고 이런 문제들을 인식하고자 하는 사람들을 불경하고 불신앙적이며 헛된 일을 도모하는 자로 부르는 반면 그것들을 경멸하는 사람들은 종교적이며 경건하며 건전한 사람이라고 말한다.[29]

루터는 성경의 명확성을 강조하면서 성경해석을 전문 학자들의 특권

다. 그러나 이것은 성경의 주제가 고상하기 때문이 아니라 성경 본문의 어휘와 문법에 대한 우리의 무지 때문이다." 『노예의지에 관하여』, 158. LW 33: 25, WA 18: 606. 루터는 성경에는 두 종류의 명확성이 있음을 주장한다. 하나는 내적인 명확성으로서 이는 성령의 도움을 통해 누구든지 성경 전체와 각 부분의 뜻을 이해할 수 있다는 의미이다. 둘째는 외적인 명확성으로서 성경의 진술이 그 어떤 것도 애매모호하지 않으므로 "성경 안에 존재하는 모든 것은 말씀을 통해 가장 분명한 빛 가운데로 드러나 있으며 온 세상에 선포된다"는 것이다. 『노예의지에 관하여』, 161. LW 33: 28, WA 18: 609.

28 『노예의지에 관하여』, 160. LW 33: 27-28, WA 18: 607-608.
29 『노예의지에 관하여』, 174-175. LW 33: 43, WA 18: 619-620.

으로 보는 에라스무스의 입장을 거부한다. 루터에게 성경은 지속적이며 공개적으로 선포되어야 할 진리이며 교훈이다.[30] 성경의 명확성은 본문을 해석할 때 반드시 교부를 비롯한 기존의 권위에 의존해야만 한다는 불필요한 강박관념을 제거한다. "그러나 히에로니무스나 오리게네스가 이 구절을 올바로 해석한다는 사실을 누가 보장해 줄 수 있는가? 어느 경우든 우리는 어떤 권위 있는 박사에 의존하지 않고 오직 성경의 권위에만 의존해서 서로 논쟁하자는 점에 동의했다."[31]

에라스무스가 편집한 대조 신약성경
Novum Instrumentum Omne 표지

스스로 명확하며 단순한 성경은 에라스무스가 말하는 어떤 "결정적 해석 방법"을 필요로 하지 않는다.[32] 따라서 루터는 에라스무스의 비유적 해석을 거절하고, 본문의 문자적 의미를 찾아내는 방법을 선호한다. "우리는 어디서든지 문법의 규칙과 하나님께서 인간 속에 창조하신 언어의 정상적인 용법에 부합하는 간결하고 명쾌하고 자연스러운 언어의 의미만을 고수해야 한다."[33] 구체적으로 루터는 하나님께서 바

---

30 "진리와 교훈은 언제나 공개적으로 그리고 지속적으로 선포되어야 하며 결코 세상과 타협하거나 은폐되어서는 안 된다. 왜냐하면 그 속에는 어떤 걸림돌도 없으며 그것이 곧 의인의 보좌이기 때문이다." 『노예의지에 관하여』, 187. LW 33: 56, WA 18: 628.
31 『노예의지에 관하여』, 308. LW 33: 167, WA 18: 703.
32 "우리가 말해 왔던 것은 성경의 진술에는 일관성의 결여가 존재하지 않으며 그러므로 그런 난제를 제거하기 위해 어떤 해석법이 필요하지 않다는 것이다 … 당신이 '강론'에서 하는 것처럼 추론과 잘못된 주해를 덧붙이지 않는 한 하나님의 말씀은 단순하며 그 의미도 단순하다." 『노예의지에 관하여』, 357. LW 33: 210, WA 18: 732.
33 『노예의지에 관하여』, 303. LW 33: 162, "sed ubique inhaerendum est simplici puraeque et naturali significationi verborum, quam grammatica et usus loquendi habet, quem Deus creavit in hominibus." WA 18: 700.

로의 마음을 강퍅하게 만드셨다는 출애굽기 4:21의 말씀을 문자 그대로 하나님의 주권적 섭리에 대한 진술이라고 해석한다.[34] "오히려 우리는 이 구절[출 4:21]에는 어떤 비유도 있을 수 없고 하나님이 말씀하신 것은 액면 그대로 단순하게 받아들여야 한다는 점을 계속해서 주장하고 싶다. 하나님의 말씀을 우리가 마음대로 해석하고 재조정하는 것은 결코 우리가 결정할 사안이 아니다."[35] 루터는 말라기 1장이 기록하는 에서와 야곱에 대해서도 에라스무스와 다른 해석을 제시한다. 그는 로마서 9:11-21이 이 구절을 인용했음을 지적하면서 이 본문이 문자 그대로 해석해야 한다고 주장한다. 즉 말라기 본문은 인간에 대한 영원 전에 결정된 하나님의 불변하는 사랑에 대한 가르침이다.[36] 루터는 토기장이 비유와 같은 성경의 비유를 해석할 때에도 윤리적 적용보다 비유의 근본적인 의도를 파악해야 한다고 말한다.

> 그러므로 직유의 효력은 그 직유를 사용한 이유에 의존해 있다… 내가 주장하고 싶은 요지는 바울이 '누구든지 스스로를 깨끗하게 한다면'이라고 말할 때 그 말은 권면의 문제이고 '큰 집에는… 그릇들이 있다'고 말할 때 그것은 교리의 문제라는 것이다… 이 직유와 더불어 그릇은 스스로를 준비하는 것이 아니라 그것을 만드는 주인이 준비한다는 교리가 입증된다.[37]

루터가 볼 때 에라스무스와 같이 소위 조화로운 해석을 산출하기 위해 명확한 성경 본문을 비유적으로 해석하여 윤리적 교훈을 읽어내는 것은 부당한 방법이다.[38] 성경은 윤리적 교훈이 아니라 명확하고 단순한 진리

---

34 『노예의지에 관하여』, 323. LW 33: 180, WA 18: 712.
35 『노예의지에 관하여』, 307. LW 33: 166, WA 18: 703.
36 『노예의지에 관하여』, 344. LW 33: 198-199, WA 18: 724.
37 『노예의지에 관하여』, 350-351. LW 33: 204, WA 18: 728.
38 "당신은 그 누가 자신의 인생을 교정하려고 애를 쓸 것인가 하고 말한다. 나의 대답은 이렇다.

의 선포이기 때문이다.[39] 특별히 자유 선택의 문제는 이 구원의 진리와 관련해 핵심적이고 명확한 문제이므로 이 명확한 진리에 합치하는 방식으로 해석되어야 한다.[40] 그 명확한 진리는 죄인이 하나님의 율법의 기준 앞에서 자신의 죄를 깨닫고 참으로 겸손해져, 오직 구원의 은혜를 믿음으로써 양심의 자유와 성령의 위로를 얻을 수 있다는 구원의 진리이다.

3. Sola Fide: 인간에 대한 이해

3.1. 에라스무스의 제한적 타락 이해

에라스무스와 루터가 자유의지를 둘러싸고 벌인 논쟁은 기본적으로 인간론의 충돌이었다. 두 신학자가 서로 다른 성경 이해와 해석 방법을 취하게 된 것은 그들이 상이한 인간론을 전제했기 때문이었다. 에라스무스는 『자유의지에 관하여』에서 르네상스 인문주의자들의 일반적인 입장을 따라 긍정적인 인간론을 취한다. 그는 무엇보다 인간이 하나님의 형상으로 창조되었음을 강조한다. "그러나 이성이 없는 이러한 짐승

그 누구도 그렇게 하지 않으려고 하고 또 그렇게 할 수도 없다. 하나님께서는 성령은 받지 않는 당신의 교정자들에겐 아무 관심도 보이지 않으신다. 왜냐하면 그들은 위선자들이기 때문이다." 『노예의지에 관하여』, 192-193. LW 33: 60-61, WA.18: 632.

39   "첫째로 나는 성경으로 명확하다고 주장한다. 둘째로, 저 사람들이 자유 선택을 주장하는 한 성경은 연구하는 데 대부분 비전문가라고 주장하는 바다. 셋째로, 그들은 그들의 삶과 죽음을 통해서 이런 주장을 펴는 것이 아니라 오로지 그들의 학문으로만 그렇게 했을 뿐이며 그들의 재치는 허공을 헤매고 있다고 주장하는 바다." 『노예의지에 관하여』, 235. LW 33: 102, WA.18: 661.

40   Nestingen은 에라스무스와 루터의 성경해석법의 차이와 관련해 에라스무스가 교회의 권위를 중시했던 반면 루터는 기독론적인 관점 하에서 성경의 자체 증명을 추구했다고 분석한다. James A. Nestingen, "Biblical Clarity and Ambiguity in the Bondage of the Will," *Logia* 17/4 (1998): 29-33. 그러나 에라스무스는 『자유의지에 관하여』의 성경 본문 해석에서는 교회의 권위보다 자신의 해석적 원칙에 더 충실하다. 다른 한편 루터의 『노예의지에 관하여』에서 정교한 기독론적 관점이 해석에 있어 지배적이라고 보기 어렵고 때로는 아우구스티누스의 권위를 동원해 에라스무스의 해석을 비판하기도 한다. 따라서 해석법의 차이는 전통과 성경의 대립이라고 보기는 어렵다.

들로부터 논거를 펴는 것을 중지하도록 합시다. 우리의 논쟁은 하나님께서 자기의 형상대로 지으신 사람에 관한 것입니다. 하나님께서는 바로 이 사람을 위해 모든 것을 창조하셨습니다."[41] 물론 에라스무스 역시 죄로 인한 타락의 심각성에 대해 말한다. 그러나 타락의 결과는 전적인 부패가 아닌 "약화"이다. "이것이 죄에 의해 희미해졌지만 모두 완전히 사라졌다고는 생각하지 않습

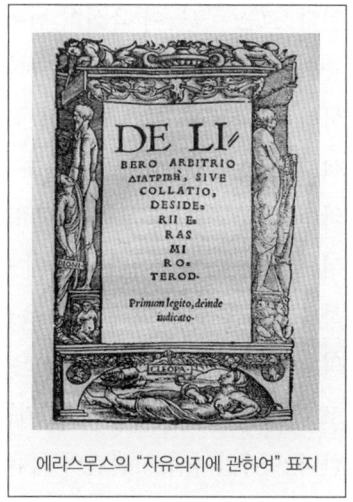

에라스무스의 "자유의지에 관하여" 표지

니다. 우리가 선택하거나 거부하는 의지는 자연스런 능력으로는 자신의 길을 수정할 수 없을 정도로 약화되었습니다."[42] 타락한 인간에게 남아 있는 이성과 마찬가지로 의지 역시 선을 행하는 데 있어 일정한 가능성을 가지고 있다.[43] 이와 같은 인간 이해에 따라 에라스무스는 루터가 타락의 결과에 대해 지나치게 비관적인 견해를 가지고 있다고 비판한다. "그들은 원죄를 지나치게 강조합니다. 이로써 그들은 심지어 인간 본성의 가장 뛰어난 능력조차 너무나 타락되어서, 하나님을 무시하거나 증오하는 것 이외에는 아무것도 할 수 없다고 주장합니다. 그리고 그들은 비록 믿음에 의해 의롭게 되더라도, 사람은 스스로는 죄를 짓는 것밖에는 할 수 없다고 단언합니다."[44]

타락에 대한 에라스무스의 온건한 이해는 그의 성경해석에서도 발견

---

41 『자유의지에 관하여』, 139, CWE.76: 83.
42 『자유의지에 관하여』, 85, CWE.76: 23.
43 "은총의 결핍되어 있는 사람에게 이성이 희미하나 완전히 소멸된 것이 아닌 것과 마찬가지로 그들 안에 또한 의지의 능력이 완전히 사라지지 않은 것 같습니다." 『자유의지에 관하여』, 86, CWE.76: 24.
44 『자유의지에 관하여』, 140, CWE.76: 83-84.

된다. 그는 "그들이 육신이 됨이라"라는 창세기 6:3을 해석하면서 이 본문의 "육신"은 "악으로 치우치는 피조된 약함"을 뜻한다고 말한다.[45] 이사야 40:6-8의 "풀은 마르고 꽃은 시드나 우리 하나님의 말씀은 영영히 서리라"에서 풀이라고 불리는 "육체" 역시 인간의 자연적인 연약함을 의미한다. "이것을 은총과 자유 선택이란 주제에 적용시키는 것은 나로서는 너무 인위적이란 생각이 듭니다. 히에로니무스는 이곳에서 '영'을 하나님의 분노로 이해하고 '육신'은 하나님 앞에서 아무것도 아닌 인간의 자연적인 연약함으로 '꽃'은 육신적인 일의 행복으로 태어난 영광으로 해석합니다."[46] 인간의 의지는 필연이 아닌 스스로의 동의로 죄를 범한다.[47] 마찬가지로 인간의 자유의지는 구원에 있어서도 자발적이다. 구원을 위한 성령의 사역은 필연적인 강제가 아니라 인간의 협력이 동반되어야 하는 일종의 도움일 뿐이다.

> 비록 인간의 욕망이 사탄이나 외부의 세력이나 혹은 때때로 사람 안에 있는 것에 의해 유혹을 받기는 하지만 우리가 간구하는 하나님의 도움으로 그것에 저항한다면 유혹 자체가 필연적으로 죄를 짓도록 하는 것은 아닙니다. 우리를 선함으로 이끄는 그리스도의 영이 단지 우리를 도울 뿐이지 우리에게 필연성을 가져다주지 않는 것과 마찬가지입니다.[48]

에라스무스는 구원에 대한 설명에서도 타락한 이후 약해진 인간의 의지가 은총의 깨우침과 성령의 도우심을 힘입어 참된 신앙을 향해 전진한다는 적극적인 이해를 제시한다. 인간의 적극적인 역할을 긍정하는

---

45 『자유의지에 관하여』, 117, CWE.76: 59.
46 『자유의지에 관하여』, 118, CWE.76: 60.
47 "비록 우리 안에 있는 죄로 향하는 성향 때문에 우리의 의지가 아마도 선보다는 악에 치우치더라도, 어떠한 사람도 그 자신의 동의 없이는 실제로 악을 행하도록 강요되지는 않습니다." 『자유의지에 관하여』, 119, CWE.76: 62.
48 『자유의지에 관하여』, 102, CWE.76: 43.

에라스무스의 구원론은 그의 성경해석에서도 나타난다. 그는 "그러므로 형제들아 더욱 힘써 너희 부르심과 택하심을 굳게 하라"는 베드로후서 1:5을 인용하면서 "그[베드로]는 우리의 하나님의 은총에 우리의 관심과 노력이 결합되어 덕의 단계를 거쳐 완전에 이르기를 원한다"라고 말한다.[49] 에라스무스는 하나님의 은혜와 인간의 적극적인 반응이 협력하여 성취되는 신자의 삶의 개선을 참다운 구원의 길이라고 주장했다.

3.2. 루터의 전적 타락 이해

에라스무스와 달리 루터는 그의 구원론에서 하나님의 절대적 은총을 강조한다. 앞서 살펴보았듯이 루터가 강조하는 "오직 믿음으로"(sola fide)의 원리는 "오직 은혜로"(sola gratia)의 원리를 전제하며 지향한다.[50] 같은 맥락에서 루터는 하나님께서 이루어 주시는 구원에 있어 인간은 전적으로 무지하며 무능하다는 부정적인 이해를 전개한다.

첫째, 타락한 인간의 이성은 전적으로 무지하다. 루터는 성경 전체가 구원에 있어 인간의 전적인 무지를 선언한다고 주장한다. "그러나 성경은 인간이 타락해서 포로가 되어있다는 사실, 게다가 인간은 교만하게도 독설을 내뱉으며 자신이 타락해 포로가 되어 있다는 사실을 모른다는 점을 분명히 한다."[51] 인간은 성령의 도우심 없이는 아무것도 스스로 파악할 수 없다. "바울의 이 말[고린도전서 2:10]은 만약 성령이 이런 일을 계시하지 않았다면 어느 누구의 정신도 그 일에 대해 알거나 파악하지 못함은 물론 그 일에 스스로 적용하거나 그것을 탐구할 수도 없다는 것을 의미한다."[52] 루터는 에라스무스의 낙관적 견해를 비판한다. 즉 구원

---

49 『자유의지에 관하여』, 103, CWE.76: 44.
50 "그리스도인의 자유," 98. WA.7: 22-23.
51 『노예의지에 관하여』, 257. LW.33: 122, WA.18: 674.
52 『노예의지에 관하여』, 239. LW.33: 105-106, WA.18: 663.

의 가능성과 관련해 인간의 자연적 깨달음이 가능하다고 보는 에라스무스의 견해는 신성에 속하는 지식을 인간 이성에 귀속시키는 것이며, 결국 성령과 은총의 자리를 빼앗는 오류이다.53

둘째, 타락한 인간의 의지도 전적으로 무능하다. 에라스무스가 말하는 중립적인 위치에 있는 인간의 의지는 존재하지 않는다. 루터는 중립적인 의지의 존재를 거절하면서 영과 육 사이의 이분법적 이해를 따른다. "바울의 구분은 우리의 가르침을 보증해 주기에 충분하다. 왜냐하면 바울은 율법의 행위자들로서 인간을 두 계층으로, 즉 성령을 따라 행하는 자들과 육을 따라 행하는 자들로 구분해 놓고 그 사이에 아무것도 남겨놓지 않기 때문이다."54 이와 같은 이분법에 의하면 타락 후 선을 행할 자유를 상실한 인간에게 자유의지가 있다고 말하는 것은 공허한 글귀에 불과하다. "이 경우 자유 선택은 그 실체를 완전히 상실해 버린다. 내가 사용하는 문법에 따르면 상실된 자유는 전혀 자유가 아니며 자유를 지니지 않는 어떤 것에 자유의 이름을 부여하는 것은 공허한 글귀를 채용하는 것에 불과하다."55

루터가 인간의 가능성을 강하게 부정하는 것은 하나님의 구원 은혜

---

53 『노예의지에 관하여』, 241. LW 33: 107, WA 18: 664. "왜냐하면 이것은 당신이 성령과 그의 모든 능력을 전적으로 불필요한 여분의 것으로 배척하고 있음을 의미하기 때문이다." 243. LW 33: 109, WA 18: 665. Gerrish는 루터가 이성을 세 가지 종류로 구별해 이해하고 있다고 분석한다. 첫째는 자연적 이성(Natural Reason)으로서 지상의 왕국에 관여하는 보편적 이성이다. 둘째는 이기적 이성(Arrogant Reason)으로서 믿음의 영역을 침해하는 타락한 인간의 이성이다. 셋째는 중생한 이성(Regenerate Reason)으로서 믿음의 요구에 순응하는 겸손한 신자의 이성이다. 루터는 에라스무스의 인간 이성 이해가 두 번째 종류를 대표하는 사례라고 비판했다. B. A. Gerrish, *Grace and Reason: A Study in the Theology of Luther* (Oxford: Oxford University Press, 1962), 26.
54 『노예의지에 관하여』, 414, LW 33: 260, WA 18: 764. 루터에게 인간 안에 존재하는 영과 육의 이분법은 하나님과 사탄 사이의 이분법과 연속된다. "왜냐하면 하나님이 우리 안에 거하시면 사탄은 거할 틈이 없고 오로지 선한 의지만이 우리 안에 존재할 것이기 때문이다. 만약 하나님이 우리 안에 계시지 않으면 사탄이 거하며 그 때에는 오로지 악한 의지만이 우리 안에 거할 것이다. 하나님이나 사탄은 우리 가운데 순전히 무조건적인 의지를 허락하지 않는다." 『노예의지에 관하여』, 250. LW 33: 115, WA 18: 670.
55 『노예의지에 관하여』, 251. LW 33: 116, WA 18: 670.

를 강조하기 위함이다. 그는 율법과 복음을 모두 포함해 성경 전체가 타락한 인간에게 자유 선택의 가능성이 없음을 가르친다고 주장한다.[56] 성경은 오직 "은총의 약속을 통해 죄인을 다시 불러 회복시키려는 하나님의 열망"을 핵심 주제로 삼기 때문이다. 하나님의 절대적 은총에 대한 성경의 강조는 결국 "자유 선택 그 자체는 끊임없이 악화될 수밖에 없어서 마침내 지옥으로 떨어진다는 사실에 대한 강력하고도 신뢰할만한 충분한 근거"이다.[57] 성경 전체가 인간의 상태와 관련해 일관되게 강조하는 것은 예수 그리스도의 십자가에서 성취된 대속의 은총이다. "우리는 성육신 하신 하나님 즉 바울이 말한 것처럼 지혜와 지식의 모든 보화가 감추어져 있는 십자가에 달리신 예수에게 집중해야 한다. 왜냐하면 십자가에 달리신 예수를 통해 알아야 할 것과 알아서는 안 되는 것이 풍부하게 드러나기 때문이다."[58] 루터는 요한복음 1:12을 인용하면서 자신이 강조하려 했던 핵심 진리가 무엇인지 다음과 같이 선언한다.

> 그리스도께서 복음을 통해 세상에 오심으로써 은총이 제공되었고 업적이 요구되지 않았으며 모든 사람들에게 그들이 기꺼이 믿고자 한다면 정말 영광스러운 기회, 즉 하나님의 자녀가 되는 기회가 주어졌다는 사실이다. 그러나 이런 의지, 곧 그의 이름을 믿는 일은 자유 선택 이전에 알았거나 결코 생각해 본 적이 없는 어떤 것일 뿐만 아니라 스스로 힘으로는 전혀 행할 수 없는 일이다.[59]

---

56 "따라서 당신은 자유 선택에 반대되는 율법의 모든 말씀뿐만 아니라 약속의 모든 말씀도 자유 선택을 전적으로 반박하고 있다는 것, 즉 성경 전체는 자유 선택을 반대하는 입장에 서 있다는 것을 알 수 있다. 276. LW 33: 138, WA 18: 684.

57 『노예의지에 관하여』, 276. LW 33: 138, WA 18: 684.

58 『노예의지에 관하여』, 285. LW 33: 145-146, "Occupet vero sese cum Deo incarnato seu (ut Paulus loquitur) cum Ihesu crucifix, in quo sunt omnes thesauri sapientiae et scientiae, sed absconditi: per hunc as enim abunde habet, quid scire et non scire debeat." WA 18: 689.

59 "우리의 이해는 어리석지 않고 성경의 모든 논조와 보조를 같이하고 있고 따라서 매우 건전한 것인 반면 당신네 의견은 전반적으로 성경과 불일치하며 성경과 모순되는 이 한 구절에만 의존하고 있다." 『노예의지에 관하여』, 299. LW 33: 158, WA 18: 697-698.

루터는 전적 타락을 강조하는 인간론의 입장에서 에라스무스의 성경 해석법을 비판한다.[60] 특히 성경의 가정법을 그대로 직설법으로 해석하는 에라스무스의 해석은 타락한 이성의 맹목이 작용한 무지의 결과이다. 루터는 에라스무스가 자신의 긍정적 인간론을 위해 근거로 삼은 신명기의 여러 율법 조항들을 구체적으로 해석한다. 그리고 율법의 조건문들을 인간 의지의 자유 선택의 가능성으로 보는 에라스무스의 해석을 세 가지 점에서 공격한다. 첫째, 이와 같은 해석은 미래 직설법을 자주 명령형으로 사용하는 히브리인들의 문법에 무지한 결과이다. 또 명령법은 당위를 제시하는 것이지 사실을 기술하는 것이 아니라는 상식과도 맞지 않다.[61] 둘째, 에라스무스의 해석은 율법에 대한 무지에서 비롯한다. "당신의 '강론'은 이 구절에서 율법의 표현과 복음의 표현을 전혀 구분하지 못하고 있다. 왜냐하면 '강론'은 너무 눈이 멀고 무지하여 율법과 복음이 무엇인지를 알지 못하기 때문이다."[62] 구원과 관련해 율법은 하나님의 절대적 기준으로서 다만 인간의 모든 죄를 드러내고 전적 무능을 폭로할 뿐이다.[63] 셋째, 무엇보다도 에라스무스가 율법의 명령으로부터 인간의 가능성을 주장하는 것은 그리스도의 대속 사역과 성령의 역사를 축소하거나 무력하게 만든다. "만일 자유 선택이 악을 향한 마음의 동요들을 극복할 수 있다면 하나님이나 그리스도나 성령이 무슨 필요가 있는가?"[64] 에라스무스의 율법 이해에 대한 루터의 비판은 율법과 복음을 날카롭게 구별했던 루터의 구원론과 그 맥락을 같이한다.

---

60 『노예의지에 관하여』, 254-255. LW 33: 119, WA 18: 672.
61 『노예의지에 관하여』, 262. LW 33: 125-126, WA 18: 676-677. "'강론'이 인용하는 가정법 표현은 우리에게 우리의 무능력과 죄를 의식하고 깨달을 수 있도록 하기 위해 우리가 행하거나 할 수 있는 것이 아니라 우리가 당연히 해야 하고 또 우리에게 요구된 바를 시사한다." 『노예의지에 관하여』, 283. LW 33: 144, WA 18: 688.
62 『노예의지에 관하여』, 269. LW 33: 132, WA 18: 680.
63 Hambrick-Stowe는 루터가 취하는 율법과 복음 사이, 그리고 영과 육의 사이의 이분법적인 구분은 궁극적으로 그의 종교개혁적 인간론의 결과라고 잘 지적한다. Hambrick-Stowe, "Where is the Middle Way?," 56-57.
64 『노예의지에 관하여』, 261. LW 33: 125, WA 18: 676.

루터는 에라스무스의 인간 이해가 추구하는 윤리적 개선 가능성도 비판한다. "그들은 또한 성령 안에서 거듭남과 새롭게 됨을 평가 절하하여 이를 순전히 외적인 강화로 간주하는 데 이런 외적인 강화 그 자체는 결코 의지와 동일시 될 수 없다."[65] 위에서 살펴 보았듯이 에라스무스는 외적인 강화와 덕의 고양을 지향하는 긍정적 인간론을 전개했다. 그러나 루터가 볼 때 이와 같

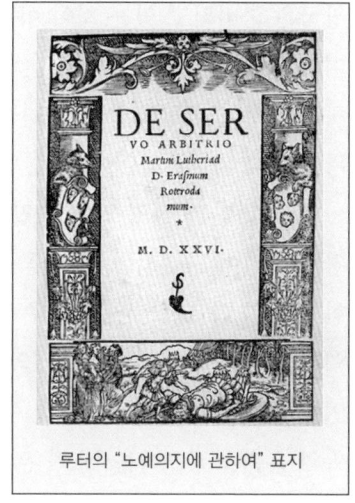
루터의 "노예의지에 관하여" 표지

은 인간론은 전적인 타락과 은혜의 절대성을 가르치는 성경의 진리에 부합하지 않는다. 루터는 창세기 6:3에 대한 에라스무스의 해석을 반박하면서 성경 본문이 인간들을 "육체"라고 지칭한 것은 타락 후 인간의 전적인 무지와 무능을 가리키는 것이라고 주장한다. "그러므로 하나님 자신의 증언을 토대로 볼 때 인간은 육이요 육적인 일 외에는 아무런 일도 할 수 없는 성향을 지닌 존재이기 때문에 자유 선택이란 단지 죄를 짓는 일 이외에 그 어느 것을 위해서도 소용이 없다는 결과에 이른다."[66]

루터는 에라스무스가 베드로후서 1:5을 들어 주장하는 인간의 공적에 대해서도 비판한다. 그가 보기에 이 성경 본문은 "하나님 왕국의 부요함에 대해 설교"하는 것이지 "자유 선택이 지니고 있는 덕"에 대해 교훈하는 것이 아니다.[67] 하나님 왕국은 인간이 자유롭고 가능한 의지의 선택을 통해 공적을 쌓아 얻을 수 있는 보상이 아니기 때문이다. "하나님의

---

65 『노예의지에 관하여』, 244. LW 33: 110, WA 18: 666.
66 이 해석은 이사야서 40장의 "풀"과 "꽃"에 대해서도 동일하게 적용된다. 『노예의지에 관하여』, 362. LW 33: 214, WA 18: 735.
67 『노예의지에 관하여』, 299. LW 33: 158, WA 18: 698.

왕국은 준비되고 있는 것이 아니라 준비되어 있으며 그 나라의 자녀들이 왕국을 준비하는 것이 아니라 그 나라의 자녀들이 준비되고 있다. 말하자면 하나님 왕국은 그 자녀들이 그 왕국을 소유하는 것이 아니라 그 왕국이 그 자녀들을 소유한다."[68]

루터가 볼 때 성경 전체가 말하는 구원의 본질은 덕행의 실천을 통해 참된 신앙이 고취되어 삶과 공동체가 변화되는 것이 아니다. 구원에 대한 성경의 가르침은 완전히 무력한 죄인을 구원하시는 하나님의 구원의 역사의 진리이다.[69] 루터는 그의 인간론과 구원론에서 완전히 무능한 죄인에게 값없이 구원의 은혜를 주시는 하나님의 주권적이며 절대적인 대속의 은총을 강조하는 "오직 은혜로"에 집중한다.

4. Vera Religio: 참된 종교 개념

4.1. 에라스무스의 기독교 종교 개념

스핀카(Matthew Spinka)는 에라스무스가 공동생활형제단의 영향을 받아 "교리적이지도 않고 의식적이지도 않으면서 내면의 윤리적 경건"을 목표로 삼는 기독교 종교를 추구했고 이를 위해 당시의 미신과 대중 종교의 이교도적 성격을 강하게 비판하고 개선하려 했다고 분석한다. 그리고 에라스무스가 당시 기독교 신앙의 개선을 위해 취한 전제는 "초대교회로의 회귀"를 통해 기독교의 전통적 종교와 인문주의의 문화를 긴

---

68 『노예의지에 관하여』, 293. LW 33: 153, WA 18: 694.
69 Hambrick-Stowe는 두 신학자의 연속성을 강조하면서도 인간론에 있어서는 에라스무스가 구원을 전적으로 파괴된 무엇이 아닌 상실된 인간의 어떤 요소를 회복하는 것으로 이해한 반면 루터는 구원을 완전한 새로운 재탄생으로 이해했고 이 부분에서 루터가 에라스무스의 중용적 인간론과 다른 중세 인간 이해의 급진적 재해석을 제시했다고 평가했다. Hambrick-Stowe, "Where is the Middle Way?," 54-56.

밀하게 연결시켜 조화를 이루는 "그리스도 철학"(Philosophia Christi)이었다고 말한다.[70] 에라스무스는 그가 일찍이 저술한 『엔키리디온』에서 신학을 "거룩한 주제들을 말하는 기술과 연결된 경건"이라고 정의한 바 있다.[71]

에라스무스는 『자유의지에 관하여』을 발표하기 직전 발간한 교부 힐라리우스의 작품 편집 서문으로 1523년 1월 대공작 페르디난드에게 편지를 작성했다. 그는 이 편지에서 "경건"과 "종교"를 동의어로 사용하면서 "우리 종교의 요체와 본질은 평화와 일치"라고 말했다. 또 이 종교는 "되도록 최소한의 주제들을 규정하고 많은 질문들에 대해서는 각 개인들의 판단을 허용하지 않으면 유지될 수 없다"라고 말했다.[72] 이와 같은 언급들을 살펴볼 때, 에라스무스가 생각했던 기독교 종교(religio)는 인간의 내면에 선행의 동기를 격려함으로써 이루어내는 신앙의 내면적이고 도덕적 진보라고 말할 수 있다.[73] 에라스무스는 문자적 성경해석이나 치밀한 신학적 정교함보다는 일치와 평화를 위한 포용적 태도를 통해 기독교 종교의 개선을 추진했다.

에라스무스의 『노예의지에 관하여』는 그 서두에서부터 기독교 경건과 종교를 대하는 그의 기본적인 태도를 분명히 말해준다. "나는 탐구자이지 교리주의자가 아닙니다 … 그러나 나는 거리의 일반 사람들에게 이러한 종류의 토론에서 참된 신앙을 진보시키기보다는 기독교적 화합을 해치기 쉬운 논쟁을 강요하지 않는 것이 좋다는 점을 이해시키고자

---

70   Spinka, "Desiderius Erasmus," 282.
71   "Enchridition," CWE 66: 11.
72   CWE 9: Ep. 1334, lines 232-234.
73   Hilmar M. Pabel, "The Peaceful People of Christ," in *Erasmus' Vision of the Church*, 84-85. "경건은 … 하나님에 대한 사랑과 우리 이웃에 대한 사랑을 포함한 마음 혹은 성향의 상태이다." *Adversus febricitantis cuiusdam libellum responsio*, LB 10: 1675B. Erika Rummel, "Monachatus non est pietas: Interpretation and Misinterpretations of a Dictum," in *Erasmus' Vision of the Church*, ed. Hilmar M. Rabel (Kirksville: Sixteenth Century Journal Publishers, 1995), 41.

합니다."⁷⁴ 에라스무스의 전형적인 평화주의는 일반적으로 "기독교 회의주의"(Christian Skepticism)라고도 불린다. 에라스무스는 인문주의적 회의주의 위에서 여러 신학적 주제들과 관련된 성경 본문들은 근본적으로 모호하다고 여겼다. 따라서 논쟁적인 교리들과 관련해서는 교회의 권위를 수용하는 것이 더 바람직하다고 말했다.⁷⁵ 그의 성경해석에 있어서 중요한 것은 교리적 선명함이 아니라 윤리적 교훈의 발견이었다. 한 예로 에라스무스는 바울 서신을 교리적 진술보다는 선행의 독려로 보아야 한다고 주장했다. "현명한 하나님의 말씀의 선포자였던 바울은 순결한 마음을 가지고 율법의 문자보다는 이웃에게 유익한 것을 더 따르고자 했습니다."⁷⁶ 루터는 자유의지의 능력을 거절하기 위해 요한복음 15:5의 "나를 떠나서는 너희가 아무것도 할 수 없음이라"라는 본문을 결정적인 근거로 제시했다. 에라스무스는 이 본문에 대해서도 이 말씀이 선한 삶의 진보를 가르치는 교훈일 뿐이라고 주장한다. "첫째로 보통의 어법에서 아무것도 할 수 없는 사람은 어떤 사람이 어떤 진보를 이룸에 반해 그 자신이 목적하는 바를 달성하지 못한 사람을 말합니다. 이런 의미에서 그리스도 없이 우리가 아무것도 할 수 없다는 것은 사실입니다."⁷⁷

에라스무스는 도덕적 개선에 대한 관심을 가지고 무엇보다도 인간이 이루어낼 수 있는 믿음과 사랑의 상호 관계를 강조한다.

> 나는 특별히 모든 것을 모든 것의 기초이자 목적으로서의 믿음에 관계시키는 사람들과 논쟁하기를 원치 않습니다. 나에게는 믿음은 사랑에서 태어나고, 사랑은 역으로 믿음에서 태어나는 것처럼 보입니다. 기름이 등불의 불을 키우듯이 분명히 사랑은 믿음을 키웁니다. 우리가 그를

---

74 『자유의지에 관하여』, 73, CWE.76: 8.
75 Rummel, "The Theology of Erasmus," 31-32.
76 『자유의지에 관하여』, 77, CWE.76: 13.
77 『자유의지에 관하여』, 121, CWE.76: 64.

더욱 뜨겁게 사랑하면 우리는 더욱 자유롭게 그를 믿습니다. 믿음을 완성이 아니라 구원의 시작으로 생각하는 사람들이 부족합니다.[78]

네덜란드 데벤테르에 있는 에라스무스 학교의 창문. 공동생활 형제단의 구호를 써 놓았다. "우리는 학교가 아니라 삶을 위해서 배운다."

에라스무스는 윤리적 개선을 강조하다가 반펠라기우스적인 신인협력 구원론을 긍정하기에 이른다. "자유 선택의 공헌은 아주 미미하며, 이것 자체도 하나님의 선물의 부분이어서 우리는 우리의 영혼의 구원과 관계된 것들로 돌릴 수 있거나 은총과 함께 일할(synergein) 수 있습니다."[79] 에라스무스가 자유의지와 관련한 성경 본문을 해석하면서 이런 입장을 취한 것은 그가 도덕적 개선을 기독교 종교와 신앙의 핵심 과제라고 여겼음을 증명한다. "영혼을 흔드는 첫 번째 자극은 전적으로 하나님의 은총에 속하지만 실행 과정에서 그 자체가 하나님의 은총으로부터 분리되지 않는 인간의 선택의 여지를 허용하는 견해가 나에게는 설득력이 있

---

78 『자유의지에 관하여』, 134, CWE.76: 78.
79 『자유의지에 관하여』, 135, CWE.76: 78.

는 것 같습니다."⁸⁰

에라스무스는 모든 일에는 "시작, 진보, 종말"의 세 단계가 있다고 말한다. 첫 단계인 시작과 마지막 단계인 종말은 은총의 영역이다. 그러나 두 번째 단계인 진보는 일차적 원인인 하나님의 은총이 이차적 원인인 인간의 의지와 함께 일하는 방식으로 진행된다. 진보의 과정에서 중요한 것은 도덕적 덕목의 성취이다.

에라스무스는 기독교 신앙의 개선을 위해서는 교리적 쟁점에 대한 지나친 논쟁보다는 "중용적 온건함"이 유익하다고 말한다. "그러나 진리를 위해 논쟁할 때 자명한 원리가 제기되어야 하는 곳에 이러한 모순들이 사용되는 것을 생각할 수 없습니다. 왜냐하면 그들은 거의 수수께끼이기 때문입니다. 따라서 이 문제에서 어쨌든 나를 기쁘게 하는 것은 중용적인 온건한 태도입니다."⁸¹ 그리고 그가 주장하는 중용적인 온건함의 목표는 하나님의 은총을 강조함으로써 인간의 교만을 억제하는 덕성의 함양이다. "나는 자유 선택에 많은 것을 귀속시키지만, 은총에 최상의 것을 귀속시키는 사람들의 의견을 더 좋아합니다." 그가 이와 같이 말한 이유는 하나님의 구원의 은총이 성경이 명확히 선포하는 절대적인 진리이기 때문이 아니다.⁸² 은총에 대한 강조는 자유의지의 가능성에 대한 옹호와 마찬가지로 교만을 억제하고 선한 행위를 고취하는데 유익한 만큼만 필요하다. "당신은 오만한 스킬라를 피하면서 절망이나 나태의 카리브디스에서 난파될 필요가 없습니다… 이러한 중용적인 태도의 결과는 불완전하기는 하지만 어떤 것도 자신의 것인 양 교만을 떨 수가 없는 선한 행위의 성취입니다."⁸³ 그가 이토록 강조하는 중용은 덕행의 실천을 통한 도덕적 개선 성취에 도움이 되는 성경해석과 긍정적 인간 이해를 포함한다.

---

80 『자유의지에 관하여』, 135-136, CWE.76: 78.
81 『자유의지에 관하여』, 142, CWE.76: 86.
82 『자유의지에 관하여』, 143, CWE.76: 87.
83 『자유의지에 관하여』, 143, CWE.76: 87.

왜 당신은 자유 선택에 모든 것이 주어졌다고 말하고자 합니까? 그것은 하나님의 은총을 자발적으로 거부한 악인에게 모든 책임을 정당하게 묻기 위함이며, 잔인함과 불의라는 비난을 하나님에게서 배제시키기 위함이며, 우리에게서 절망과 자기만족을 제거하여 선한 노력을 촉진시키기 위함입니다. 이러한 이유 때문에 거의 모든 사람들이 자유 선택을 인정합니다.[84]

에라스무스의 『자유의지에 관하여』는 도덕적 개선으로서의 종교개혁에 대한 자신의 이해와 그에 따른 논의의 태도를 다시 언급하는 것으로 마무리된다. "나는 온 마음으로 참된 복음적인 자유를 좋아하며 복음에 반대되는 어떤 것도 혐오합니다. 또한 나는 이미 말한 대로 여기에서 심판자로서 행동하지 않고, 논쟁자로서의 역할을 수행할 뿐입니다."[85] 여기에서 에라스무스가 말하는 "복음적 자유"는 루터가 말하는 그리스도인의 자유가 아니다. 이 자유는 성령의 도우심과 그리스도의 모범을 따라 스스로 자신의 덕성을 함양함으로써 진정한 신앙의 진보를 이룩할 수 있는 인간 자신의 능동적 가능성이다.

4.2. 루터의 기독교 종교 개념

루터에게 성경 전체가 가르치는 진리는 하나님의 은총을 앞에서 자신의 무익함을 깨닫게 하며 이로써 구원의 은혜에 합당한 겸손한 삶을 살게 하는 구원의 복음이다.[86] 구원의 복음을 순수하고 진실하게 인정하고 믿는 것, 이것이 루터가 회복하기 원했던 기독교의 "종교"이며 참된 "경건"이었다. 따라서 루터에게 자유의지와 관련한 성경해석 논쟁은 수사

---

84 『자유의지에 관하여』, 143, CWE 76: 87.
85 『자유의지에 관하여』, 144, CWE 76: 88.
86 『노예의지에 관하여』, 194, LW 33: 62, WA 18: 633.

와 비유의 문제가 아닌 교리와 진리의 문제였다. "그러나 우리가 이 토론에서 관심하는 것은 교리이지 문법적인 비유가 아니다."[87] 루터가 자유 선택을 전적으로 부인한 것은 하나님의 절대적인 은총을 기독교 신앙과 종교의 핵심 진리로 여겼기 때문이다.

> 은총이 선포되었다. 그러므로 자유 선택은 파괴되었다. 은총의 도움은 강조된다. 그러므로 자유 선택은 파괴된다… 그러므로 은총이 강조되고 은총의 도움이 선포될 때 자유 선택의 무능력도 동시에 선포되는 것이다. 이것이 바로 건전한 결론이고 타당한 추론이며 지옥의 문이라 할지라도 거기에 대항해 억누르지 못할 것이다.[88]

기독교 종교의 개혁을 위해 회복해야 할 성경의 진리는 다름 아닌 그리스도의 대속의 은혜였다.[89] 루터가 보기에 에라스무스의 오류는 근본적으로 기독교 신앙의 핵심인 그리스도에 대한 무지에서 비롯했다. "그러므로 여기서 무지는 단순한 무지가 아니며 그리스도에 대한 지식의 무지, 즉 구원과 관련한 것들에 대한 지식의 무지이다."[90] 결국 타락한 인간 이성의 가능성을 긍정하면서 성경을 해석한 에라스무스의 무지는 성경 전체가 명확하게 선포하는 그리스도의 진리를 부인하고 있다. "당신이 자유 선택론을 주장하는 한 당신은 그리스도를 무효화시키고 성경 전체를 파멸시킨 것이다. 뿐만 아니라 비록 축자적으로 그리스도를 고

---

87 『노예의지에 관하여』, 203, LW 33: 71, WA 18: 639.
88 『노예의지에 관하여』, 396, LW 33: 244-245, WA 18: 755.
89 "요약하면 이렇다. 그리스도가 자신의 보혈을 통해 인간을 구속했다는 사실을 믿는다면 우리는 모든 사람이 타락했다는 사실을 고백해야 한다. 그리스도가 그렇지 않았다면 우리는 그리스도를 필요로 하지 않은 사람으로 혹은 단지 인간의 저급한 부분들만을 구원하신 분으로 만들어 버린 셈이 된다." 『노예의지에 관하여』, 451, LW 33: 293-294, WA 18: 786.
90 『노예의지에 관하여』, 437-438. LW 33: 281. WA 18: 779. "그 결과 불경한 궤변론자들과 '강론'은 공히 펠라기우스주의자들이나 어떤 이교도들이 그리스도를 부인하는 것보다 더 심하게 우리를 자신의 보혈의 공로로 사신 그리스도를 부인한다." 『노예의지에 관하여』, 436, LW 33: 280, WA 18: 778.

백하는 모습을 보여준다고 해도 본질상 그리고 당신의 심중에서는 그리스도를 부인하고 있다."⁹¹

루터에게 있어 종교개혁의 기본 조건은 성경의 명확한 진리를 있는 그대로 믿음으로 수용함으로써 신자의 양심이 진정한 자유를 얻는 것이었다. 루터가 보기에 에라스무스의 비유적 성경해석은 도덕적 교훈을 얻는 데 유익할지 몰라도, 확고한 구원의 진리를 깨닫고

바르트부르크 성. 루터는 생명의 위협 속에서 이 성에 머무르는 동안 신약성경을 독일어로 번역했다.

양심의 자유를 확보하는 데는 전적으로 무익하다. "그러나 심각한 문제에 직면해 있고 양심으로 회복하기 위해 가장 확고한 진리를 추구하는 우리는 이와는 매우 다르게 행동해야 한다."⁹² 루터는 에라스무스의 인문주의적 회의주의를 강하게 비판한다. 양심의 자유는 성경의 확실성을 인정할 때만 가능하기 때문이다. "성경의 확실성에 대해 조금도 개의치 않는 당신에게는 그와 같은 멋대로의 해석이 편리할 것이라는 생각이 든다. 그러나 양심을 지키려고 애쓰는 우리에게는 그처럼 편리한 해석만큼 부절적하고 유해하며 해로운 것은 없다."⁹³

---

91 『노예의지에 관하여』, 439, LW.33: 282, WA.18: 779. 에라스무스 역시 그리스도에 대한 집중을 강조한다. 그러나 에라스무스에게 그리스도는 내면적 깨달음과 도덕적 개선을 위해 본받아야 할 가장 중요한 모본으로서 강조된다.

92 『노예의지에 관하여』, 305, LW.33: 164, "Nobis autem, quibus res agitur seria et qui certissimam veritatem pro stabiliendis couscientiis quaerimus, longe liter agendum est." WA.18: 702.

93 『노예의지에 관하여』, 386, LW.33: 236, WA.18: 749.

루터는 1520년 발표한 『그리스도인의 자유』에서 진정한 양심의 자유를 주시는 하나님의 말씀이 무엇인지 다음과 같이 정의했다. "하나님의 말씀이란 육이 되셔서 고난을 받으시고 죽음에서 부활하셨으며 거룩하게 하시는 성령을 통하여 영광을 받으신 그의 아들에 관한 하나님의 복음이다. 그리스도를 전하는 것은 그 설교를 믿는 영혼을 먹이고 의롭게 하며 자유롭게 하고 구원하는 것을 의미한다."[94] 성경해석에서 지켜져야 할 근본 원칙은 하나님의 말씀이 진정한 구원의 자유를 주신다는 사실이다. "더욱 나는 하나님의 말씀의 해석에 있어서 아무런 고정된 법칙들을 인정하지 않습니다. 이는 모든 다른 문제들에 있어서 자유를 가르치는 하나님의 말씀이 속박되어서는 안 되기 때문입니다."[95] 따라서 루터에게 경건한 기독교 신학은 "영혼의 구원을 위해 순수하고 거짓 없는 진리를 추구하는 신학"이다.[96] 참된 신앙은 이성의 한계와 대비된다. 참된 신앙은 이해할 수 없는 하나님의 선하심에 대한 전적인 신뢰를 그 기초로 삼는다.

> 그것은 이성의 이해력을 훨씬 넘어서는 것들이며 이성 스스로는 하나님의 방식으로 역사하신다고 해도 그분이 선하다는 사실을 믿을 수가 없다… 그러나 신앙과 성령은 이성과는 다르게 판단한다. 왜냐하면 신앙과 성령은 하나님이 모든 사람을 지옥으로 보낼지라도 선하시다는 사실을 믿기 때문이다.[97]

루터는 에라스무스의 "종교" 이해에 근본적인 문제가 있다고 비판한

---

[94] LW 31: 346, WA.7: 51.
[95] LW 31: 341, WA.7: 47.
[96] 『노예의지에 관하여』, 339, LW 33: 194, "Ista vafricia et versutia in caussis prophanis tolerari valcat, in re theologica, ubi simplex et aperta veritas quaeritur pro salute animarum, odio dignissima et intolerabilis est." WA.18: 721.
[97] 『노예의지에 관하여』, 316, LW 33: 174, WA.18: 708.

다. "왜냐하면 '강론'의 유일한 관심사는 하나님의 성경이 도무지 애매모호하여 그것을 사용하기에 부담이 너무 큰 반면 교부들의 권위는 남용해도 좋으리만큼 분명하다는 것에 있기 때문이다. 하나님의 말씀은 소용이 없고 인간의 말은 유용하다니 정말 놀라운 종교다."[98] 내면적이며 도덕적 개선을 위해 평화를 지향하는 에라스무스의 태도는 결국 기독교 종교의 핵심을 무시한다. "당신은 항상 세상은 그와 같은 소란에 빠져서는 안 된다고 강조한다. 그러므로 당신은 외적인 평화와 안녕이 신앙, 양심, 구원, 하나님의 말씀, 그리스도의 영광, 하나님 자신보다도 훨씬 더 중요하다고 생각하고 있음을 분명히 보여준다."[99] 에라스무스는 화평과 안정을 추구하면서 성경의 명확한 진리인 속죄의 자유를 간과하기 때문이다.[100]

에라스무스와 달리 루터는 기독교 신앙의 진리를 회복하기 위해서라면 어떤 격렬한 투쟁도 마다하지 않았다. "이 논쟁에서 내가 직면하는 것은 내게는 심각하고 필연적이며 실로 영원히 중차대한 종류이기에 비록 전 세계가 분쟁과 혼란 속에 빠질 뿐 아니라 실제로 완전히 혼돈과 무의 상태로 전락할지라도 나는 이것을 죽기까지 변호하고 주장하겠다."[101] 이상의 내용을 정리하면 루터가 생각한 기독교의 참된 "종교"는 하나님의 은혜를 깨닫고 자유롭게 된 신자의 진정한 순종과 감사였다. 그기 추구했던 종교개혁은 구원의 진리를 명확하게 선포함으로써, 예수 그리스도의 대속의 은혜로만 가능한 신자의 양심의 자유를 확신함으로써 이루어지는 진정한 기독교 신앙의 회복이었다.

---

98 『노예의지에 관하여』, 385, LW 33: 235, WA 18: 748.
99 『노예의지에 관하여』, 181, LW 33: 50, WA 18: 625.
100 "인간의 법령들은 하나님의 말씀과 함께 준수될 수 없다. 왜냐하면 하나님의 말씀은 양심을 자유롭게 하는 반면 인간의 법령들은 그것을 구속하기 때문이다… 왜냐하면 교황의 왕국은 복음이 자유롭게 되었다고 주장하는 양심을 유혹하고 구속함으로써만 유지되기 때문이다." 『노예의지에 관하여』, 189, LW 33: 58, WA 18: 630.
101 『노예의지에 관하여』, 182, LW 33: 50, WA 18: 625.

5. 인문주의자들의 개선, 그리고 종교개혁자들의 개혁

1525년 자유의지를 둘러싼 논쟁 이후 에라스무스와 루터 두 사람의 우호적인 관계는 이전과 같을 수 없었다. 에라스무스는 1526년 루터에게 보낸 편지에서 루터가 『노예의지에 관하여』에서 자신을 비판한 태도에 대해 심각한 유감을 표시했다. 그는 루터의 『노예의지에 관하여』를 반박하기 위해 두 권의 재반박서인 『방어들』(*Hyperapistes*)을 1526년 발표했다. 이 저술들을 읽은 후 루터는 1527년 요나스(Justus Jonas, 1493-1555)에게 보낸 편지에서 에라스무스를 치명적 독을 가진 독사라고 묘사했다. 또 같은 해 쓴 다른 편지에서는 에라스무스를 배신자 가룟 유다에 비교하기까지 했다.[102]

자유의지를 둘러싼 두 사람의 논쟁이 빚어낸 인문주의와 종교개혁 사이의 불편한 관계에 대해서는 여러 관점에서 다양하게 평가할 수 있을 것이다. 그러나 이 논쟁의 내용과 그 귀결이 가지고 있는 역사적, 신학적 의의 한 가지는 분명하다. 그것은 에라스무스와 루터가 자유의지의 문제와 관련한 논쟁에서 보여준 서로 다른 성경해석과 인간론이 그들이 이해한 기독교의 "종교" 혹은 "경건"에 대한 상이한 이해를 분명히 드러냈다는 점이다. 기독교 신앙의 윤리적 개선을 추구했던 에라스무스와 달리 루터는 구원 진리의 재확인을 통한 종교개혁을 추구했다. 두 신학자는 당시 로마 가톨릭이 만들어 놓은 신앙 체계와 행태들을 비판하고 성경을 최고의 권위로 삼고 개혁의 대안을 모색했다는 점에서 입장을 같이 했다. 그리고 성경의 핵심 주제를 예수 그리스도로 생각했다는 점에서도 크게 다르지 않았다.

그러나 에라스무스와 루터가 각각 개혁의 목적으로 삼았던 기독교 종교의 핵심에 대한 이해는 서로 달랐다. 에라스무스는 "그리스도 철학"

---

102 Cortright, "Luther and Erasmus," 11-12.

의 이상을 따라 내면적 갱신과 덕행의 실천을 통한 기독교의 "개선"을 원했다.[103] 이런 기독교 종교의 개선은 인간의 가능성에 대한 긍정을 바탕으로 공동체 전체의 조화 가운데 이루어지는 영적 변화였다. 에라스무스는 1515년 『엔키리디온』에서 이미 적극적 인간론에 따른 기독교 신앙의 개선을 주장했다.

> 만일 당신의 능력을 신중하게 달아본다면 당신의 육체를 당신의 영혼에 굴복시키는 것이 얼마나 어려운 일인지 동의할 것이다. 그러나 만일 당신이 조력자이신 하나님에 대한 생각으로 충만하다면 이보다 더 쉬운 일도 없을 것이다. 이 확고한 목적을 가지고 완벽한 삶의 계획을 세우라 … 기독교의 가장 중요한 점은 전심으로 그리스도인이 되기를 소원하는 데 있다.[104]

에라스무스가 성경의 모호성을 말하며 윤리적인 교훈을 읽어내는 해석을 선호한 것은 이와 같은 종교개혁의 이해의 결과였다.

이에 반해 루터는 그의 "십자가 신학"(Theologia Crucis)에 따라 그리스도의 구속 사역에서 성취된 하나님의 구원의 은혜에 대한 확신과 그 확신에 근거한 "개혁"을 추구했다.[105] 그는 성경 전체가 이 구원 진리를 명확하게 가르친다고 말했다. 또 구원을 위한 어떤 가능성도 인간에게 없다고 강조했다. 이런 주장은 그가 성경이 가르치는 명백한 구원 진리의 회복을 기독교 종교의 요체로 이해한 결과였다. 요약하면 에라스무스와

---

[103] Pabel, 57. Augustijn, 71-88. Rummel은 "그리스도 철학"의 의의와 관련해 에라스무스의 종교개혁 주장은 로마 가톨릭의 남용을 개선하는 사회적인 영역에 놓여 있었으며 이는 교리적 영역에 관심을 두고 가르침의 혁신과 제도적 변화를 추진한 루터와 구별된다고 분석한다. Erika Rummel, "The Theology of Erasmus," 37.
[104] Enchiridion, in *Advocates of Reform: From Wyclif to Erasmus*, 315-316. CWE.66: 46.
[105] Christoph Burger, "Nachfolge Christi bei Erasmus und Luther," *Lutherjahrbuch* 75 (2008), 91-112.

같은 기독교 인문주의자들에게 종교개혁의 과제는 인간의 삶과 기독교 사회를 개선하기 위한 선한 문서로서의 성경의 탐구와 그 도덕적 실천 프로그램의 시행을 통한 기독교 세계의 화평과 발전이었다. 이와 달리 루터와 같은 종교개혁자들에게 종교개혁의 과제는 성경 전체가 명확히 증거하는 구원의 진리를 재확인함으로써 이에 따라 신자들의 삶과 기독교회 전체가 회복되는 근본적인 신앙의 회복이었다.[106]

비텐베르크 대성당 제단화: 루터는 십자가에 달리신 그리스도에 대해 설교하고 있다.

자유의지와 관련한 에라스무스와 루터 사이의 논쟁의 의의를 잘 이해하기 위해서는 이 논쟁이 당시 기독교회의 변화와 회복을 위한 궁극적인 동기에 의해 시작되고 진행되었음을 인식해야 한다. 또 인문주의 운동과 종교개혁 운동이 서로 상이하게 취한 이해의 차이를 인정해야 한다. 만일 기독교의 참된 "종교"의 개선과 개혁 사이의 이해 차이를 제대로 파악하지 못한다면 자유의지 논쟁에 대한 분석은 에라스무스와 루터의 인간론 혹은 성경해석 이론에 대한 단순한 비교 검토에 머무를 것이다. 그렇게 되면 이 논쟁이 기독교 역사 가운데 갖고 있는 역사적 의의

---

[106] Gwin은 경건의 목적과 관련해 에라스무스와 칼빈을 비교한 후 에라스무스는 하나님께 영광을 돌려드리는 방식으로써 사랑과 이웃에 대한 봉사를 촉진하는 등 "수평적" 강조점을 가진 반면 칼빈은 근본적으로 모든 삶에서 성경에 말하는 주권적 하나님의 높이도록 신자들에게 동기를 부여하는 "수직적" 강조점에 일관했다고 주장한다. Timothy J. Gwin, "The Theological Foundation and Goal of Piety in Calvin and Erasmus," *Puritan Reformed Journal* 2/1 (2010): 143-165.

를 충분히 조명하지 못할 것이다. 이 논쟁은 단순한 두 인물, 혹은 두 인물이 대표하는 두 진영의 결별이 아니라 종교개혁의 성격과 방향을 확정한 역사적 분기점이었기 때문이다.

16세기 종교개혁의 현대적 의의를 발견하고 이를 실제적으로 적용하는 데에도 르네상스 인문주의 운동과 차별되는 종교개혁 운동의 특징들을 확인하는 일이 중요하다. 르네상스 인문주의가 단순히 종교개혁을 위한 사상적 디딤돌에 불과한 것이 아니듯이, 종교개혁 역시 인문주의의 한 적용에 불과한 것이 아니었기 때문이다. 인문주의와 종교개혁 사이의 상호연관성만큼이나 상이성에 대한 분명한 확인이 없다면 종교개혁의 역사적 의의와 신앙적 유산을 재조명하는 데 치명적인 결함이 발생할 수 있다. 예를 들어 과연 오늘날 인문학 교육을 강화함으로써 그리스도인들과 교회의 지적, 도덕적 수준을 개선하는 것을 16세기 종교개혁을 계승한 제2의 개혁이라고 부를 수 있을까? 과연 이와 같은 지적 성숙과 대사회적 이미지 개선으로 21세기 기독교는 바른 회복 혹은 발전을 이루어 낼 수 있을까?

물론 에라스무스가 르네상스 인문주의의 모든 것이 아니며 루터와 그의 신학이 16세기 종교개혁의 모든 것은 아니다. 그러나 16세기 종교개혁이 갖고 있는 역사적 의의를 바르게 파악하고 실천적 의의를 정당하게 조명하기 위해서는 루터가 에라스무스의 내적 개선 주장을 반대하고 하나님의 전적인 구원의 은혜를 강조하면서 주장했던 진정한 회복으로서의 "종교개혁"의 이해를 간과해서는 안 된다. 개선은 필요하며 중요하지만 이를 통해 얻을 수 있는 세련된 외형과 이미지의 변화만으로는 기독교 신앙의 근본적 개혁을 이루어낼 수 없다. 신앙과 교회는 이미지를 개선함으로써 추종자를 끌어 모으는 이익단체 혹은 지지율을 끌어 올리는 정치 단체가 아니라 계시로 주어진 진리를 믿는다고 말과 삶으로 고백하는 신앙공동체이기 때문이다. 16세기 종교개혁이 그랬듯이 21세기의 개혁도 "종교적"이며 "신앙적"이어야 한다. 즉 경건하게 하나님의 진리 앞에서 인간적 욕구를 포기하고 필요를 내려놓을 줄 아는 헌신이어야 한다. 지금 당장 사람들의 지지와 자기 자신의 만족이 없다 할지라도 이와 같은 근본적 개혁을 통해 이루어지는 회복이 교회 역사에 귀한 유산으로 남을 수 있으며, 무엇보다 하나님의 칭찬을 받을 수 있다.

참고문헌

Augustijn, Cornelis. *Erasmus: His Life, Works, and Influence*. Toronto: University of Toronto Press, 1991.

Bainton, Roland. *Here I Stand: A Life of Martin Luther*. New York: Abingdon Press, 1950.

Burger, Christoph. "Nachfolge Christi bei Erasmus und Luther." *Lutherjahrbuch* 75 (2008): 91-112.

Cortright, Charles C. "Luther and Erasmus: The Debate on the Freedom of the Will," *Logia* 22/1 (2013): 7-12.

Erasmus, Desiderius. *Collected Works of Erasmus*. 86 volumes. Toronto: University of Toronto Press, 1974-2016.

Gerrish, B. A. *Grace and Reason: A Study in the Theology of Luther*. Oxford: Oxford University Press, 1962.

Gwin, Timothy J. "The Theological Foundation and Goal of Piety in Calvin and Erasmus." *Puritan Reformed Journal* 2/1 (2010): 143-165.

Hambrick-Stowe, Charles E. "Where is the Middle Way? A Study of the Luther-Erasmus Free Choice Debate." *Lutheran Quarterly* 29/1 (1977): 42-57.

Hauser, Alan J. and Watson, Dauane F. (Eds.) *A History of Biblical Interpretation. Vol. 2: The Medieval through the Reformation Periods*. Grand Rapids: Eerdmans, 2009.

Kleinhans, Robert C. "Luther and Erasmus, Another Perspective." *Church History* 39/4 (1970): 450-469.

Krodel, Gottfried G. "Erasmus-Luther: One Theology, One Method, Two Results." *Concordia Theological Monthly* 41/10 (1970): 648-667.

Luther, Martin. *Luther's Works*. Ed. J. Pelikan and H. T. Lehmann. 55 volumes. St. Louis: Concordia, 1955-1986.

Luther, Martin. *Martin Luthers Werke: Kritische Gesamtausgabe*. Ed. J. K .F. Knaake and G. Kawerau. 127 volumes. Weimar: Hermann

Böhlaus Nachfolger. 1883-.

Nestingen, James A. "Biblical Clarity and Ambiguity in the Bondage of the Will." *Logia* 17/4 (1998): 29-33.

Preus, Daniel. "Luther and Erasmus: Scholastic Humanism and the Reformation." *Concordia Theological Quarterly* 46/2 (1982): 219-230.

Rabel, Hilmar M. (Ed.) *Erasmus' Vision of the Church*. Kirksville: Sixteenth Century Journal Publishers, 1995.

Reynolds, Terrence M. "Was Erasmus Responsible for Luther? A Study of the Relationship of the Two Reformers and Their Clash over the Question of the Will." *Concordia Theological Quarterly* 41/4 (1977): 18-34.

Rummel, Erika. "The Theology of Erasmus." In *Cambridge Companion to Reformation Theology*. Eds. David Bagchi and David Steinmetz. Cambridge: Cambridge University Press, 2004, 28-38.

Rupp, E. Gordon and Philip S. Watson (Eds.) *Luther and Erasmus: Free Will and Salvation*. The Library of Christian Classics XVII. Philadelphia: Westminster Press, 1969. 『루터와 에라스무스: 자유의지와 구원』. 이성덕, 김주한 역. 서울: 두란노, 2011.

Spinka, Matthew. "Desiderius Erasmus, A Humanist Reformer." In *Advocates of Reform: From Wyclif to Erasmus*. The Library of Christian Classics XIV. Ed. Matthew Spinka. Philadelphia: Westminster Press, 1953, 281-294.

Spitz, Lewis. "Desiderius Erasmus." In *Reformers in Profile*, Ed. B. A. Gerrish. Minneapolis: Fortress, 1967, 60-83.

Whiford, David M. "Erasmus Openeth the Way before Luther." *Church History and Religious Culture* 96 (2016): 516-540.

제5장

재건설과 개혁: 급진세력과 종교개혁

5*

1. 종교개혁 시대 재세례파 비판의 역사적 의의

20세 후반 활동한 종교개혁 학자 윌리엄스(George H. Williams)는 16세기 종교개혁 운동들을 세속 정부에 대한 입장 차이를 기준으로 삼아 관협력형 종교개혁(magisterial reformation)과 급진종교개혁(radical reformation)으로 구별했다.[1] 몇 가지 이견이 있음에도 불구하고 윌리엄스가 제시한 이와 같은 구분은 오늘날까지 널리 활용되고 있다. 16세기 종교개혁 시대 칼빈을 포함한 주요 종교개혁자들이 추구한 "개혁"의 노력은 당시 나타난 급진개혁세력의 혁명적 "재건설" 시도와도 분명한 차이가 있었다.[2] 특히 칼빈은 급진세력을 대표하는 재세례파의 기독교 신앙에 대한 이해와 혁명적 변화의 시도를 강하게 비판했다. 이 비판의 표면

---

* 이 장은 「한국개혁신학」 56 (2017): 8-47에 게재한 논문인 "재건설과 개혁: '재세례파 논박'에 나타난 칼빈의 종교개혁"을 수정 보완한 것이다.

1 George H. Williams, *The Radical Reformation*, 3rd ed. (Kirksville: SCSC, 2000), 121.

2 급진종교개혁자들(Radical Reformers)의 혁명적 주장과 이들과 대조되는 관협력형 종교개혁자(Magisterial Reformers)의 종교개혁 이해의 차이를 설명할 때 Wray가 사용한 개념이 유용하다. Wray는 개신교 종교개혁자들이 기존 기독교회의 체제와 교리를 성경의 진리에 따라 재평가하여 바르게 회복하는 "개혁"(reformatio)이었다면 이에 반해 재세례파는 기존 로마 가톨릭의 체계를 전면 부정하고 기독교 신앙을 새롭게 세우는 "재건설"(restitutio)이었다고 주장한다. Frank K. Wray, "The Anabaptist Doctrine of the Restitution of the Church," *Mennonite Quarterly Review* 28 (1954): 186-187.

적 이유는 여러 가지이다. 그러나 칼빈이 급진세력의 과격한 이해와 급진적 시도를 비판했던 근본적인 이유는 그가 생각했던 기독교 신앙의 회복으로서의 "개혁"이 재세례파의 급진적 변화 주장과 분명한 차이가 있다는 생각이었다.

50대의 칼빈(Jean Calvin, 1509-1564)

16세기 급진개혁세력들에 대한 칼빈과 종교개혁자들의 이해가 얼마나 정확했으며, 그들의 비판이 얼마나 공정했는지에 대해서는 더 많은 별도의 논의가 필요하다. "재세례파"라는 호칭으로 묶어 버리기에는 주류 종교개혁자들이 비판했던 급진세력 내에는 서로 입장이 다르며, 때로는 서로 충돌했던 많은 조류들이 존재했다. 칼빈 역시 당시의 급진주의 세력들 안에 다양한 의견들이 있음을 알고 있었다. 또 급진세력들의 많은 이해와 주장들이 종교개혁들의 개혁 주장과 유사한 면을 가지고 있음을 인정해야 한다. 칼빈도 재세례파가 성경을 신앙과 신학의 궁극적이며 유일한 권위로 삼은 점, 권징을 강조함으로써 신앙 공동체의 거룩함을 지키려 한 점, 그리고 순교를 감수하면서까지 실제로 헌신했던 점 등을 긍정적으로 평가했다.[3]

그러나 급진세력들의 다양한 주장들을 구체적으로 분석하는 것은 칼빈의 관심사가 아니었으며, 이들과 개혁을 위해 협력 시도하는 것은 칼빈의 선택지가 아니었다. 칼빈은 평생에 걸쳐 재세례파와 반삼위일체주의자들과 같은 급진주의자들의 신학적 오류와 실제적 위험을 비판하는

---

[3] Hans Rudolf Lavarter, "Calvin, Farel, and the Anabaptists: On the Origins of the Briève Instruction of 1544," *Mennonite Quarterly Review* 88 (2014): 363-364.

데 집중했다.⁴ 그의 비판은 단순한 배제와 혐오의 결과가 아니었다. 칼빈은 재세례파 개개인들을 향한 목회적 관심과 배려를 아끼지 않았다. 뒤에서 살펴보겠지만 재세례파에 속한 인물들을 개혁 신앙으로 돌아오게 하려 애쓴 칼빈의 사역들은 그가 재세례파 개인들을 혐오하지 않았음을 증명한다.⁵ 무엇보다도 칼빈은 본래 재세례파 출신이었던 이델렛(Idelette de Bure)과 결혼했다. 따라서 칼빈은 재세례파를 비판함으로써 단순히 개혁신학의 우월성을 주장하고 또 이로써 개혁파 교회를 정치적으로 옹호하려 한 것이 아니라, 재세례파에 대한 비판과 반박을 통해 그가 주장하려 했던 종교개혁의 궁극적 목적과 그 올바른 구현 방법을 증명하려 했다고 볼 수 있다.⁶

---

4 Stauffer는 세밀하지 못한 한계에도 불구하고 다른 종교개혁자들에 비해 칼빈이 재세례파 내의 다양한 견해를 잘 이해하고 있었다는 점을 높이 평가했다. Richard Stauffer, "Zwingli et Calvin: Critiques de la confession de Schleitheim," *Archives internationales d'histoire de idées* 87 (1977): 130; Balke 역시 칼빈의 이해가 세심한 측면이 있었다고 평가한다. Balke, *Calvin and the Anabaptist Radicals*, trans. William Heynen (Grand Rapids: Eerdmans, 1981), 132. 그러나 Littell과 같은 학자들은 칼빈이 자신의 적대자들을 전혀 이해하지 못했다고 비판한다. Franklin H. Littell, *The Anabaptist View of the Church* (Boston: Starr King Press, 1958), 147. Farley와 Bowsma 역시 칼빈이 보여주는 재세례파에 대한 일반화는 불공정하며 부정확했다고 평가한다. 그는 특히 재세례파에 대한 칼빈의 지나친 비난의 용어들 좋게 보지 않는다. William Bowsma, *John Calvin: A Sixteenth Century Portrait* (Oxford: Oxford University Press, 1989), 330. Benjamin Wirt Farley, "Introduction," in John Calvin, *Treatises against the Anabaptists and Against the Libertines*. Trans and ed. Benjamin Wirt Farley (Grand Rapids: Baker, 2001), 32.

5 상대적으로 1553년 10월 반삼위일체주의를 표방한 세르베투스(Michael Servetus, c. 1511-1553)를 제네바 시의회가 체포하여 화형에 처한 사건과 이와 관련한 칼빈의 입장에 대해서는 조금 다른 평가가 가능할 것이다. Roland Bainton, *Hunted Heretic: The Life and Death of Michael Servetus, 1511-1553* (Boston: Beacon Press, 1952); Maria Tausiert, "Magus and Falsarius: A Duel of Insults between Calvin and Servetus," *Reformation and Renaissance Review* 10/1 (2008): 59-87. 그러나 이 평가에 있어서도 이단을 엄격하게 처벌했던 16세기의 시대 상황과, 당시 제네바가 처해있던 정치적 형편, 그리고 제네바에서 칼빈이 가지고 있던 입지 등에 대한 종합적인 고려가 함께 병행되어야 한다.

6 Johnson은 재세례파에 대한 칼빈의 해석과 비판은 정교하거나 세밀하지는 못한 면이 있다고 말한다. 그러나 재세례파에 대한 칼빈의 비판 주장의 논리와 목적은 일관성이 있다고 평가한다. Galen Johnson, "The Development of John Calvin's Doctrine of Infant Baptism in Reaction to the Anabaptists," *Mennonite Quarterly Review* 73 (1999): 808, Lavater는 두메르그가 세르베투스에 대해 쓴 글을 인용하면서 재세례파에 대한 칼빈의 비판은 당시 시대 상황의 한계를 인정

재세례파를 비롯한 급진주의자들에 대한 칼빈의 비판은 그의 저술 전반에 걸쳐 나타난다. 그러나 칼빈의 비판 논의를 가장 잘 확인할 수 있는 곳은 그가 1544년 발표한 『재세례파 논박』이다.7 이 작품은 급진주의자들에 대한 칼빈의 비판적 논의를 가장 많이 포함하고 있으며 그의 다른 작품들에 산발적으로 등장하는 재세례파에 대한 비판 논의를 가장 체계적으로 정리해 진술하고 있다. 그러므로 이 작품을 중심으로 칼빈의 주장을 분석하는 것은 재세례파의 급진적 입장에 대한 그의 비판을 이해하는 데 가장 효과적인 방법이라고 말할 수 있다. 물론 이 분석을 위해서는 『재세례파 논박』뿐 아니라 칼빈의 대표작인 『기독교강요』를 비롯해 그의 여러 저술들에 나타난 재세례파 비판 논의들도 적절하게 포함되어야 한다.

먼저 이 저술이 등장하기까지 칼빈과 재세례파의 관계와 관련한 역사적 배경을 살필 것이다. 그리고 그에 이어서 본격적으로 성경, 교회, 그리고 세속 사회, 이상 세 가지 주제를 선정해 이 주제와 관련한 칼빈의 재세례파 비판 논의를 차례대로 검토할 것이다. 앞서 루터와 에라스무스를 비교 연구할 때와 마찬가지로 성경관과 성경해석 방법론의 특징을 밝히는 검토는 "오직 성경으로"(sola scriptura)의 원칙을 내세운 종교개혁의 성격을 규명하는 데 필수적이다. 신앙공동체로서 교회에 대한 칼빈의 이해와 그가 거부한 재세례파의 이해의 차이는 종교개혁이 회복하려 했던 성경적인 교회개혁의 방법상 특징이 무엇이었는지 선명하게 드러내 줄 것이다. 끝으로 세속 사회를 향한 그리스도인의 태도와 관련한 칼빈과 재세례파의 상이한 입장은 개혁의 대상으로서 "종교"를 기독교 신

한 가운데 평가해야 한다고 주장한다. Lavater, "Calvin, Farel, and the Anabaptists," 364.
7 칼빈의 『재세례파 논박』의 한글 번역은 John Calvin, 『칼뱅 소품집』 2, 박건택 편역 (용인: 크리스천르네상스, 2016), 5-83에서 인용하며 불어 원문은 John Calvin, "Brieve introduction pour armer tous bons fideles contre les erreurs de la secte commune des anabaptistes," in *Ioannis Calvini Scripta didactica et polemica, vol. II.*, ed., Mirjam van Veen (Geneva: Librairie Droz, 2007)에서 인용한다.

앙의 전 영역으로 삼았던 개혁자들의 포괄적 관점을 잘 보여 줄 것이다.

이 검토의 목적은 종교개혁 당시 나타난 급진주의세력의 여러 입장들을 탐구하는 것은 아니다. 또 재세례파에 대한 칼빈의 비판이 얼마나 정확하며 공정했는지를 평가하는 것도 아니다. 이런 탐구와 평가는 종교개혁사 연구에서 아주 중요한 주제임에 틀림이 없지만 이 장에서 다루는 초점은 아니기 때문이다. 그러나 이 장에서의 초점은 "재세례파"로 통칭되는 16세기 급진개혁세력의 주장들에 대한 칼빈의 반박 논의들을 분석함으로써 그가 주장하려 한 "종교개혁"의 개념을 확인하는 것이다. 16세기 당시와 이후의 칼빈이 남긴 큰 영향력을 생각할 때, 칼빈이 주장했던 종교개혁에 대한 이해를 확인하는 작업은 그가 대표하는 개혁파 진영과 더 넓게는 16세기 주요 종교개혁자들이 추구했던 종교개혁의 목적과 특징이 어떤 것이었는지를 더 선명하게 밝히는 데 도움이 될 것이다.

2. 역사적 배경

2.1. 재세례파에 대한 비판의 발전

칼빈이 재세례파에 대해 처음 언급한 곳은 그가 저술한 최초의 신학적 작품인 『영혼수면론 반박』(*Psychopannichia*)이다. 1533년부터 1534년 사이에 작성된 이 작품은 육체의 죽음 후 인간의 영혼은 무의식 상태에 처하게 된다는 "영혼수면론"을 주장하는 무리를 비판한다. 칼빈은 영혼수면론을 주장하는 사람들을 "재세례파들"(Anabaptistae) 혹은 "반세례파들"(Catabaptistae)이라고 지칭했다.[8] 이 작품 이후 칼빈은 그의 다른 저술

---

[8] "Catabaptistae", 즉 "반세례주의자"라는 명칭은 재세례파가 유아세례를 반대하는 측면을 강조하면서 칼빈이 채택한 명칭이다. Institutes, III.3.14, IV.1.2. Williams, *The Radical Reformation*, 901-902, Karl H. Wyneken, "Calvin and Anabaptism," *Concordia Theological*

들에서도 "재세례파"라는 용어를 폭넓게 사용하면서, 종교개혁 당시 나타난 급진적 입장들을 비판했다.[9] 칼빈이 급진주의자들 안에 다양한 입장이 있었음을 알면서도 이들을 "재세례파"라고 통칭한 것은 그 내부의 다양한 주장들에도 불구하고 이들이 몇 가지 중요한 점에서 공통적이라고 보았기 때문이다. 칼빈은 특히 이들의 공통적 주장이 종교개혁의 명분과 방향을 위협하고 있다고 생각했다.[10]

재세례파의 급진적 주장에 대한 칼빈의 비판은 1536년 『기독교강요』 초판에 포함된 프랑수아 1세에게 보내는 서문에서도 분명히 나타난다.

> 처음에 사탄은 사람들을 부추겨서 위력을 행사하게 함으로써 서광이 비취는 진리를 격렬하게 억압하고자 획책했습니다. 그러나 이것이 아무 유익이 없음이 드러나자 이제 전략을 바꾸어서 진리를 모호하게 하여 없애 버리려고 자기의 수하에 있는 반세례주의자들 및 급진주의자들을(per Catabaptistas suos et alia nebulonum) 봉기하도록 충동해서 교리에 대한 반목과 분쟁을 조장했습니다. 지금도 사탄은 이 두 가지 무기를 모두 사용해서 진리 자체를 공격하는 일을 그치지 않습니다.[11]

칼빈이 프랑수아 1세에게 보낸 서문에서 재세례파를 비판한 배경에

Monthly 36 (1965): 19. 육체 사후 영혼의 상태뿐 아니라 그리스도인의 완전한 거룩함이나 그리스도의 천상의 육체이론에 대해서도 모든 재세례파들이 동일한 입장을 가진 것은 아니었다. Williams and Mergal (eds.) *Spiritual and Anabaptist Writers* (Philadelphia: Westminster Press, 1958), 34-35, William R. Estep, *Anabaptist Story* (Grand Rapids: Eerdmans, 1995), 24. Johnson, "The Development of John Calvin's Doctrine of Infant Baptism in Reaction to the Anabaptists," 818-19.

9   Wyneken, "Calvin and Anabaptism," 18-19. Lavater, "Calvin, Farel, and the Anabaptists," 323-24. 칼빈은 슈펭크펠트의 신령주의나 세르베투스의 반삼위일체주의, 그리고 소시누스와 같은 합리주의자들까지도 모두 "재세례파"라고 불렀고 재세례파와 자유방임파(Libertines)를 동일시하기도 했다. Williams, *The Radical Reformation*, xxix, 901-914.

10   칼빈은 『영혼수면론 반박』에서 다룬 중요 내용들을 1544년 발표한 『재세례파 논박』에 요약해 첨부했다. Farley, "Introduction," 20; Lavater, "Calvin, Farel, and the Anabaptists," 326-27.

11   Institutes, Preface, OS 3: 27.

뮌스터 람베르트 교회: 독일 뮌스터에서 발생한 급진 재세례파의 반란은 1535년 진압되었다.

는 불과 1년 전인 1535년 뮌스터에서 벌어진 재세례파의 무정부주의적 폭동 사건이 있었다. 이 사건 이후 로마 가톨릭 진영에서는 프로테스탄트 진영 전체를 무정부주의적인 폭력적인 집단으로 매도하는 공격이 심화되었다. 그 여파로 칼빈의 고국 프랑스에서도 잠시 잠잠해졌던 개혁자들에 대한 박해가 격화되었다. 칼빈은 『기독교강요』 서문에서 저술 목적을 다음과 같이 밝힌다.

"제가 이 작품을 쓴 유일한 목적은 종교에 대한 얼마큼의 열의로 감동된 사람들이 참된 경건을 형성하는 데 필요한 어떤 근본적인 것들을 가르치려는 데 있었습니다."[12] 칼빈이 여기에서 "유일한" 목적을 언급하는 것은 자신이 추구하는 종교개혁이 뮌스터의 폭동세력들이 보여준 혁명적 시도와 전혀 무관하다는 점을 증명하려 했기 때문이라고 볼 수 있다.

재세례파에 대한 칼빈의 비판은 『기독교강요』가 증보되면서 지속적으로 더 구체화되고 명확해졌다. 칼빈은 『기독교강요』 초판에서는 단 두 차례만 "재세례파"에 대해 언급했다. 그러나 1539년 라틴어 증보판에서는 이들을 여러 차례 언급하며 비판했다. 칼빈은 성경관 및 성경해석의 방법론, 가시적 교회의 의의와 한계에 대한 교회론, 그리고 세속 권세에 대한 그리스도인들의 태도 등 1539년 판에 추가한 여러 부분들에서 급진세력의 주장을 거절했다.[13] 특히 1539년 증보판에서 주목할만한 부분

---

12 Institutes, Preface, OS 3: 9.
13 "참으로 저 훌륭한 불량배 세르베투스와 재세례파의 일부 미친 사람들이 이스라엘 백성은 돼

은 유아세례의 정당성을 변호하기 위해 추가된 내용이다. 여기에서 칼빈은 재세례파에 대한 자신의 입장을 다음과 같이 밝혔다. "그러나 이 시대에 광적인 영혼을 지닌 어떤 자들이(phrenetici quidam spiritus) 유아세례를 빌미로 사람들을 선동하며 교회를 심각하게 교란시키고 있으므로 여기에 부록을 첨가해 미쳐 날뛰는 그들의 작태를 억제시키려 한다."[14]

2.2. 재세례파와의 접촉

1530년대 재세례파에 대한 칼빈의 반박이 지속적으로 강화된 배경에는 그가 제네바와 스트라스부르크에서 실제로 그들을 만나 접촉한 경험이 있었다. 칼빈이 제네바에서 첫 사역을 시작한 지 얼마 지나지 않은 1537년 3월 9일, 왈룬 출신의 재세례파 제르비앙(Herman de Gerbihan)과 베누아(Andry Benoit)가 제네바에 찾아와 파렐에게 공개 신학 논쟁을 요청했다. 이들이 논쟁하려고 한 주제는 유아세례의 정당성, 목회자의 합법적 소명의 근거, 그리고 육체의 죽음 이후 영혼의 상태 등이었다.[15] 제네바 시의회는 불필요한 소요를 막기 위해 파렐에게 이들과 토론하지 말 것을 명령했다. 재세례파의 무정부주의를 우려한 시의회는 두 재세례파를 즉각 추방했다. 그러나 곧이어 3월 29일 왈룬 출신의 또 다른 재세례파 보메로메우스(Iohannes Bomeromeus)와 토되르(Iehan Todeur)가 제네바를 찾아왔고, 이들은 다시 제네바 목회자들에게 신학 토론을 요청

지 무리에 불과했다고 보기 때문에... 이 악취 나는 오류에 경건한 사람들이 전염되지 않도록... 우리는 그리스도 강림 전에 주께서 이스라엘 백성과 맺으신 언약과 그리스도 출현 후에 우리들과 맺으신 언약이 얼마나 서로 같으며 또 다른가를 잠깐 살펴보기로 하겠다." Institutes, II.10.1, OS.3: 403-404.

14　Institutes, IV.16.1, OS.5: 303-304; Cf. Wyneken, "Calvin and Anabaptism," 21-22, Johnson, "The Development of John Calvin's Doctrine of Infant Baptism in Reaction to the Anabaptists," 806.

15　Lavater, "Calvin, Farel, and the Anabaptists," 328, Dominique-Antonio Troilo, *Pierre Viret et l'anabaptisme* (Lausanne: Association Pierre Viret 2007), 46.

했다. 파렐은 이번에는 이들의 도전을 받아들였고 공개 신학 토론회가 개최되었다. 칼빈은 이 토론에 참석해 재세례파의 주장과 과격한 태도를 신학적으로 반박했다.[16] 토론이 끝난 직후 시의회는 두 재세례파들을 추방했다.

제네바에 대한 재세례파의 침투 노력은 탁월한 목회자들로 인해 성공을 거두지 못했다. 그러나 일 년 뒤인 1538년 부활주일 후 수요일에 재세례파를 방어했던 파렐과 칼빈도 제네바 시의회에 의해 추방당했다. 추방의 이유는 권징 시행에 대한 개혁자들의 단호한 태도였다. 파렐과 칼빈 등 제네바의 목회자들은 종교개혁을 실제로 정착시키기 위해 권징을 교회의 독립적 치리로 확립하려 했다. 그러나 제네바 시의회는 생각이 달랐다. 제네바는 오랜 기간 지속된 사부아 공국의 정치, 경제적 지배로부터 독립하기 위해 스위스 연방에 가입하려 했고 그 일환으로써 종교개혁을 수용했다. 그 과정에서 사부아 공국과 함께 제네바를 종교적으로 통제하던 로마 가톨릭 주교를 축출했다. 제네바 시의회는 이전까지 주교가 정치적 목적으로 남용했던 파문과 출교의 최종 결정권을 자신들의 권한 아래 두려 했다. 그러나 파렐과 칼빈은 권징을 영적이며 교회적인 방편으로 간주하고 이를 교회의 권위 아래 두려고 했다.

가장 강력한 권징의 형태인 출교(excommunication)가 목회자들과 시의회 사이의 첨예한 대립의 주제로 부상했다. 출교 행사권을 둘러싼 개혁자들과 시의회의 갈등은 1538년 부활절 성찬식에서 폭발하고 말았다. 파렐과 칼빈은 분명한 회개의 표시가 확인되지 않은 시민들에게 성찬을 베풀지 않으려 했고 시의회는 분명한 결정이 있기 전에는 이들에게 성찬을 베풀 것을 명령했다. 부활주일 파렐과 칼빈이 시의회의 명령을

---

16 인쇄업자인 보메로메우스와 목공업자인 토되르는 1533년 왈룬 리에쥬에서 이단 혐의로 추방당해 제네바에 왔다. Lavater는 이 가운데 토되르가 이후 칼빈과 결혼한 이델렛(Idelette de Bure)의 첫 남편 스토되르(Jean Stodeur)와 동일 인물이라고 추정한다. Lavater, "Calvin, Farel, and the Anabaptists," 329.

거부하고 성찬을 베풀지 않자 시의회는 즉각 이들의 추방을 명령했다. 1530년대 후반 제네바에서 칼빈과 파렐이 타협하지 않고 추진한 교회적 권징의 독립적 시행 노력은 재세례파의 주장을 닮은 면이 있다. 그러나 차이점도 분명했다. 무엇보다도 재세례파가 권징의 철저한 시행을 참 교회의 본질(substance)로 본 반면, 종교개혁자들은 권징을 참 교회의 두 표지, 즉 말씀과 성례의 순수함을 지키기 위한 일종의 방편으로 보았다.

칼빈은 제네바에서 추방된 후 스트라스부르크에서 정착해 활동하는 동안에도 재세례파와 접촉했다. 스트라스부르크 시의회는 1539년 7월 29일 칼빈에게 시민권을 부여했다. 칼빈은 이 도시의 개혁자였던 부처의 후원과 지도 아래 프랑스 난민교회를 목회하면서 구체적인 목회와 교회의 운영을 경험했다. 당시 황제 직할 도시였던 스트라스부르크는 스위스 형제단을 비롯한 여러 지역의 재세례파들에게도 어느 정도 신앙의 자유를 허용해 주었다. 그 결과 수많은 재세례파들이 이 도시에 들어와 활동하고 있었다.[17] 이런 상황 속에서 칼빈은 재세례파를 설득해 개혁교회로 돌아오게 하는 사역을 수행했다. 이를 위해 칼빈은 아마도 시의회의 요청에 따라 재세례파들의 영향력이 컸던 방직공 조합(tailors' guild)에 가입했다.[18] 칼빈의 사역은 어느 정도 성공을 거두었다. 칼빈의 노력을 통해 여러 명의 재세례파 지도자들이 개혁신앙으로 돌아온 것이다. 그들 가운데에는 1539년 제네바에서 공개 토론을 요청했던

---

[17] 1530년대부터 뎅크(Hans Denk), 프랑크(Sebastian Frank), 슈벵크펠트(Caspar Schwenckfeld), 마르펙(Pilgrim Marpeck), 많은 재세례파 지도자들이 스트라스부르크를 거쳐 갔다. 『재세례파 논박』의 주요 반박 내용을 제시한 자틀러(Michael Sattler)와 호프만(Melchior Hoffman) 역시 스트라스부르크에서 활동하며 영향력을 남겼고 리더만(Peter Riedemann) 같은 재세례파 지도자는 칼빈이 머물렀던 1538년부터 1542년 기간에도 이 도시에 와 있었다. Lavater, "Calvin, Farel, and the Anabaptists," 331. Farley는 칼빈이 이미 스트라스부르크에서 자틀러에 대해서 알게 되었으며 그가 주도한 "슐라이트하임 신앙고백"을 알게 되었을 것이라고 추정한다. Farley, "Introduction," 35.

[18] Lavater, "Calvin, Farel, and the Anabaptists," 332-33, Emil Doumergue, *Jean Calvin, les hommes et les choses de son temps* (Neuilly-sur-Seine: G. Bridel, 1899-1927), 7: 536; Lavater, "Calvin, Farel, and the Anabaptists," 331.

제르비앙(Herman de Gerbihan)도 있었다. 제르비앙은 본래 호프만(Melchior Hoffman, 1495-1543)의 "그리스도의 천상의 육체론"을 신봉하던 철저한 재세례파였다.[19] 또한 칼빈의 설득에 의해 이전에 제네바를 찾아와 신학 토론을 요청했던 보메로메우스와 스토되르도 개혁신앙을 받아들였다. 칼빈은 이들 재세례파들과의 대화와 개종 사역을 통해 그들의 주장을 직접 접하고 다양한 의견과 신학적 근거들을 구체적으로 인지할 수 있었다. 재세례파와 관련한 여러 내용들이 많이 추가된 1539년 이후『기독교강요』의 증보 내용에서 확인할 수 있듯이 이 기간의 칼빈이 재세례파와 접촉해 나눈 경험들은 이후 급진주의자들의 주장을 더 체계적으로 반박하는 신학적 논리 발전에 많은 도움을 주었다.[20]

2.3. 『재세례파 논박』의 저술 배경

1541년 제네바로 돌아온 이후 칼빈은『기독교강요』를 증보하여 출판했다. 그 가운데는 재세례파에 대한 반박 논리들이 1539년 증보판에서처럼 더 많이 추가되지는 않았다. 그러나 칼빈은 재세례파를 반박하는 독립적인 작품으로 1544년『재세례파 논박』을 발표했다. 이 작품은 서문에 이어 본론에서 세 가지 부분에 걸쳐 재세례파의 급진적 주장들을 반박한다. 첫째 부분은 7개 조항으로 이루어진 재세례파 신앙고백에 대한 반박이다. 둘째 부분은 멜키오르의 "그리스도의 천상의 육체이론"에 대한 반박이다. 셋째 부분은 영혼수면론에 대한 반박이다.[21] 이 작품의

---

19 멜키오르 호프만은 영육 이원론에 입각해 그리스도께서는 이미 성육신 이전에 온전한 인성을 가지고 계셨고 따라서 마리아로부터 일체의 인성을 얻지 않으셨으며 다만 그를 도구로 사용했을 뿐이라고 주장했다. Willem Balke, *Calvin and the Anabaptist Radicals*, 134-35, 202-204; Farley, "Introduction," 23; Williams, *The Radical Reformation*, 916-19.
20 Balke, *Calvin and the Anabaptist Radicals*, 153; Johnson, "The Development of John Calvin's Doctrine of Infant Baptism in Reaction to the Anabaptists," 806.
21 Farley, "Introduction," 27-35.

배경과 관련해 먼저 서문을 살피고, 이어서 종교개혁의 주요 주제와 가장 직접적인 관련이 있는 첫 번째 부분을 중심으로 재세례파에 대한 칼빈의 비판 논리를 분석해 보려 한다.

16세기 제네바 전경

"뇌샤텔 교구의 신실한 목회자들에게"로 제목이 붙여진 이 저술의 서문은 이 작품의 저술 목적을 말해준다. 칼빈이 이 글을 쓰게 된 배경은 불어권 스위스 도시인 뇌샤텔(Neuchâtel) 지역 안에서 발생한 소동이었다. 당시 뇌샤텔과 주변 지역들에서는 파렐의 지도하에 종교개혁이 추진되고 있었다. 그런데 1540년대부터 이 지역에 들어온 재세례파들의 활동으로 인해 여러 차례 소요가 발생했다. 여러 마을에서 유아세례를 거부하고 시의회의 권위를 부인하는 혼란이 확산된 것이다.[22] 뇌샤텔 북쪽에 위치한 뇌브빌(Neuveville)의 혼란이 특히 심각했다.[23] 이 도시에 들어온 재세례파들은 신자들에게 성경과 예수님의 모범을 있는 그대로 따라야 한다고 강변하면서, 유아세례와 같은 비성경적 관습뿐 아니라 시

---

22 Balke, *Calvin and the Anabaptist Radicals*, 171-74.
23 뇌브빌은 1536년 생블레즈(Saint-Blaise)의 교구 사제에 맞서 종교개혁을 받아들였는데 이후 필로(Pierre Pillot)나 벨로(Tivent Bellot) 등 스위스 형제단에 속한 재세례파들이 이곳에서 재세례파의 문서들을 유포하여 급진적 사상을 전파했다. Lavater, "Calvin, Farel, and the Anabaptists," 333-38.

민으로서의 세속적 의무도 거절해야 한다고 선동했다. 이런 혁명적인 주장은 이 지역 평민들에게 호응을 얻기 시작했다. 특히 뇌브빌 근교에 위치한 코르노(Cornaux) 마을은 크레시에르(Cressier)에서 들어온 재세례파 포도주 상인 자콜렛(Antoine Jaccolet)의 선동에 의해 큰 혼란에 빠졌다. 코르노 교구의 담임목사 토마셍(Antoine Thomasin)은 이 혼란을 해결하기에 역부족이었다.[24]

결국 불미스러운 사건이 터지고 말았다. 1543년 3월 11일 주일 토마셍 목사가 잠시 교회를 비운 주일에 그를 대신해 생블래즈 교회 목사 밀로(Michel Mulot)가 유아세례를 베풀었다. 그때 한 여인이 "성경 어느 곳에 유아세례의 근거가 있느냐"라고 소리치며 유아세례를 방해했다. 다음 주일 토마셍은 이 문제를 조사해 처리하기 위한 모임을 소집했다. 그러나 자콜렛에 의해 마음이 돌아선 교구민들은 도리어 토마셍 목사를 반대하는 7가지 조항을 선언했다.[25] 이 사건을 기화로 뇌샤텔 캔톤(canton) 일대에서 큰 논란이 벌어졌다.

재세례파로 인해 발생한 혼란을 수습하기 위해 베른이 정치적 개입을 시도했다. 파렐은 베른의 정치적 개입이 더 큰 문제를 일으킬 수 있을 것이라고 우려했다. 그가 보기에 외세에 의한 정치적 개입은 재세례파 문제에 대한 합당한 대응이 아니었다. 파렐은 종교개혁을 정치적 문제가 아닌 신앙의 문제로 추진하기 원했다.[26] 사실 불어권 스위스에 포함되는 보(Vaux) 지역과 제네바의 종교개혁은 가까운 독어권 스위스 도시 베른의 후원 하에 진행되었다. 1530년대에 들어서면서 베른은 스위스 연방 내에서 정치적 영향력을 강화하기 위해 더 적극적으로 불어권

---

24 Balke, *Calvin and the Anabaptist Radicals*, 171-172; Farley, "Introduction," 17.
25 7개 조항은 체계적인 진술보다는 토마셍에 대한 불만과 문제를 시의회를 통해 해결하려는 회중들의 요구가 더 많이 포함되었다. Balke, *Calvin and the Anabaptist Radicals*, 173-74.
26 "거의 모든 방향에서 베른의 권세자들이 이 문제에 대해 손을 쓰고 있다네… 나는 이 사태를 다룸에 있어 사도들의 방법보다 교황청의 방법이 도입될 것만 같아 두렵네." Herminjard, *Correspondance* 9; nr. 1341. Lavater, "Calvin, Farel, and the Anabaptists," 335.

스위스의 종교개혁을 독려하고 지원했다. 파렐이 이 지역의 종교개혁 사역에 착수할 수 있었던 것도 베른의 지원이 있었기 때문이다. 제네바 역시 베른의 정치, 군사적 지원 하에 사부아 공국과 로마 가톨릭 주교를 축출할 수 있었다. 그러나 스위스 연방 내 정치적 이해관계가 종교개혁의 바람직한 진행에 항상 도움이 되었던 것은 아니었다. 1538년 파렐과 칼빈의 제네바 추방 사건에서 보았듯이 정치적 계산은 바른 종교개혁 추진에 있어 가장 큰 장애물 중 하나였다.

파렐은 베른이 정치적 이해관계에 따라 취한 결정들이 종교개혁에 어떤 지장을 주었는지 제네바에서 이미 경험한 바 있었다. 권징의 바른 시행을 주장한 파렐과 칼빈의 주장에 맞서 제네바 시의회 베른의 사례를 근거로 삼아 교회 권징에 있어 시의회가 최종 권한을 가져야 한다고 주장했다. 베른은 제네바를 향해 자신들이 지키는 교회 절기 준수를 강요했으며, 성찬의 시행을 1년에 네 차례로 축소할 것을 요구했다. 파렐과 칼빈이 볼 때 교회 절기 준수는 성경적 근거가 없는 불필요한 풍습이었다. 무엇보다도 절기나 성찬 횟수와 같은 문제에 대한 베른의 요구는 교회에 대한 정부의 부당한 간섭이었다. 칼빈과 파렐은 재세례파들처럼 교회와 국가의 분리를 주장하지 않았다. 그러나 베른과 제네바 시의회가 주장하는 교회의 국가 종속적 관계도 지지하지 않았다. 이후에 더 구체적으로 검토하겠지만 칼빈이 주장한 교회와 국가 사이의 바람직한 관계는 서로 존중하며 협력하되 각자의 영역과 관할권의 범위를 바르게 분별하는 합당한 구별이었다.

파렐은 정치적 해결이 아닌 신학적 대응을 원했다. 그는 1544년 2월 23일 칼빈에게 편지를 써 보내 뇌샤텔 지역에서 재세례파로 인해 발생한 혼란에 대한 소식을 전했다. 그리고 이 편지에서 한 문서를 첨부해 보내면서 칼빈에게 이에 대한 신학적인 반박문을 작성해 줄 것을 부

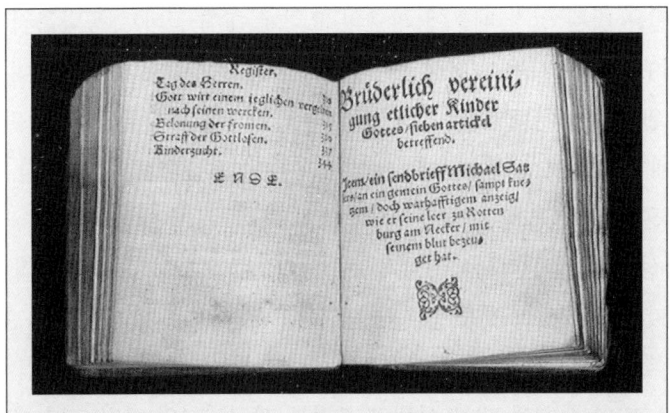

슐라이트하임 신앙고백. 이 문서는 재세례파인 스위스 형제단의 신앙적 입장을 요약하고 있다.

탁했다.27 파렐이 첨부한 문서는 "슐라이트하임 신앙고백"(Schleitheim Confession)의 프랑스어 번역판일 가능성이 크다.28 이 신앙고백은 1527년 스위스 형제단에서 자틀러(Michael Sattler, 1490-1527)가 주도해 작성한 문서이다. 이 문서는 여러 교리 주제들을 포괄하는 일반적인 형태의 신앙고백서는 아니며, 자신들의 정체성과 관련한 여러 주제들에 대한 신앙적 입장과 이에 입각한 생활 준칙을 제시하는 공동규약 성격의 문서였다.29

---

27 CO. 11: 680-683.
28 Farley, "Introduction," 18-19. 슐라이트하임 신앙고백의 작성 배경과 주요 조항들에 대한 해석은 Balke, *Calvin and the Anabaptist Radicals*, 174-175; Daniel L. Akin, "An Expositional Analysis of the Schleitheim Confession," *Criswell Theological Review* 2 (1988): 345-370 참조. Herminjard와 Williams 그리고 Labarthe는 이 글이 후브마이어(Balthasar Hubmaier)가 1525년 발표한 "기독교의 믿음의 세례에 관하여"(*Von der christlichen Taufe der Gläubingen*)일 것이라고 주장한다. 그러나 Balke와 Farley, Lavater는 모두 첨부된 문서가 "슐라이트하임 신앙고백"이라고 주장한다. Lavater, "Calvin, Farel, and the Anabaptists," 350-51. 실제로 본문에서 칼빈은 7개 조항으로 구성된 "일종의 신앙고백"을 인용해 반박하며 어떤 "미셸"에 대해 언급한다.
29 이 신앙고백의 역사적 영향에 대해서는 Arnold Snyder, "The Influence of the Schleitheim Articles on the Anabaptist Movement: An Historical Evaluation," *Mennonite Quarterly Review* 63 (1989): 323-344 참조. 슐라이트하임 신앙고백의 한글번역은 Calvin, "재세례파 논박," 『칼뱅 소품집』 2, 5-83에 포함된 번역문에서 인용한다.

칼빈은 바쁜 일정 때문에 파렐의 요청에 대해 곧바로 응답하지 못했다. 답변이 늦어지자 파렐은 3월 31일 다시 칼빈에게 편지를 보내 반박문을 완성해 줄 것을 재촉했다. 상황의 급박함을 깨달은 칼빈은 반박문 작성에 착수했고, 6월 1일에 『재세례파 논박』을 완성해 출판했다. 이상과 같은 저술 배경을 볼 때, 『재세례파 논박』은 목회 현장의 필요에 부응해 작성된 실천적 작품이라고 볼 수 있다. 그러나 이 작품은 급박한 상황 맞추어 신속하게 쓰였음에도 불구하고 칼빈이 재세례파를 비판하면서 강조했던 종교개혁의 신학적 도태와 개념을 잘 제시하고 있다. 이 작품에 나타난 성경에 대한 이해와 올바른 성경해석의 방법, 교회에 대한 성경적인 이해, 그리고 세속 사회에 대한 합당한 태도 등의 주제 등을 살펴보면, 재세례파의 급진적 "재건설" 주장과 차별되는 주요 종교개혁자들, 혹은 관협력형 종교개혁자의 "개혁"이 무엇이었는지를 분명히 확인할 수 있다.

3. 성경: 종교개혁의 기준

3.1. 성경의 권위에 대한 바른 이해

칼빈과 재세례파 모두 성경이 기독교 신앙과 교회의 가르침을 결정하는 최종적이며 유일한 기준임이라는 점에 대해서는 의견이 다르지 않았다.[30] 그러나 이와 같은 "오직 성경으로"(sola scriptura)의 원리를 구체적으로 적용하는 데 있어서는 서로 생각이 달랐다. 재세례파의 슐라이트

---

30 "나는 아무리 오래되었다고 해도 그것이 하나님의 말씀에 근거를 두고 있지 않는 한 그것을 증명하는데 무슨 도움이 되도록 요구하지는 않는다. 나는 인간의 관례가 성례에 권위를 부여하지 못함을 안다. 또한 그것을 잘 사용하는 문제도 관례에 따라 해결되어서는 안 됨을 안다." 『재세례파 논박』, 10. COR. IV/2, 42.

하임 신앙고백은 1조에서 세례에 관해 말하면서 오직 "사도들의 토대와 증언"만이 유일한 기초라고 고백한다. 그리고 이 원리에 따라 유아세례는 성경에서 근거를 찾을 수 없는 교황의 왕국의 산물이라고 부정한다. 칼빈은 『재세례파 논박』에서 이 점에 대해 재세례파가 "오직 성경"을 편협하게 적용해 교회의 전통과 역사적 유산들을 부당하게 부인하고 있다고 비판한다. 칼빈은 "오직 성경으로"의 원리가 성경에 기초한 합리적 추론이나 합당한 교회 전통을 거부하는 원리라고 보지 않았다.

칼빈이 보기에 성경에 입각한 정당한 추론의 대표적인 한 사례가 바로 유아세례였다. 그는 도리어 성경을 근거로 삼아 유아세례를 거부하는 재세례파의 논리가 부당하다고 주장한다. 첫째, 유아세례가 전적으로 인간적 고안물이라는 재세례파의 주장은 잘못된 것이다. 유아세례는 최근에 도입된 것이 아니며 교황제도에 의한 왜곡도 아니고, 기독교 교회에서 오래전부터 항상 지켜져 왔던 거룩한 규례이기 때문이다.[31] 둘째, 성경에 그 구체적인 사례가 없기 때문에 유아세례가 부당하다는 재세례파의 해석은 합당하지 않다. 어린 아이들에게 세례를 베푼 기록이 성경에 없기 때문에 유아세례가 부당하다면 "사도들이 단 한 명의 여성들에게 주의 성찬을 베풀었다는 기록도" 없으므로 여성들에게도 성찬을 베풀 수 없을 것이다.[32]

칼빈은 유아세례를 포함한 성례의 정당성을 결정하는 바람직한 해석은 성경 안에 구체적 사례가 있는지의 여부가 아니라 성경 전체가 말하는 성례의 "성격과 실체"를 따른 해석이라고 주장했다. "하나님께서 자신의 자녀로 인정하심"이라는 세례의 실체를 고려할 때 유아에게 베푸는 세례도 세례의 근본적인 실체를 충족한다.[33]

---

31 『재세례파 논박』, 10. COR. IV/2, 42.
32 『재세례파 논박』, 16. COR. IV/2, 50. 성경의 사례가 없음을 근거로 삼는 논리는 휩마이어(Balthasar Hubmaier, 1480-1528)가 내세웠다. Balke, *Calvin and the Anabaptist Radicals*, 105.
33 『재세례파 논박』, 17. COR. IV/2, 50.

유아세례를 위한 성경적 근거를 둘러싼 재세례파와의 논쟁을 통해 칼빈이 말하려 했던 "오직 성경으로" 원리는 그가 추진한 종교개혁의 가장 중요한 원리였다. 칼빈은 이 원리의 적용이 곧 교회의 모든 전통을 부인하고 모든 합리적 추론을 중단하는 것이라고 생각하지 않았다. 이 원리의 바른 적용은 성경 전체가 증거하는 근본적 진리와 영적 실체를 바르게 파악하고 그 진리에 따라 교회의 전통과 행태들 및 현재 기독교 종교를 재점검하는 것이다. 즉 성경 전체가 말하는 영적 실체를 파악하고 이로부터 현실을 재점검하는 것이 칼빈이 주장했던 종교개혁의 방법이었다. 이런 점에서 칼빈의 종교개혁이 취한 "오직 성경으로"의 원리는 급진주의자들이 주장한 배제의 원리(principle of exclusion)가 아니라 진리의 회복을 위한 반성의 원리(principle of reflection)였다.

3.2. 성경의 바른 해석 방법

"반성의 원리"로서 "오직 성경으로의 원리"가 어떻게 적용되는지를 잘 이해하기 위해서는 그 구체적인 적용 사례를 살펴보는 것이 필요하다. 칼빈은 구체적인 성경 본문들을 거론하면서 재세례파가 자신들의 주장을 증명하기 위해 이 본문들을 자의적으로 잘못 해석하고 있다고 비판한다. 한 예로 칼빈은 재세례파가 "자녀들에게도 차별 없이 하나님의 은혜가 주어진다"는 에베소서 2:14을 해석할 때, "자녀"라는 단어를 나이에 따른 연령이 아니라 선악 간의 기준에 따른 어린 아이라고 주장하고 있음을 비판한다.[34] 칼빈이 볼 때 에베소서 본문의 "자녀"들은 일단 말 그대로 성도들의 어린 자녀들을 뜻한다. 이와 같은 당연한 의미를 의도적으로 무시하고 신앙적 수준을 의미하는 것으로 해석하는 것은 무리한 우의적 해석이다.

---

34 『재세례파 논박』, 14-15. COR. IV/2, 47-48.

칼빈은 재세례파가 자신들이 성경을 바르게 해석할 수 있는 성령의 특별한 조명을 소유하고 있다고 주장함을 지적한다.35 그러나 성령의 조명이란 특정 단어의 어떤 영적 의미를 깨닫기 위해 매번 구해야 할 초자연적인 은사가 아니다. "우리는 하나님이 하시는 말씀을 그날 그날 하늘로부터 듣는 것이 아니다. 하나님은 자기의 진리를 거룩하게 하셔서 오직 성경 안에서 영원히 기억되게 하시기를 기뻐하셨다."36 성령의 조명은 도리어 우리의 판단을 낮추고 성경의 신적 권위를 인정하게 한다. "그러므로 성령의 능력으로 조명을 받은 우리는 성경이 우리의 판단이나 다른 사람들의 판단으로부터가 아니라 하나님으로부터 존재한다는 사실을 믿는다."37 또 성령의 조명은 신자로 하여금 구약 율법의 약속과 신약 복음의 성취를 하나로 이어주는 성경 전체의 근본적인 원리를 깨닫게 한다.38 칼빈은 "오직 성경으로"의 원리를 바람직하게 적용한 해석 방법은 이와 같은 성령의 조명을 구하면서 성경 전체(Tota Scriptura)의 진리에 부합한 해석을 추구하는 것임을 강조한다.39

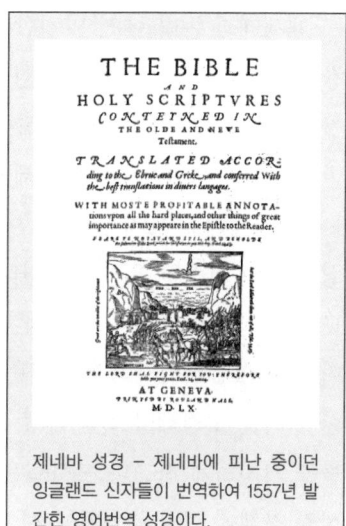

제네바 성경 – 제네바에 피난 중이던 잉글랜드 신자들이 번역하여 1557년 발간한 영어번역 성경이다.

---

35 "더욱이 우리에게 성령보다 더 낫고 더 확실히 설명해 줄 수 있는 자가 누가 있겠는가?" 『재세례파 논박』, 15. COR. IV/2, 48.
36 Institutes, I.7.1, OS 3: 65.
37 Institutes, I.7.5, OS 3: 70.
38 "성령은 일찍이 선지자들에 의해 선포되었던 것을 사도들을 통해 해석해 주었다." 『재세례파 논박』, 15. COR. IV/2, 48.
39 "그러나 만약 여호와의 율법이 성령을 통하여 효과적으로 마음에 새겨진다면 만약 그것이 그리스도를 제시한다면, 그것은 영혼을 소성시키며 소자들을 지혜롭게 하는 생명의 말씀이 될 것이다." Institutes, I.9.3, OS 3: 84.

『재세례파 논박』에서 발견할 수 있는 또 다른 두 가지 해석의 사례는 칼빈이 말하려고 한 바른 성경해석 방법이 무엇이었는지 잘 보여준다. 첫 번째 사례는 사도행전 19장에 기록된 성령세례에 대한 해석이다. 칼빈은 이 본문에 기록된 성령 세례를 죄를 회개하고 깨달은 이후 다시 받는 성인 세례로 보지 않는다. 이 본문이 기록하고 있는 성령 세례는 성령의 어떤 가시적 은사를 뜻한다. 칼빈은 이와 같은 해석의 근거로서 사도행전 전체의 맥락과 근본적 동기를 제시한다.[40] 그는 성령 세례의 의미를 바르게 해석하기 위해서는 사도행전을 넘어서서 성경 전체의 명확한 진리를 고려해야 한다고 주장한다. 즉 하나님께서 성령으로 그의 종들을 거룩하게 하신다는 사실은 사도행전뿐만 아니라 모든 선지자들이 성경 전체에 걸쳐 증거하는 사실이라는 것이다.[41] 사도행전의 맥락과 성경 전체가 말하는 성령의 사역을 도외시한 채 이 본문에서 유아세례의 부당성만을 읽어내는 재세례파의 해석은 편협하며 부적절하다.

칼빈은 합리적 추론을 사용해서 사도행전 19장에 대한 재세례파의 해석을 반박한다. "만일 무지한 사람에게 다시 세례를 주어야 했다면 확실히 이런 무지야말로 두 번째 세례가 필요했을 것이다. 우리의 경우 만일 우리 주님께서 우리의 잘못을 씻어 주실 때마다 새로운 세례를 받아야 하는 것이라면 우리는 언제나 호수나 강에 길게 줄을 서야 할 것이다."[42] 올바른 성경해석을 위해 구해야 할 성령의 조명은 본문의 맥락과 동기에 부합하며 성경 전체의 진리에 일관된 바른 깨달음이다. "그러므로 우리에게 약속된 성령의 임무는 아직 들어 보지도 못한 새로운 계시를 만들어 내거나 어떤 새로운 교리 자체를 날조하여 용인된 복음의 교리에서 우리를 떠나게 하는 것이 아니라 다만 복음이 말하는 바로 그 교리를

---

40 "성 누가가 여기에서 성령의 가시적인 은사를 말하고 있음이 분명하다. 왜냐하면 그렇지 않을 경우 그가 말하는 것 곧 그의 말의 대상인 유대인들이 성령이 주어진 것조차 모른다고 답한 것은 걸맞지 않기 때문이다." 『재세례파 논박』, 15. COR. IV/2, 48.
41 『재세례파 논박』, 15. COR. IV/2, 49.
42 『재세례파 논박』, 16. COR. IV/2, 50.

우리 마음에 인쳐 주는 데 있는 것이다."⁴³ 칼빈은 이처럼 "오직 성경"의 원리와 더불어 성령의 깨닫게 하시는 조명의 은혜를 강조한다. 그러나 이 은혜는 초월적이고 신비적인 뜻을 발견할 수 있도록 특정한 사람들에게만 주어진 배타적 특권이 아니다. 성령의 조명은 그 누구라도 성경 전체가 일관되고 선명하게 말하는 진리의 내용을 확증하고 쉽게 이해하게 해 주시는 하나님의 특별한 도우심이다.⁴⁴

두 번째 사례는 사후 영혼의 수면 상태에 대한 누가복음 23:43의 "오늘날 네가 나와 함께 낙원에 있으리라"라는 본문이다. 재세례파는 이 말씀이 사후 영혼이 수면 상태에 있음을 명백히 거절한다는 사실을 부인하기 위해 "주님 앞에서는 천 년이 하루 같다"라는 시편 구절을 인용하거나, 누가복음 본문이 말하는 "오늘"이 신약 시대 전체를 의미한다고 주장한다. 또 재세례파는 히브리서 13:8을 인용해 영원히 계시는 예수 그리스도에게 "오늘"이라는 시간의 개념은 무의미하다고 주장하기도 한다. 칼빈은 특정한 해석을 정당화하기 위해 사용하는 이런 식의 자의적 인용은 성경 전체의 용례에도 부합하지 않으며 해당 본문의 단순한 의미를 무리하게 왜곡하는 것이라고 강하게 비판한다.⁴⁵

> 하나님께서 천 년 후에 하실 일을 말하시면서 '내가 오늘 이것을 할 것'이라고 말한 사례를 성경에서 찾아 볼 수 없다. 이런 식으로 요나가 니느웨 사람들에게 4일 안으로 그들의 도시가 멸망할 것이라고 경고했을 때 만일 그들이 이것을 사천 년으로 해석했다면 그것은 그들에게

---

43   Institutes, I.9.1, OS 3: 83.
44   "누군가 그런 우화로 자신들을 만족시키기 원하는 자들이 내게서 그런 것들을 찾으려 한다면 잘못하는 일이 될 것이다. 왜냐하면 나는 명민한 존재로 비춰지기 위해 쓸데없이 엉뚱한 생각을 하기 보다는 알기에 적절한 것을 가르치기 위해 성경의 단순성(simplicité de l'escriture)으로 만족하기를 더욱 좋아하기 때문이다." 『재세례파 논박』, 68. COR. IV/2, 119.
45   『재세례파 논박』, 63. COR. IV/2, 113.

엄청난 어리석음이었을 것이다.⁴⁶

그렇다면 칼빈이 재세례파의 자의적 성경 인용을 비판하면서 강조하는 성경해석의 바른 태도는 무엇일까? 그것은 성경 본문이 말하는 바를 먼저 순수하고 단순하게 받아들이는 겸손이다. "그러나 참 종교가 우리를 비추기 위해서는 그 기원이 하늘의 교리로부터 주어져야 하며 또한 성경의 제자가 되지 않고서는 도무지 참되고 건전한 교리를 최소한의 맛조차 감지할 수 없다는 사실이 고려되어야 한다."⁴⁷ 성경은 하나님의 뜻을 특별한 사람들에게만 드러내고 대다수의 사람들에게 감추는 숨김의 말씀(the Word of Concealment)이 아니다. 성경은 기록된 말씀을 그대로 순수하고 성실하게 청종하면 누구라도 그 뜻을 깨달을 수 있는 드러내는 말씀(the Word of Revelation)이다.⁴⁸ 하나님께서 친히 자신을 드러내신 계시 앞에서 신자는 겸손하게 그 말씀을 청종해야 한다. "그러므로 우리도 여기에서 멈추자. 그리고 결정에 대해선 어떤 진술이 있든지 간에 이 척도를 넘어가지 않도록 하자."⁴⁹ 그러므로 겸손한 태도에 따른 올바른 성경해석 방법은 "성경의 문장들을 가까이 살펴서 그것의 참되고 자연스러운 의미를 끄집어내며, 공통의 언어에서 동떨어지지 않은 단순하고 솔직한 말을 사용하는 것이다."⁵⁰ 칼빈은 성경해석뿐 아니라 종교개혁을 추진하는 합당한 태도 역시 겸손이라고 주장했다. 정리하자면 종교개혁을 위한 바른 성경해석법은 진리를 깨닫게 하시는 성령의 조명을 구하

---

46 『재세례파 논박』, 63. COR. IV/2, 113.
47 Institutes, I.6.2, OS.3: 63.
48 "그러나 주목해야 할 것은 하나님께서 사람들에게 말씀하실 때 그 자신을 그들의 지각에 맞추신다는 점이다." 『재세례파 논박』, 63, COR. IV/2, 113. Cf. "이와 같이 그냥 두면 혼돈스러운, 하나님을 아는 지식을 우리 마음속에서 한데 묶어 주는 성경은 어둠을 깨뜨리면서 우리에게 참 하나님을 분명하게 보여준다. 따라서 이것은 특별한 선물이다. 하나님은 교회를 가르치기 위해서 무언의 교사들을 사용하실 뿐만 아니라, 그 자신의 가장 거룩한 입을 여신다." Institutes, I.6.1, OS.3: 60.
49 『재세례파 논박』, 68. COR. IV/2, 120.
50 『재세례파 논박』, 82. COR. IV/2, 142.

면서 성경 본문을 기록된 그대로 겸손히 듣고 그 말씀대로 순종하려는 것이다.

3.3. 성경해석의 바른 적용

그렇다면 성경 전체가 증거하고 성령께서 조명해 주시는 진리의 핵심은 무엇일까? 칼빈은 구약으로부터 신약에 이르기까지 성경 전체가 일관되게 증거하는 진리는 죄인을 구원하시는 하나님의 약속과 성취의 주권적 은혜라고 말한다. "그들[구약 족장들]이 주님과 화목하게 된 언약은 자기들의 어떤 공로에 의해서가 아니라 오직 자기들을 부르시는 하나님의 자비에 의해 지탱되었다... 그들은 그리스도를 통하여 하나님과 결합되었으며 하나님의 약속에 동참하는 자들이 되었다."[51] 이와 같은 칼빈의 성경 이해는 언약적 관점을 따른다. 언약적 관점은 유아세례의 정당성을 증명하는 데 적용된다. 칼빈은 구약 할례의 근본적인 원리였던 하나님의 주권적 언약이 신약 시대 유아세례에도 동일하게 적용된다고 주장한다. "그러나 이제 어떤 사람이 하나님에 의해 신도의 회중으로 받아들여질 때, 그에게 주어지는 구원의 약속이 그 자신을 위한 것일 뿐 아니라 또한 그의 자녀들을 위한 것임을 주목해야 한다. 왜냐하면 그는 다음과 같은 말을 듣기 때문이다. '내가 너와 네 자손 대대의 하나님이 되리라.' (창세기 17:7)"[52]

죽음 이후의 영혼의 상태 역시 약속과 성취라는 언약적 관점에 따라 설명되어야 한다. 칼빈은 베드로전서 3:19 "우리 주 예수께서 그의 영으로 옥에 있는 영들에게 가셨다"라는 구절을 해석할 때, 이 본문의 요점

---

51 Institutes, II.10.2, OS.4: 404.
52 『재세례파 논박』, 11. COR. IV/2, 42. Balke는 세례의 목적에 대한 견해 차이와 관련해 재세례파가 세례를 믿음의 증거로서 신자의 믿음을 증명하고 공동체의 순수성을 확인하는 증거로 보았다면, 칼빈은 이와 달리 세례를 하나님의 은혜의 확증으로서 신자의 믿음을 강화하고 공동체의 일치를 이루는 표징으로 보았다고 분석한다. Balke, *Calvin and the Anabaptist Radicals*, 222.

은 예수님의 부활을 통해 성취된 구원의 은혜라고 강조한다.

> 따라서 우리로 하여금 그의 부활의 능력이 우리에게 속한다는 것을 확신시키기 위해 그는 살아 있는 자뿐 아니라 죽은 자들도 그리고 믿음이 있는 자들뿐만 아니라 믿음이 없는 자들과 반역자들도 이것을 감지했다고 말한다… 즉 그리스도께서 성취하신 구원의 능력이 신자건 불신자건 간에 죽은 자들의 영혼에 나타났다는 것이다.[53]

칼빈은 언약적 관점 위에 서서 구약과 신약 모두 하나님의 구원의 약속과 성취의 진리를 증거하고 있다고 강조한다. "모든 족장과 맺은 언약은 실제로 그리고 그 자체에 있어서 우리와 맺은 언약과 아무것도 다르지 않고 전적으로 하나이며 동일하다."[54] 따라서 재세례파들이 유아세례를 거부하는 것은 구약과 신약에 걸쳐 일관된 하나님의 은혜의 언약적 연속성을 무시하는 교만이다. 이들의 유아세례 부인은 성경을 따른 것이 아니며, 다만 자신들의 배타적 정의감과 완전주의의 결과이기 때문이다.[55] 재세례파의 교만은 그들의 잘못된 성경관과 성경해석을 만들어냈다. 칼빈은 유아세례와 관련한 문제뿐 아니라 사후 영혼의 각성상태, 교회의 완전한 거룩함에 대한 문제, 세속 위정자에 대한 문제, 그리고 합당한 맹세 등 논점들에 대해서도 재세례파의 자의적 성경해석 사례들을 반박한다. 그리고 이에 맞서 "하나님의 주권적인 구원의 약속과 성취의

---

53 『재세례파 논박』, 61. COR. IV/2, 108-109.
54 Institutes, II,10,2, OS.4: 404.
55 "모든 성결의 조성자시요 근원이신 성령이 증거하기를 그리스도인들의 자녀들을 거룩하다고 하실진대, 그들을 이런 축복에서 제외시키는 것이 우리에게 속한 일인가?" 『재세례파 논박』, 15. COR. IV/2, 48. Balke는 재세례파가 구약과 신약의 불연속성을 강조한 데 반해 칼빈이 언약사상에 기초해 그 연속성을 강조한 것은 재세례파가 성경을 주관적인 신앙의 규범으로 이해한 데 비해 칼빈은 성경을 공동체적 규범으로 보았기 때문이라고 분석한다. Balke, *Calvin and the Anabaptist Radicals*, 309-313.

일관된 증언"이라는 언약적 관점의 성경 이해를 지속적으로 강조한다.[56]

칼빈이 볼 때 교회의 모든 가르침과 유산들을 무조건 폐기처분을 하려는 재세례파의 급진적 입장은 위험한 오류이다. 이들의 급진적 성경해석은 결국 하나님께서 성경이 증거하는 영적인 생명의 결합의 진리를 지지하며 교회를 통해 전수해 주셨음을 부인하기 때문이다. 물론 성경의 진리 여부가 교회에 의해서 결정되는 것은 아니다. 그러나 하나님께서는 분명 신실한 자신의 종들과 교회를 통해 여러 위협과 오류들에 맞서 성경의 진리를 재확인하고 보존하게 하셨음이 분명하다. 한 예로 칼빈은 재세례파가 주장하는 영혼수면론이 최근 나타난 이단적 사상이라고 비판한다. "영혼의 잠에 관한 재세례파의 이런 망상은 약 130년 전에 아랍 족속이라 불리는 이단들과 로마 교황 요한을 제외한다면 누구에 의해서도 주장된 적이 없었다."[57]

요약하자면 칼빈은 성경을 자신들만을 위한 배타적 규범으로 삼은 재세례파의 입장을 거부하고, 하나님의 주권적 구원 은혜를 확고한 기초로 삼는 일관된 적용을 추구했다. "그러므로 하나님과 그의 말씀에 순종하고자 하는 모든 사람들로 내가 성경을 통해 지적한 것에 머무르게 하자. 그들로 하여금 이 아름다운 약속을 묵상하게 하자."[58] 따라서 종교개혁을 위한 바른 성경해석은 자기의 필요에 따른 자의적 해석의 욕구를 삼가고, 항상 하나님의 주권적 구원 약속에 집중하여 이 은혜의 언약을 선명하게 증언하는 것이다.

---

56 Balke, *Calvin and the Anabaptist Radicals*, 320-327.
57 『재세례파 논박』, 71. COR. IV/2, 124.
58 『재세례파 논박』, 71. COR. IV/2, 124.

4. 교회: 종교개혁의 방식

4.1. 교회 정체성의 토대

칼빈은 그의 교회론에서도 재세례파의 분리주의를 거절하고 언약신학적이며 종말론적인 교회 이해를 따라 하나님의 주권적 은혜를 강조했다. 교회의 정체성, 교회의 일체, 그리고 교회의 권세, 이상 세 가지 주제들은 재세례파의 완전주의적 교회론과 차별되는 칼빈의 종교개혁적 교회론을 살펴볼 수 있는 가장 대표적인 주제들이다. 첫째, 칼빈은 교회의 토대와 관련해 재세례파의 완전주의를 거절한다. "나는 어떤 사람이 아직 복음적 완전함에 이르지 못했다고 해서 그 사람을 그리스도인 아니라고 치부할 만큼 그것을 엄격하게 요구하지 않는다. 그렇게 한다면 모든 사람이 교회로부터 배제될 것이다."[59]

다른 한편 재세례파의 슐라이트하임 신앙고백의 2조는 권징의 엄격한 시행을 통해 교회의 모든 구성원들이 완전한 거룩함에 이르기를 추구해야 한다고 밝힌다.[60] 앞서 말했듯이 칼빈 역시 출교가 선하고 거룩한 제도로서 교회 전체를 위해 필수적이며 유용하다는 사실을 인정했다. 그러나 권징의 엄격한 시행을 통해 구성원들의 모든 과오를 시정함으로써 교회와 예배의 완전한 거룩함을 이룰 수 있다고 생각하지 않았다. "모든 논쟁거리는 그들이 다음과 같이 생각하는 데 있다. 곧 이 제도가 제대로 된 상태에 있지 않거나 합당하게 시행되지 않는 곳은 어디든지 교회가 존재하지 않으며 거기에서 그리스도인들이 성찬을 받는 것도 위법이라는 것이다."[61] 이와 관련해 칼빈은 고린도 교회와 갈라디아 교회의 사례를 근거로 든다. "확실히 성 바울이 고린도 교회 교인들에게

59　Institutes, III.6.5, OS.4: 150.
60　『재세례파 논박』, 17. COR. IV/2, 51.
61　『재세례파 논박』, 18. COR. IV/2, 52.

편지를 쓰던 때에 그가 그것을 지적하고 한탄했듯이 그 교회에는 이런 결핍이 있었다. 그럼에도 불구하고 그는 그들 회중을 그리스도 교회라 부르는 영예를 베풀었다."[62]

제네바 생 피에르 교회

칼빈이 볼 때 교회의 토대는 구성원들의 완전함이 아니라 교회가 고백하고 증거해야 할 하나님의 구원의 은혜이다. 물론 지체들의 거룩함은 중요하다. 그러나 이는 교회가 함께 추구해야 할 지향점이며 구원의 교리를 고백할 때 나타나는 결과이다. 결과와 열매가 토대와 뿌리가 될 수는 없다. 이는 무엇보다도 구원 진리는 완전하나 그 결과인 성도들의 삶은 이 지상에서 늘 불완전할 수밖에 없기 때문이다. "첫째로 교회의 구성원 중 누구도 많은 불완전에 둘러싸이지 않을 만큼 깨끗하거나 완전한 사람은 없다 … 교회가 더러워지는 두 번째 방식은 선한 자들의 무

---

[62] 『재세례파 논박』, 18. COR. IV/2, 52. "갈라디아 교인들에 대해서도 무슨 말을 할까? 우리는 그들에 있던 혼란과 무질서를 알고 있다. 그러나 그것은 성 바울이 그들을 교회로 인정하는 것을 방해하지 않았다." Institutes, IV.1.14, OS.5: 18.

리 속에 사악한 위선자들이 늘 있어 그들의 오물로 회중을 오염시키는 것이다."[63] 이런 의미에서 지상의 가시적 교회의 거룩함은 종말론적이다. "주 예수께서 교회를 깨끗하게 하사 티나 흠이 없게 하시기 위하여 그의 피를 흘리셨다고 기록된 것은(엡 5:27) 당장 교회가 모든 오점에서 깨끗하다는 것을 의미하지 않는다. 오히려 교회는 이 세상에서는 결코 도달하지 못할 이 목표를 향해서 나아가면서 나날이 성장하고 발육한다."[64] 그러므로 결과가 부족하거나 열매가 완전하지 못하다고 해서 여전히 바른 진리 위에 서 있는 교회를 교회가 아니라고 정죄하는 것은 바람직한 교회개혁의 관점이 아니다.[65] 이런 교회론 위에서는 포기나 위선만이 가능할 뿐이다.

교회개혁은 교회의 토대이자 설립 목적인 구원의 교리를 확고히 증거하는 데 그 목적을 두어야 한다. 칼빈은 이와 같은 교회개혁의 목적이 말씀의 순수한 선포와 성례의 올바른 시행을 통해 성취될 수 있다고 주장했다.[66] 그렇다면 권징의 역할은 무엇일까? 칼빈은 교회의 건강과 일치를 위한 "힘줄"로써의 권징의 역할을 강조한다.[67] 그는 실제로 권징의 바른 시행을 위해 제네바에서의 추방까지도 불사했다. 그러나 칼빈은

---

63 『재세례파 논박』, 19. COR. IV/2, 54.
64 『재세례파 논박』, 19. COR. IV/2, 53.
65 "[마태복음 13장의] 이 비유들이 우리에게 가르쳐주는 바는, 비록 우리가 교회의 절대적 순결을 갈망하고 그것을 성취하기 위해 수고를 해야 하지만, 그럼에도 불구하고 결코 우리는 많은 부패가 없을 만큼 순수한 교회를 볼 수 없다는 것이다." 『재세례파 논박』, 19. COR. IV/2, 53. Cf. Institutes, IV.8.12, OS 5: 144-145.
66 "우리가 이 말씀이 선포되는 것을 보는 곳과 말씀이 우리에게 주는 규칙을 따라 하나님이 미신 없이 순전히 경배되는 곳 그리고 성례가 집행되는 곳은 어디든지 그곳에 교회가 있다고 우리는 어려움 없이 결론을 내린다." 『재세례파 논박』, 20. COR. IV/2, 54. Cf. "하나님의 말씀이 순수하게 선포되고 경청되며 그리스도의 제도를 좇아서 성례가 거행되는 것을 우리가 보게 되는 곳에는 어디든지 하나님의 교회가 어떤 모습으로 존재한다는 데는 전혀 모호함이 없다." Institutes, IV.1.9, OS 5: 13.
67 "그리스도의 구원 교리가 교회의 영혼이듯이, 그곳의 힘줄을 대신하여 권징이 있다. 이 힘줄을 통하여 그 몸의 지체들은 서로 합하여 하나가 되고 각자가 자기의 자리를 차지한다." Institutes, IV.12.1, OS 5: 212.

권징의 역할을 교회의 영혼인 교리를 위한 보조적인 것임을 항상 지적했다. "그러므로 권징은 그리스도의 교리에 맞서 광포하게 날뛰는 자들을 제어하고 길들이는 굴레나, 거의 의기소침해 있는 자들을 일깨우는 박차와 같다."[68] 즉 권징은 참된 교회의 두 가지 표지인 말씀 선포와 성례의 시행과 비교할 때, 이 두 가지 사역을 올바르게 시행하기 위한 방편에 해당한다. 권징이 잘 시행되어 모든 성도들의 삶이 거룩해지는 것으로 참 교회의 정체성이 확보되는 것은 아니다. 교회의 교회됨을 결정짓는 토대는 말씀으로 선포되고 성례로 증거되는 그리스도의 구원 교리이다.

> 마치 출교가 전혀 실시되지 않는 경우처럼 어느 곳에 선한 통치 조직이 없다면 교회의 참된 형태는 그만큼 손상된다고 고백한다. 그렇다고 이것이 교회가 온전히 파괴된다거나 건축물이 남아 있지 않다는 것을 말하지는 않는다. 왜냐하면 그곳에는 교회가 그 토대로 가져야 하는 교리(la doctrine)가 있기 때문이다.[69]

다시 말해 참된 교회를 판단하고 분별하는 기준은 교회가 고백하고 선포해야 할 복음이다. "요컨대 교회가 무엇인가를 평가하는 문제에 있어서는 하나님의 판단이 우리의 것보다 더 귀히 여겨져야 마땅하다. 그런데 재세례파는 우리가 지적한 대로 하나님의 판단에 동의하지 않는다."[70]

칼빈은 자신의 저술 전체에 걸쳐 재세례파의 완전주의를 비판하면서 이에 맞서 하나님의 주권적 구원 은혜의 순수한 선포가 참 교회의 여부를 결정짓는 기준임을 강조했다. 교회 지체들의 완벽한 도덕성이나 탁월한 영적인 수준은 진리에 순종할 때 나타날 수 있는 결과이다. 완전한

---

68 Institutes, IV.12.1, OS 5: 212.
69 『재세례파 논박』, 20. COR. IV/2, 55.
70 『재세례파 논박』, 20. COR. IV/2, 55.

거룩함은 지상 교회가 종말론적인 소망이며 따라서 지상에서 성취할 수 없는 이상이다. 이와 같은 이해 위에서 참 교회를 다시 회복하여 세우는 것이 칼빈이 추구한 교회개혁의 목적이었다. 그는 『기독교강요』(1559) 4권 1장에서 자신이 말하려 하는 교회개혁의의 궁극적인 목적을 다음과 같이 밝힌다.

> 그러나 여기에서 우리가 목적으로 삼는 것은 비록 마귀가 모든 우둔한 자를 움직여 그리스도의 은혜를 파괴하려 들고 또한 하나님의 적들이 이와 동일한 광기에 충동되어 날뛰지만 그 은혜가 소멸될 수 없을 뿐만 아니라 그리스도의 피가 쓸모없는 것으로 될 수도 없고 오히려 어떤 선한 것들이 그 피로부터 나온다는 사실을 아는 데 있다.[71]

4.2. 교회 일치의 기준

둘째, 칼빈은 교회 일치의 바른 기준과 관련해 재세례파가 엄격한 출교 시행을 구실로 삼아 도덕적으로 결함이 있는 교회로부터의 분리를 부당하게 주장한다고 비판한다. "그리하여 그들은 출교에 합당한 자를 추방하지 않기에 그런 오염된 곳에 참여하지 않겠다는 구실을 내세우면서 하나님의 교리가 순전히 전파되고 있는 교회들에서 스스로를 분리한다."[72] 칼빈은 예수님의 사례를 구체적인 근거로 삼아 참 교회의 기초는 권징을 통해 추구해야 할 거룩함이 아니라 "하나님의 교리를 순전하게 전하는 것"임을 다시 한 번 강조한다.

71　Institutes, IV.1.1, OS 5: 3.
72　『재세례파 논박』, 18. COR. IV/2, 52. Wilkinson은 슐라이트하임의 단어와 문장을 다각도로 해석해 종교개혁자들이 말하는 "교리적 일치"보다 오히려 이 신조가 추구한 교회 일치가 "삼위일체적이고 구원론적"이라는 점에서 신학적이며 "신앙고백과 삶의 헌신"을 조건으로 한다는 점에서 현실적이라고 평가한다. Michael D. Wilkinson, "Brüderliche Vereinigung: A Brief Look at Unity in the Schleitheim Confession," *Southwestern Journal of Theology* 56 (2014): 199-213.

무엇보다 그 당시 예루살렘 교회의 상태가 어떠했는지 우리가 알고 있다. 그럼에도 불구하고 우리 주 예수는 다른 사람들과 똑같이 할례를 받기 원했다... 하나님께 기도하고 자신의 신앙을 고백하기 위해서 사특한 자들이 추방당하지 않은 회중에 들어가는 것이 하나님께 범죄하는 것이라면 서기관들과 바리새인들 그리고 그토록 타락한 백성들과 함께 제사하러 예루살렘 성전에 들어가신 우리 주님은 무엇이 되며, 무슨 모범을 보이시는 걸까?[73]

그렇다면 로마 가톨릭과 분리한 종교개혁의 입장은 어떻게 정당화할 수 있을까? 칼빈은 당시 로마 가톨릭이 구원 진리를 왜곡했을 뿐 아니라 공공연하게 부인하고 있기 때문에 그들의 조직은 단지 "불완전한 교회"가 아니라 그리스도께서 세우신 교회도 아니며 그저 "혼돈스러운 집단"일 뿐이라고 규정한다.[74] 참 교회의 가시적 표지인 말씀과 성례가 참 교회와 거짓 "모임"을 구별하는 시금석(lydium lapidem)이다.[75] 따라서 로마 가톨릭의 미사에 참여하며 교황의 권위를 인정하는 행위는 교회의 일치를 위한 인내와 겸손이 아니다. 이런 위선은 진리를 거스리는 불신앙이며 배교이다.

성찬을 통해 드러나야 할 교회 일치의 기초 역시 교회 안의 성도들이 갖고 있는 완전함이나 공동체의 도덕성이 아니다. 교회의 일치는 하나님 말씀 진리의 신실함과 확실함에 달려 있다. 즉 성례의 완전함은 참여자들의 도덕적 완전함이 아닌 하나님의 약속의 완전함에 의존한다. 따

---

73 『재세례파 논박』, 21. COR. IV/2, 56.
74 "그러나 우리는 그곳[로마 교황청]에서 바울이 교회에 요구한 어떤 것도 찾지 못한다. 우리가 할 수 있는 말은 그것은 불구의 몸으로서 스스로 조각나버릴 혼돈스러운 집단이라는 것이다." Comm. Col. 2:19, CO.52: 113.
75 "다음이 그 시금석이다... 그 모임이 말씀과 성례가 없이 교회의 이름을 과시하는 데만 급급하다면, 한편으로 무모함과 교만을 피해야 하며, 이에 못지않게 다른 한편으로 이런 구실들에 현혹되지 않도록 독실한 주의를 기울여야 한다." Institutes, IV.1.11, OS.5: 15.

라서 성례에 참여하는 성도들이 마땅한 자세는 다른 성도들의 거룩함을 판단해 흠이 있는 사람들을 일방적으로 배척하는 것이 아니라 이미 이루어주신 구원의 약속에 비추어 자기 자신의 신앙과 삶을 정직하게 반성하는 것이다.[76] 교회의 바른 일치를 위한 출교의 시행도 이와 같은 자기반성의 목적에 충실하게 적용해야 한다. "오히려 각 교회는 자신의 위치에서 출교를 세우고 정비하도록 시도해야 한다 … 그러나 개인이 원하는 대로 사태가 진행되지 않을 때마다 그에게 교회로부터 이탈할 정당한 이유가 있음을 의미하는 것은 아니다."[77]

교회 안의 모든 지체들이 온전함을 소망하고 이를 위해 함께 노력해야 함은 분명하다. 그러나 이 일이 잘 이루어지지 않는다고 해서 섣불리 그 공동체부터 분리하는 것은 옳지 않다.

> 우리가 우리의 의무와 직무에 속한 것을 했을 때 우리가 원하는 것 내지는 바람직한 것을 얻을 수 없다면 나머지는 하나님께 맡기자. 그것이 그의 일이기에 그가 손대시도록 말이다. 비록 우리가 완전한 상태의 하나님의 교회를 보지 못하는 것을 유감으로 여기는 것이 당연하지만 그럼에도 불구하고 우리가 고칠 수 없는 이 불완전을 짊어지자.[78]

칼빈은 『기독교강요』에서 재세례파의 완전주의를 교회 일체를 파괴하는 전형적인 분파주의적 오류라고 비판한다. "고대의 도나투스주의자들뿐만 아니라 카타리파에 속한 자들이 이런 자들과 유사한 광증을 지니고 있었다. 오늘날은 자기들이 다른 사람들보다 더 앞서가는 듯이 보

---

[76] "첫째로 분변치 않고 주의 떡을 먹는다는 것은 그것을 받을 자격이 없는 사람들과 친교하지 말라는 것이 아니라, 자신의 믿음과 회개가 있는지 없는지를 살피면서 잘 준비하지 않는다는 말이다. 둘째로 우리가 성찬에 참여할 때 다른 사람들에 대해 조사를 시작해야 하는 것이 아니라 각자 자신에 대해 살펴보아야 한다는 것이다."『재세례파 논박』, 22-23. COR. IV/2, 58.
[77] 『재세례파 논박』, 23. COR. IV/2, 59.
[78] 『재세례파 논박』, 23-24. COR. IV/2, 59.

이길 바라는 일부 재세례주의자들이 이런 부류에 속한다."[79] 칼빈이 제시한 종교개혁의 목적은 불순한 사람들로부터 완전히 분리된 순수한 교회 설립이 아니었다. 그의 종교개혁은 진리 안에서의 교회의 하나됨을 추구했다. 이런 올바른 일치는 로마 가톨릭이 주장하는 교황수위권에 따른 위계질서체제의 확립이나 재세례파가 집착하는 권징의 엄격한 시행과 같은 방편으로 이루어질 수 없다. 이와 같은 인간적인 방편들은 도리어 그리스도의 몸으로서 교회의 정체성을 훼손하며 참된 일치를 손상시킨다. 교회의 참된 일치를 위해서는 무엇보다도 먼저 하나님의 전적인 구원의 은혜에 대한 신뢰와 소망을 확고하게 붙잡아야 한다.[80] 교회는 구원 진리의 선포와 진정한 예배의 시행을 위해 하나님께서 친히 세우셔서 지켜주시는 그리스도의 몸이기 때문이다.

4.3. 교회 권세의 한계

셋째, 칼빈은 교회가 행하는 죄 사함의 권세의 근거가 무엇인가의 문제에 있어서 재세례파의 엄격주의를 거절한다. "그 한 가지 사항이란 고의적인 악의 없이 우연히 죄를 범한 사람은 은밀히 두 번의 훈계를 받은 후에 공개적으로 징벌 받거나 출교되어야 한다는 그들의 주장이다."[81] 칼빈은 재세례파가 세 번에 걸친 훈계와 권징 절차를 마태복음의 지침을 따라 시행하려 한 점은 비판하지 않는다. 그러나 재세례파들이 이 가르침을 기계적으로 적용해서 성경의 본래 의도를 왜곡해 해석하고 적용하는 점을 강하게 비판한다.

---

79   Institutes, IV.1.13, OS 5: 17.
80   Balke는 재세례파는 개별 교회의 완벽함에 집중하는 원자론적인(atomistic) 교회론을 전개한 반면 칼빈은 보편 교회의 일치를 강조하는 유기체적(organic)이며 성령통치론적(pneumatocratic) 교회론을 취했다고 분석했다. Balke, *Calvin and the Anabaptist Radicals*, 235.
81   『재세례파 논박』, 24. COR. IV/2, 60.

칼빈에 의하면 재세례파는 "은밀한 죄"만을 말하고 있는 본문의 구별을 바르게 파악하지 못하고 고의로 죄를 범한 자들을 모두 성령훼방죄를 범한 자들이라고 정죄하고 있다. 그러나 이런 엄격주의는 사실상 하나님의 은총에 반대되는 "신성모독"이며 "해로운 망상"이다.[82] 성령훼방죄를 범했는지의 여부는 그 고의성의 여부에 앞서 하나님의 진리를 대적했는지 여부에 따라 판정되어야 한다. "왜냐하면 노골적으로 하나님의 진리를 비난하고 가능한 한 마치 홧김으로 그것을 무너뜨리려 애쓰는 자가 성령을 훼방하는 사람이기 때문이다."[83]

마찬가지로 교회의 모든 권세 시행에 있어서 그 판단의 기준은 하나님의 구원의 진리여야 한다. 죄 용서 가능성을 결정하는 권한은 인간에게 속하지 않는다. 이 판단의 기준 설정은 하나님의 주권에 속한다. "사실 죄를 용서하는 권한을 그 자신에게만 유보하시기 때문에 또한 어느 죄가 용서받고 못 받는지를 결정하는 것도 그에게 속한다."[84] 특히 교회가 권징을 시행할 때, 그 권세의 범위와 한계를 명확하게 인식해야 한다. 권징은 하나님 앞에서의 죄 용서 여부를 결정짓는 것이 아니다. 권징은 그리스도와의 합당한 교제로부터 잠시 멀어져 있음을 확정할 뿐이다.[85] 그러므로 권징을 비롯한 교회의 권세 시행은 항상 "절제의 규범"을 따라 하나님의 판단에 스스로를 맡기는 자세로 이루어져야 한다.

사람은 오직 하나님의 손과 의지 안에 있으므로 사람 그 자신이 죽음

---

[82] 『재세례파 논박』, 24-25. COR. IV/2, 61. "그러나 모든 자발적 죄가 성령을 거슬린다고 말하는 것은 지나치다 … 하나님과 충돌하거나 그의 말씀을 거슬러 모독하기를 원하지 않는 사람이 그럼에도 불구하고 고의로 죄를 범할 수 있다." 『재세례파 논박』, 25. COR. IV/2, 61.
[83] 『재세례파 논박』, 25. COR. IV/2, 61.
[84] 『재세례파 논박』, 25. COR. IV/2, 61.
[85] "그러므로 교회로부터 축출된 자들을 택함 받은 자들의 수에서 삭제하거나 마치 그들이 이미 버림을 받은 것처럼 절망하는 것은 우리가 할 일이 아니다. 그들이 교회로부터 멀어지고 그리스도로부터 멀어진 상태에 있다고 여기는 것은 합법적이다. 그러나 단지 어느 시간 동안에만 그들이 교회에서 단절된 상태로 머물러 있다고 보아야 한다." Institutes, IV.12.9, OS 5: 220.

에 팔려가도록 정죄해서는 안 되며, 오직 각 사람의 행위가 어떠한지를 주님의 법에 따라서 헤아리는 데 전념해야 한다. 우리는 이런 절제의 규범을 좇아 우리 자신의 입장을 내세우지 말고 도리어 우리 자신을 하나님의 판단에 맡겨야 한다.[86]

칼빈은 교회 권세의 올바른 시행의 기준으로서 구약의 제사법을 비롯한 여러 규례들이 가지고 있는 의의에 주목한다. 그러나 구약에서 율법을 통해 약속된 하나님의 용서의 은혜는 신약에서 복음을 통해 성취되고 더 확대되었음을 주장한다. 즉 하나님께서는 고의적으로 죄를 범하는 이스라엘 백성들을 용서하셨다. 하나님께서는 이제 예수 그리스도의 십자가의 공로로 구원받은 믿음의 백성들 역시 고의성 여부와 무관하게 용서하기를 원하신다. "왜냐하면 우리가 알기로 하나님의 무한하신 관대함은 우리 주 예수의 오심으로 제지되지 않고 오히려 증가되었기 때문이다."[87] 이와 같은 언약의 발전성이라는 관점에서 보면 재세례파의 엄격한 권징 이해는 심각한 오류임이 분명하다. 이들은 완전한 도덕적 순결함을 추구하는 과정에서 도리어 자신들이 추구하는 도덕적 완전함을 위해 하나님의 용서하시는 은혜를 제한해 버리고 "하나님의 손을 묶고 그 긍휼을 방해"한다.

칼빈은 재세례파의 완전주의를 바른 종교개혁의 정신으로 보지 않았다. "이것이 두 가지 오류로서 재세례파가 얼마나 위대한 선생들인지 그리고 모든 것을 개혁하기 위해 어떤 정신을 갖고 있는지 잘 보여준다."[88] 칼빈이 추구한 종교개혁은 불완전한 모든 사람들을 일방적으로 비난하고 불완전한 제도나 가르침들을 폐기하는 급진적 변화가 아니었다.[89] 칼

---

86 Institutes, IV.12.9, OS.5: 220.
87 『재세례파 논박』, 26. COR. IV/2, 62.
88 『재세례파 논박』, 24. COR. IV/2, 60.
89 "그럼에도 불구하고 우리가 주의해야 할 것은 악습을 개선하고 시정하는 방법은 그것을 올바른 사용과 혼합시키고 혼돈시켜서 이것과 저것을 함께 무차별하게 비난하는 것이 아니라는 점이

빈이 생각한 종교개혁은 하나님의 주권적인 구원의 은혜 위에, 그리고 그 은혜를 기준으로 삼아, 그 은혜를 증거와 기념의 목적으로 여기는 참된 교회를 세우고 성도들을 온전케 하는 회복을 위한 순종과 헌신으로 이루어지는 기독교 종교의 총체적 회복이었다.[90]

5. 세속 사회: 종교개혁의 범위

5.1. 소명으로서의 위정자 직분

하나님의 주권적 구원 은혜의 진리를 강조하려는 칼빈의 종교개혁 이해는 세속 권세에 대한 재세례파의 급진적 입장을 반박하는 논증에서도 분명히 드러난다. 슐라이트하임 신앙고백 6조는 그리스도인들은 그리스도께서 행하신 대로 무력을 사용할 수 없으며, 세상의 법정에 호소해서도 안 된다고 말한다. 그리고 그리스도인들은 무력으로 군림한 위정자를 인정할 수도 없으며, 위정자의 자리에 오를 수 없다고 주장한다.[91] 칼빈은 『재세례파 논박』에서 재세례파의 여러 분리주의적 주장들을 비판하면서 재세례파의 급진적 주장과 차별되는 종교개혁의 합당한 범위를 제시했다.

첫째, 칼빈은 세속 위정자의 직무가 하나님께서 주신 소명에 모순되지 않는다고 주장한다.[92] 그는 『기독교강요』에서 다음과 같이 역설한다.

다."『재세례파 논박』, 43, COR. IV/2, 83.
90 Balke는 재세례파가 목회자의 직분을 거절한 반면 칼빈은 교회 안에서 목사를 통한 가르침의 중요성을 강조한 것 역시 완전주의 교회론과 종말론적 교회론의 차이에 따른 결과라고 분석한다. 칼빈이 보기에 성령은 질서의 영이며 이 질서는 말씀의 진리를 최선을 다해 분별하고 가르칠 구별될 직무를 요구한다. Balke, *Calvin and the Anabaptist Radicals*, 235-248.
91 슐라이트하임 신앙고백, 제6조, 『재세례파 논박』, 31. COR. IV/2, 68.
92 『재세례파 논박』, 31. COR. IV/2, 68. Biesecker-Mast는 슐라이트하임 신앙고백 6조를 극단적인 이분법적 사고로 이해하기보다는 초기 재세례파의 정치적 입지와 당시 수사학적 흐름에 따라

"주님의 통치자의 직능이 자기에 의해서 인정되며 받아들여진다는 사실을 입증하셨을 뿐 아니라 그것의 가치를 가장 영예로운 이름들로써 높이셨으며 놀랍게도 그것을 우리에게 위탁하셨다."[93] 『재세례파 논박』에서는 통치자의 신적 정당성을 증명하기 위해 먼저 구약의 여러 사사들과 왕들이 하나님의 구원 역사를 위해 쓰임 받은 인물들이었음을 지적한다. 신약 해석과 관련해 칼빈은 재세례파들이 산상수훈을 가장 중요한 규범으로 삼고 있다고 말한다. 그리고 그들이 산상수훈의 여러 교훈들을 세속과 단절된 새로운 삶을 명령하는 것으로 해석하고 있음을 비판한다.[94] 칼빈은 공관복음 주석에서 산상수훈이 신약적 교훈으로서의 의의에도 불구하고 이 교훈들이 갖고 있는 종말론적이며 역설적인 성격을 놓치지 말아야 한다고 주장한다.[95] 재세례파의 해석은 이와 같은 특징을 무시하고 산상수훈을 현실 상황에 그대로 적용한 점에서 문제가 있다. 재세례파들의 무리한 단선적 성경해석이 가져오는 분리주의적 오류에 빠지지 않으려면 구약의 율법과 신약의 새로운 계명 사이의 연속성을 이해하는 해석적 관점이 중요하다.

> 그러므로 다음의 입장을 고수하자. 즉 진정한 영적인 의에 대해서 다시 말해 신자가 선량한 양심으로 행하여 자신의 소명과 다른 모든 일에 있어 하나님 앞에 온전하게 되는 일에 대해서는 모세의 율법에 명백하고 완전한 선포가 있는바 우리가 옳은 길을 따라 가고자 한다면 단지 그것에 매달리기만 하면 된다는 것이다.[96]

재평가해야 한다고 주장한다. Gerald Biesecker-Mast, "Anabaptist Separation and Arguments against the Sword in the Schleithim Brotherly Union," *Mennonite Quarterly Review* 74 (2000): 381-402.
93   Institutes, IV.20.4, OS.5: 474.
94   흥미롭게도 슐라이트하임 신앙고백 6조는 구약 인용이 구약의 사례들에 대한 언급은 전혀 없이 오직 신약의 사례들만을 각 조항의 근거로 제시한다. 『재세례파 논박』, 32. COR. IV/2, 70.
95   Comm. Matt. 5:2, CO.45: 159.
96   『재세례파 논박』, 32. COR. IV/2, 70.

구약과 신약의 언약적 연속성에 대한 이해는 세속 정부의 정당성을 증명하는 데 있어서도 중요하다. "결과적으로 그 당시에 거룩하고 합법적이었던 소명이 오늘날 그리스도인들에게 비난될 수 없다 … 우리 주님께서 그것을 제정했고 이스라엘 백성에게 선한 것으로 인정했으며 그리고 그 백성에게 가장 뛰어난 종들, 심지어 그의 예언자들을 세웠기 때문이다."[97] 칼빈은 하나님께서 구약 이스라엘 백성들을 위해 허락해 주신 정부는 그리스도의 영적 정부의 모형에 불과한 것이 아니라고 말한다. 이 정부는 당시 실제로 모든 백성들을 다스리기 위해 하나님께서 세워 주신 통치기구였다. 그는 시편과 선지서에서 그리스도의 왕국에 대해 예언할 때, "왕들이 나와서 그리스도를 경배하며 그에게 경의를 표할 것이라고 기록"함으로써 새로운 시대에도 위정자들과 왕들이 그 지위를 유지할 것을 말해 주었다고 주장한다.[98] 또 칼빈은 세속 통치의 정당성과 관련해 신약 어느 구절에서도 구약 제사장 직분의 폐지와 같은 수준의 불연속성을 발견할 수 없다고 설명한다. 따라서 칼빈은 구약의 "노예적인 통치 방식"과 신약 시대 그리스도의 복음으로 성취된 "오늘날의 완전함"이 양립할 수 없다고 주장하면서 "무정부 상태를 획책하는 자들"은 성경에 대한 "자기들의 무지뿐 아니라 마귀적인 오만불손도 폭로하고 있다"라고 강하게 비판한다.[99]

칼빈은 모든 직업이 신자들에게 주어진 소명이라고 생각했다.[100] 그 가운데에서도 특별히 왕과 위정자들은 하나님께서 특별히 존엄한 자리에 세우신 소명자들이라고 말했다. "사실 우리 주님께서 [시편 82:6에서] 군주들을 신이라고 부르는 은총을 베푸신 것은 그들 자신 때문이 아니

---

97 『재세례파 논박』, 32. COR. IV/2, 70.
98 『재세례파 논박』, 33. COR. IV/2, 71.
99 Institutes, IV.20.5, OS.5: 475.
100 "양치기들과 농부들, 수공업자들, 그리고 이와 유사한 사람들은 그들의 신분을 거룩하게 여겨야 하며, 그리스도의 완전이라는 이름으로 그들을 결코 방해해서는 안 된다." 『재세례파 논박』, 33. COR. IV/2, 71.

라 그들이 존엄한 위치에 있음을 고려했기 때문이다. 우리 주 예수는 하나님이 그들을 임명하여 그런 책임을 주셨기 때문이라고 설명한다. (요한복음 10:34)"[101]

물론 세속 위정자의 정당성은 그들 자신으로부터 나오지 않는다. 모든 소명의 정당성은 오직 하나님의 소명에 의존한다. 이와 관련해 칼빈은 "오직 하나님께 영광"(soli Deo gloria)이라는 종교개혁의 목적론적 원리를 언급한다.

> 요컨대 하나님은 자신의 이름의 영광을 전적으로 유지하고 그것을 파손하거나 감소시키는 사람들을 처벌하기 위해 다만 그의 이름의 영광 외에 아무것도 중하게 여기지 않으신다는 것을 세상으로 하여금 알게 하신다는 것이다. 그러므로 아무도 커다란 존경심 없이 그의 이름을 취해서는 안 되며 오직 하나님이 그의 이름으로 영광 받으신다는 이 목적을 위해서만 그렇게 해야 한다.[102]

하나님 이름의 영광은 곧 하나님의 주권적인 구원 역사 속에서 구체적으로 드러난다. 그런데 이 구원의 역사는 신자들의 영적인 삶뿐 아니라 세상의 모든 영역을 포괄한다. 당연히 세속 권세 역시 하나님께서 자기 자녀들을 보호하고 질서 가운데 살게 하시는 구원 역사의 영역에 포함된다. "지상의 모든 일에 대한 뜻이 왕들과 다른 통치자들의 수중에 있는 것은 인간적 사악함이 아니라 하나님의 섭리와 거룩한 작정으로 말미암은 것이다. 하나님은 사람들의 일이 이렇게 다스려지기를 원하신

---

[101] 『재세례파 논박』, 34. COR. IV/2, 72. "하나님께서는 군주들과 모든 권세자들을 자신의 사역자들임과 그들로 하여금 선한 자들과 순수한 자들의 보호자가 되고 사악한 자들을 징벌하도록 그들을 세웠다고 선포하신다. 그리고 그들이 그 일을 할 때 그들은 그가 그들의 손에 위임한 그의 일을 수행하는 것이라고 선포하신다." 『재세례파 논박』, 35. COR. IV/2, 73.
[102] 『재세례파 논박』, 44, COR. IV/2, 85.

다."¹⁰³ 그러므로 성스러운 영역과 세속적인 영역을 이분법적으로 분리해 세속 위정자의 권위를 부인하는 재세례파의 분리주의는 큰 문제가 있다. 이들은 궁극적으로는 세속 위정자들도 사용하셔서 구원의 역사를 이루시는 하나님의 주권을 제한하고 무시한다. "따라서 나는 하나님께서 그토록 높인 소명을 경멸하는 사람은 누구든지 하나님의 천상의 존엄을 참람하게 하는 것이라고 결론짓는다."¹⁰⁴

5.2. 세속 법정 사용 가능성

둘째, 칼빈은 재세례파의 분리주의적 입장과 달리, 하나님의 주권적 구원 은혜를 근거로 삼아 세속 법정의 사용 가능성을 인정한다. 슐라이트하임 신앙고백의 6조는 요한복음 8장의 간음하다가 현장에서 잡힌 여인의 경우를 근거로 삼아 그리스도인들은 세속 형사 법정을 사용할 수 없다고 선언한다. 이에 대해 칼빈은 우선 이 본문이 예수님께서 로마 가톨릭의 파문처럼 이 여인에게 사형선고를 할 수 있는지 없는지의 문제를 다루는 것이 아니라고 말한다. 이 본문을 바르게 해석하기 위해서는 이 본문뿐 아니라 성경의 다른 모든 곳을 살펴보아야 한다. 성경을 보면 예수님께서 "통치 제도나 시민 질서를 바꾸는 것을 전혀 원하지 않으셨으며 다만 그것을 조금도 위반하지 않은 채 자신이 세상에 오신 목적인 죄를 용서하는 임무를 행하셨다"는 사실이 분명하다.¹⁰⁵ 따라서 예수 그리스도께서 성취하신 죄 용서의 사역은 세속 정부의 역할과 정당성을

---

103 Institutes, IV.20.4, OS.5: 475.
104 『재세례파 논박』, 34. COR. IV/2, 72. 칼빈은 세속 권세뿐 아니라 세상에 속한 모든 것이 올바른 동기를 가졌다면 정당한 사용의 대상이라고 보았다. "즉 하나님께서 여러 가지 선물을 창조하신 목적을 우리의 유익을 위해서지 우리를 멸망시키시려는 것이 아니었기 때문에 하나님께서 창조하시고 정하신 그 목적에 따라서 하나님의 선물을 사용한다면 그런 사용은 방향이 바르다는 것이다." Institutes, III.10.2, OS.4: 178.
105 『재세례파 논박』, 36. COR. IV/2, 75.

취리히의 재세례파 추모비. 이곳에서 초기 재세례파들이 처형당했다.

배제하지 않았다고 해석하는 것이 타당하다.

민사소송의 경우도 마찬가지이다. 슐라이트하임 신앙고백 6조는 예수님께서 형제들 사이의 재산 분할 판결을 거절하신 누가복음 12:14를 인용하여 그리스도인들도 이처럼 해야 한다고 주장한다.[106] 칼빈은 여기에서 다시 재세례파의 편협한 성경해석을 비판한다. 이 역시도 성경의 다른 곳도 충분히 살펴보아야 한다. 예를 들어 고린도전서 6장과 같은 바울 서신 여러 곳이 그리스도인들도 세속 법정에 호소할 수 있음을 예시한다. 편협한 성경해석에 따른 이분법적인 적용은 결국 무질서를 조장한다. "그러나 그들의 의도대로 그리고 그들이 엄하게 명하는 것에 따라 모든 재판과 중재를 세상에서 없애도록 내버려 두자. 방탕한 강도짓 외에 무슨 일이 생길까?"[107] 앞서 검토했듯이 칼빈이 말하는 올바른 성경해석은 관련된 성경 구절들을 전체적 맥락 가운데 살피고 단순한 의미를 추구하면서 성령이 주시는 깨달음을 겸손하게 구하는 해석이다.[108]

---

106 『재세례파 논박』, 36. COR. IV/2, 75-76.
107 『재세례파 논박』, 37. COR. IV/2, 77.
108 "만약 우리가 예수 그리스도의 본을 따라 모든 중재와 재판들을 거부해야 한다면 성 바울이 우리를 이렇게 이끌어 가는 것은 잘못일 것이다. 그런데 확실한 것은 그의 입을 통해 말씀하고 계시는 분이 성령이라는 것이다." 『재세례파 논박』, 37. COR. IV/2, 76.

형사법정과 마찬가지로 민사법정 역시 하나님께서 주신 일반적 은총의 영역이다. 칼빈은 『기독교강요』에서 다음과 같이 선언한다.

> 그러나 자기들 마음속에 이러한 공평과 절제에 대한 의식이 있다고 해서 그리스도인들이 자기들의 적들에 대한 순수한 우의를 지키면서도 자기들의 소유를 보존하기 위해서 통치자의 도움을 구하는 것이나, 죽음 외에는 달리 개선의 여지가 없다고 여겨지는 해롭고 위험한 자에게 통치자가 형벌을 가할 것을 공공의 선에 대한 열의 가운데서 요구하는 것은 가로막히지 않는다.[109]

칼빈 역시 재세례파와 유사하게 세속 법정 사용을 자제함으로써 신자들의 공동체가 이루어야 할 구별된 삶의 모범을 강조한다.[110] 그러므로 세속 법정을 남용하는 것은 그리스도인에게 바람직하지 않다. 그러나 그리스도인들이 하나님의 주권 하에 있다는 것을 구실로 삼아 세속 법정 사용은 절대 불가능하다고 말할 수는 없다. 세속 통치의 질서 역시 자기 백성을 보호하고 궁극적으로는 자신의 구원 역사를 이루기 위해 하나님께서 세우신 질서에 속하기 때문이다.[111] 이런 점에서 볼 때, 재세례파는 합당한 구별을 넘어서서 성과 속, 교회와 세상을 이분법적으로 여기는 분리주의적 오류에 빠져있다. 가시적 교회와 지상의 신자들 역시 하나님께서 세우신 질서인 세속 권세를 따라 중재와 조정을 받아야 할 필요에서 예외가 아니다. "심지어 선량한 양심을 가진 두 사람도 우리의 본성에 있는 연약성에 따라서 다소 분쟁에 빠질 수 있기 때문이

---

[109] Institutes, IV.20.20, OS 5: 492.
[110] Balke는 재세례파가 추구했던 차별적 삶의 방식은 공산주의적 특징까지 포함한 것이었다고 평가한다. Balke, *Calvin and the Anabaptist Radicals*, 276-77.
[111] "그의 직무는 죄를 용서하고 죄인들의 양심에 그의 말씀을 전하는 것이다. 그는 육체적 형벌을 가하는 것을 그것에 섞지 않으시며 오히려 그런 일을 그 일에 권한을 갖고 책임을 위임 받은 자들에게 넘기신다." 『재세례파 논박』, 36. COR. IV/2, 75.

다. 우리는 자신의 입장에 눈이 멀어 있기 때문에 각자 자신이 올바르다고 생각할 것이다."[112] 따라서 도덕적으로 완전하기 때문에 세속 정부의 관여와는 전혀 무관하게 되었다는 재세례파의 생각은 망상에 불과하다. "우리가 참으로 이 표본으로부터 유익을 얻고 그것을 따르려 한다면 성 바울이 우리에게 주는 규칙을 취하자. 즉 각자는 그가 무엇에 부름을 받았는지를 고려하고 우리가 주 안에서 한 몸이기에 팔이 눈 위에 침해할 수 없고 손도 발 위에 침해할 수 없다는 것이다. (고린도전서 12:21)"[113]

5.3. 세속 정부 참여 가능성

셋째, 슐라이트하임 신앙고백은 "위정자들의 통치는 육을 따르는 것이며 그리스도인들의 통치는 영을 따르는 것이다"라고 선언한다. 그들은 이와 같은 이분법에 따라 그리스도인들은 절대로 세속적 직임을 맡아서는 안 된다고 말한다. 칼빈은 이와 같은 재세례파의 폐쇄적 이해를 비판한다. 그의 비판은 올바른 세속 정부가 대표하는 교회 외부의 세상과 관련된 종교개혁의 방식과 범위를 제시하는 데 있다.

예수 그리스도께서는 세상의 왕이 되기를 원하지 않으셨고 그분이 세운 왕국은 온전히 영적이 왕국이었다. 그러나 이로부터 그리스도께서 모든 세속 권세를 부정하셨다고 말해서는 안 된다. 모든 세속 권세는 궁극적으로 최고의 통치자이신 예수 그리스도께 속해 있으며 그분께서 세우신 것임을 인정해야 한다. "예수 그리스도는 개인적으로는 왕이 아니지만 모든 왕국들의 보호자인 바 이는 그분께서 그것들을 만드시고 세우셨기 때문이다."[114] 누가복음 22장에서 "이방의 임금들은 저희를 주관하나 너희는 그렇지 않을지니"라는 말씀 역시 분리가 아닌 구별을 의

---

112 『재세례파 논박』, 37. COR. IV/2, 76.
113 『재세례파 논박』, 37. COR. IV/2, 77.
114 『재세례파 논박』, 38. COR. IV/2, 78.

미할 뿐이다. "이 구절은 그리스도인이 왕이 될 수 있는지 없는지에 관해 말하는 것이 아니라 단지 사도들과 교회의 목회자들이 통치를 위한 왕들과는 같지 않다는 것을 말하기 때문에 예수 그리스도께서 우리에게 모든 우월적인 권세를 금했다고 이 구절로부터 추론하는 것은 엄청난 헛소리이다."[115]

칼빈은 베드로후서와 유다서 등 신약 여러 본문이 세속 위정자의 권위와 합법성을 인정하고 있다고 주장한다.[116] 이렇게 명백한 성경의 가르침을 무시하는 재세례파의 분리주의적 사고는 도리어 더 큰 혼란을 불러일으킬 수 있다. 즉 분리주의적 시각에 따라 위정자들이 자신의 직무를 거룩한 사명으로 여기지 않고 온전히 자신들의 세속적 욕구에 따라 수행해도 된다는 오해를 할 수 있다는 것이다. 이런 오해의 결과는 무서운 무질서와 제한 없는 방탕일 것이다.[117] 칼빈은 통치자들의 소명 의식이 올바른 통치의 자세를 만들어낸다고 말한다. "하나님의 의의 사역자들로서 자기들이 세움을 받았다는 것을 아는 사람들은 순전함, 현명함, 온유함, 절제심, 정직함을 지니려고 얼마나 많은 열정을 가지고 그들 자신을 편달하겠는가?"[118]

그러므로 그리스도인들은 모든 직업이 하나님의 소명임을 인정하는

---

[115] 『재세례파 논박』, 39. COR. IV/2, 78. 다른 한편 칼빈이 이 부분에서 교회의 목회자들이 세속 통치자의 직무를 동시에 수행하는 것을 거부하고 있음이 분명하다. "그러므로 왕들은 자신의 한계 안에서 자제해야 하고 마찬가지로 영적 목사들은 그들에게 속하지 않은 것을 찬탈하지 않은 채 그들의 임무를 수행하는 것으로 만족해야 한다. 그러면 모든 것이 순조롭게 진행될 것이다." 『재세례파 논박』, 39. COR. IV/2, 78.
[116] 칼빈은 구약 성경에서는 모세와 다윗, 그리고 여러 선지자들과 사사들의 예를 들면서 이들이 이스라엘 백성들에 대한 세속적 통치권을 가지고 있었으면서도 "희망과 소망 가운데 하늘에 그들의 거주를 갖고 있었다"라고 말한다. 『재세례파 논박』, 40-41. COR. IV/2, 82.
[117] "이 점에 있어서 그들은 그들 스스로 하나님과 인류의 적임을 드러내고 있다… 왜냐하면 하나님께서 존귀하게 하신 것을 비난하려고 하는 것과 그가 높인 것을 발로 밟으려 하는 것은 그의 화를 돋우는 일이기 때문이다. 그리고 시민 정부나 검의 권세를 폐기하려 애쓰는 것보다 차라리 세상이 파괴를 꾀하고 도처에 강도짓 같은 것을 도입하는 편이 나을 것이다." 『재세례파 논박』, 41. COR. IV/2, 82.
[118] Institutes, IV.20.6, OS 5: 476.

이해 가운데 세속의 검을 가진 권세의 자리에도 앉을 수 있다. "이 경우에도 역시 그리스도인은 그가 그 나라의 질서에 따라 그의 군주를 섬기도록 부름을 받았다면 무기를 손에 쥠으로써 하나님을 격노시키지 않을 뿐만 아니라 하나님을 모독하지 않고서는 자신을 비난할 수 없는 거룩한 소명 가운데 있는 것이다."[119]

칼빈에게 하나님의 주권적 구원 은혜의 역사는 세속 권세의 영역뿐 아니라 교회가 수행하는 영적인 권세의 영역에 있어서도 동일한 근본 원리이다. 이와 같은 근본 원리에 따른 교회의 개혁은 하나님의 통치권을 임의로 제한하는 재세례파의 분리주의에서는 불가능하다. 칼빈은 『기독교강요』에서 그리스도의 영적 나라와 시민국가의 관할권이 다르다는 점을 인정하면서도 이 둘의 분리를 내세우는 주장을 "광란자들의 고삐 풀린 방자함"이라고 강하게 비판한다. 그리고 두 관할권의 구별은 해야 하나 분리되지 않는 관계를 역설한다. "이러한 종류의 정부는 저 영적이고 내적인 그리스도의 나라와는 구별된다. 그러나 우리는 이와 함께 이 둘이 서로 충돌되지 않는다는 것도 알아야 한다."[120] 칼빈은 『기독교강요』(1559) 4권의 가장 마지막 장에서 이 두 관할권의 관계를 설명하는 목적을 다음과 같이 말한다.

> 제정신이 아니고 야만적인 사람들은 하나님이 수립한 이 질서를 전복시키려고 광폭하게 덤벼드는 모습을 보이는 반면에 자기의 권능을 과도하게 치켜세우는 군주들에게 아첨하는 자들은 주저 없이 하나님 자신의 통치권에 반발하며 그 반대편에 서는 모습을 보이니 이 두 가지 악에 대한 특별한 대책을 강구하지 않으면 믿음의 신실함이 파괴되고 말 것이다.[121]

---

119 『재세례파 논박』, 29. COR. IV/2, 67.
120 Institutes, IV.20.2, OS 5: 472-473.
121 Institutes, IV.20.1, OS 5: 471.

이처럼 칼빈은 급진적 무정부의자들과 신앙을 정치적 이익을 위해 악용하는 아첨꾼들을 모두 경계하고, 기독교 종교와 관련된 믿음을 강조한다. 여기에서 말하는 "믿음의 신실함"(fidei sinceritas)은 곧 『기독교강요』 서문에서 밝힌 바른 "경건에 대한 열의"(pietatis studium)의 진작, 즉 참된 기독교 종교의 회복으로서의 종교개혁의 궁극적 목적을 의미한다. "그뿐만 아니라 자애로우신 하나님이 이러한 영역에서 베풀어 주시는 것이 얼마나 대단한지를 아는 것은 우리 속에 경건에 대한 열의를 더욱 힘차게 진작시켜 우리의 감사가 입증되도록 하는 데 매우 중요하다."[122]

재세례파의 분리주의는 세속적 권세와 영적인 권세를 분리하여 하나님의 주권을 영적인 영역에만 제한한다. 이와 같은 제한된 관점으로는 온전한 종교개혁을 이룰 수 없다. 칼빈은 종교개혁의 궁극적인 목적을 하나님의 구원의 은혜를 인정하고 그 영광을 드러내는 데 두었다. 하나님의 주권적인 구원의 역사에는 세속 영역에 허락하신 여러 기능들과 역할들도 포함된다. 이처럼 하나님의 주권과 영광은 신앙적 영역뿐 아니라 세속적 영역에서도 드러나는 것이므로 칼빈이 추구한 올바른 종교개혁의 범위 안에는 세속과의 단절이 아닌 구별 속에서 세속 영역의 올바른 변화까지 포함되었다.

6. 칼빈의 종교개혁 이해와 그 의의

재세례파들은 그들이 당한 많은 고난이 자신들의 개혁 노력의 정당성을 입증한다고 주장했다. 그러나 칼빈은 이런 주장도 거절한다. "확실한 것은 한 사람의 죽음이 그가 누구든 하나님의 진리를 조금이라도 손

---

[122] Institutes, IV.20.1, OS.5: 471-472. 칼빈은 위에서 인용한 두 문장을 1559년 라틴어 최종판에서 처음 삽입했다. 이는 그가 국가 통치에 관한 논의를 그의 대표작인 『기독교강요』의 최종판에서 종교개혁의 궁극적 목적에 따라 정리해 설명하려 했음을 보여준다.

상시킬 수 있거나 손상해야 할 정도로 그렇게 귀한 것은 아니라는 것이다."[123] 물론 신자의 삶과 신앙 공동체의 거룩함이나 헌신은 이 종교개혁이 귀감으로 삼을 수 있는 은혜의 결과이다. 그러나 이 결과를 종교개혁의 목적과 기준으로 삼아서는 안 된다. 거룩함과 헌신에 대한 기념과 자랑은 자칫 또 다른 영웅 종교 혹은 자기 의의 종교를 조장할 수 있기 때문이다. 종교개혁자들은 성인 숭배와 성물 숭배를 적극 활용했던 로마 가톨릭의 오류를 경계했다. 칼빈은 1539년 추기경 사돌레토에게 보내는 편지에서 만연한 성자숭배의 문제에 대해 다음과 같이 지적했다.

> 이 수많은 우상숭배들은 제거되어야만 합니다. [성자숭배]는 여기에서 계속 나타나서, 그리스도의 중보가 사람들의 생각 속에서 지워져 버렸습니다. 성자들이 하나님을 대신해 기도되어 왔으며 하나님의 사역에 고유한 일들이 그들에게 분배되어 왔습니다. 고유한 직무들이 성자들에게 분배되었습니다. 이런 그들에 대한 숭배와 모두가 마땅히 혐오하는 오랜 우상숭배 사이에는 아무 차이도 없습니다.[124]

칼빈은 성자숭배의 궁극적인 문제를 기독교 신앙의 핵심, 즉 그리스도의 유일한 중보 사역의 의의를 손상시키는 것이라고 보았다. 그러므로 왜곡된 종교를 바르게 회복하기 위해서는 신앙의 표현이나 결과가 아니라 기독교 신앙의 기초인 성경 진리에 집중해야 한다. "그러나 만약 우리가 지나치게 나아갈 경우 졸지에 속을 수가 있기 때문에 문제는 확고한 기초로 돌아가는 것에 있다. 이 기초가 없다면 우리는 이 영역에서 확실하고 분명한 판단을 할 수 없다."[125] 칼빈은 기독교 종교의 기초를

---

123 『재세례파 논박』, 82. COR. IV/2, 142.
124 John Calvin, "사돌레토에게 주는 답변," 『칼뱅 소품집』 1, 552, CO.5: 401.
125 『재세례파 논박』, 82, "Mais parce que nous pourrions estre tous les coups deceuz en cela si nous ne passions outre, il est question de revenir au fondement, sans lequel nous ne saurions assoir jugement seur, ny certin en cest endroit." COR. IV/2, 142.

성경 전체가 일관되게 증거하는 하나님의 주권적 구원의 은혜와 그 약속과 성취의 역사라고 주장했다. 성경에서 직접적인 사례와 명령을 찾을 수 없는 모든 전통과 주장을 일단 철폐하려 했던 재세례파의 급진적 재건설을 반박한 이유는 이들의 주장과 방법이 이 기초의 회복을 추구하지 않기 때문이었다. 이와 달리 칼빈이 추구했던 종교개혁은 성경 전체가 가르치는 하나님의 주권적 구원 은혜의 진리를 재확인하고 그 위에서 교회와 신앙을 점검해 회복하는 것이었다. 『재세례파 논박』보다 한 해 전 발표된 칼빈의 『교회개혁의 필요성』은 이 점을 분명히 밝힌다. "그 주된 기초는 하나님을 모든 덕, 의, 성결, 지혜, 진리, 능력, 선, 자비, 생명, 구원의 유일한 원천으로 인정하는 것이며 그에 따라 모든 선한 것의 영광을 하나님께 돌리고 오직 그에게서만 모든 것을 구하며 필요할 때면 언제나 오직 그에게만 의뢰하는 것입니다."[126]

오늘날 한국교회의 종교개혁을 위해서는 과거의 신앙고백을 답습해서는 안 되고 현재 우리가 처한 문제를 극복하기 위한 새로운 대안을 시도해야 한다는 목소리가 들린다. 물론 단순한 과거의 답습은 무의미하며 부당할 뿐 아니라 사실상 불가능하다. 칼빈과 종교개혁자들 역시 자신들의 주장과 개혁 시도를 그대로 본받으라고 후대뿐 아니라 당대에도 강요하지 않았다. 그러나 16세기 종교개혁의 본질을 바르게 파악하여 오늘날 한국교회에 합당하게 적용하기 위해서는 칼빈을 비롯한 종교개혁자들이 왜 로마 가톨릭의 적폐를 비판하면서 동시에 재세례파 등의 급진적 주장도 거부했는지를 세심하게 검토할 필요가 있다. 하나님의 주권적 구원의 진리를 종교개혁의 기초와 목적으로 밝혔던 종교개혁자들의 강조점을 무시한다면 종교개혁의 역사적 유산들뿐 아니라 심지어 성경이 계시하는 구원의 진리마저 현실의 필요나 공동체적 욕구에 따라 남용 혹은 오용될 수 있기 때문이다. 예를 들어 인류의 죄를 구원하신

---

[126] Calvin, "교회개혁의 필요성," 『칼뱅 소품집』 1, 650. CO,6: 460.

대속자 그리스도의 십자가와 부활의 진리가 아니라도 어쨌든 차별받고 소외된 이웃들을 돌보는 섬김과 희생을 곧 복음이라고 일반화해 버리는 탈기독교적 주장으로까지 나아가버릴 수 있다. 또 그 내용이나 방법이 무엇이든 간에 모범적이고 평등하며 순결한 공동체를 만들어서 그 영향력을 확대하는 시도를 개혁이라고 내세우며 자신들의 급진적 행동을 일방적으로 정당화하려 할 수도 있다.

뇌샤텔 대성당 앞에 있는 칼빈의 동역자 파렐의 동상

지금 한국교회에 필요한 것은 칼빈이 제시했던 "기독교의 종교개혁"(reformatio religionis christianae), 즉 "기독교 신앙의 본질"에 대한 질문과 그 해답을 하나님의 말씀 가운데 찾아 겸손하게 순종하려는 회복의 결단과 실천이다. 물론 현재 한국교회의 상황을 볼 때 신자의 거룩한 삶과 교회 공동체의 건전함은 기독교 신앙의 현주소를 진단하고 회복의 정도를 가늠할 수 있는 중요한 지표임이 틀림없다. 그러나 예수 그리스도 안에서 성취하신 하나님의 구원 은혜의 진리를 희석해버리고 간과하면서까지 삶과 공동체의 거룩함을 추구하는 노력을 "제2의 종교개혁"이라고 부를 수는 없다. 예수 그리스도께서는 인류 공동체의 자기만족과 자아실현을 위해 이땅에 오신 것이 아니라 하나님의 뜻을 거역한 죄로 인해 타락한 죄인들을 구원하시기 위해 십자가에서 죽으셨기 때문이다.

역사적 사건으로서 16세기 종교개혁은 근본적으로 예수 그리스도의 십자가에서 확증된 하나님의 주권적 은혜를 드러냄으로써 하나님께만 영광을 돌리기 위한 반성과 회복의 노력이었다. 그리고 개혁을 위한 500년 전의 이 노력은 박물관에서나 찾을 수 있는 케케묵은 과거의 유산이 아니라, 성경 전체가 일관되게 가르치는 진리이며 교회가 변함없이 증언해야 할 신앙의 고백이다. 그리고 예배는 교회의 신앙고백이 드러나야 할 가장 일차적인 현장이다. 무엇을 위해 어떻게 예배 드리고 있는까에 대한 대답이 곧 성도와 교회의 신앙적 정체성이다. 만일 나와 우리의 필요와 만족을 위해서 현실에 타협하여 편의를 좇아 예배한다면 그 개인과 공동체는 근대 이후의 의미로서의 "종교인"과 "종교단체"일 뿐이다. 그러나 오직 하나님의 영광을 위하여 성경이 가르치는 대로 예배드리기 위해 날마다 최선을 다한다면 그런 개인과 공동체는 16세기 종교개혁자들이 회복하고자 했던 "신앙인"과 "신앙공동체"로서 그리스도 예수 안에서 함께 지어져 갈 수 있을 것이다(에베소서 2:22).

참고문헌

Akin, Daniel L. "An Expositional Analysis of the Schleitheim Confession." *Criswell Theological Review* 2 (1988): 345-370.

Bainton, Roland. *Hunted Heretic: The Life and Death of Michael Servetus, 1511-1553*. Boston: Beacon Press, 1952.

Balke, Willem. *Calvin and the Anabaptist Radicals*. Trans. William Heynen. Grand Rapids: Eerdmans, 1981.

Balke, Wim. "Calvin and the Anabaptist." In *The Calvin Handbook*. Ed. Hermann J. Selderhuis. Trans. Henry J. Baron et als. Grand Rapids: Eerdmans, 2009, 146-155.

Biesecker-Mast, Gerald. "Anabaptist Separation and Argument against the Sword in the Schleitheim Brotherly Union." *Mennonite Quarterly Review* 74 (2000): 381-402.

Bowsma, William. *John Calvin: A Sixteenth Century Portrait*. Oxford: Oxford University Press, 1989.

Calvin, John. *Calvin's Commentaries*. 46 volumes. Edinburgh: Calvin Translation Society, 1844-1855; reprinted as 22 volumes. Grand Rapids: Baker, 1979.

──────. *Institutes of the Christian Religion* (1559): Library of Christian Classics, vols. XX and XXI. Trans. Ford Lewis Battles. Philadelphia: Westminster Press, 1960.

──────. *Ioannis Calvini opera quae supersunt omnia*. Eds. G. Baum, Edward Cunitz, and Edward Reuss. 59 volumes. Brunsvigae: C.A. Schwetschke und Son, 1863-1900.

──────. *Joannis Calvini Opera Selecta*. Eds. Peter Barth, Wilhelm Niesel, and Dora Schenuner. 5 volumes. München: Christian Kaiser, 1926-1962.

──────. *Treatises against the Anabaptists and Against the Libertines*. Trans and ed. Benjamin Wirt Farley. Grand Rapids: Baker, 1982.

──────. *Ioannis Calvini opera omnia. Denuo recognita et adnotatione* critica instructa notisque illustrata. Series 1-6. Ed. Brian G. Armstrong. Geneva: Librairie Droz, 1992ff.

———. 『칼뱅 소품집』. 전2권. 박건택 편역. 용인: 크리스천 르네상스, 2016.

Doumergue, Emil. *Jean Calvin, les hommes et les choses de son temps*. 7 volumes. Neuilly-sur-Seine: G. Bridel, 1899-1927.

Estep, William R. *The Anabaptist Story*. Grand Rapids: Eerdmans, 1995.

Gamble, Richard C. "Calvin and Sixteenth-Century Spirituality: Comparison with the Anabaptists." *Calvin Theological Journal* 31 (1996): 335-358.

Gwin, Timothy J. "The Theological Foundation and Goal of Piety in Calvin and Erasmus." *Puritan Reformed Journal* 2/1 (2010): 143-165.

Haas, Guenther. "The Effects of the Fall on the Creational Social Structures: A Comparison of Anabaptist and Reformed Perspectives." *Calvin Theological Journal* 30 (1995): 108-129.

Hofer, Roland E. "Anabaptists in Seventeenth-Century Schleitheim: Popular Resistance to the Consolidation of State Power in the Early Modern Era." *Mennonite Quarterly Review* 74 (2000): 123-144.

Johnson, Galen. "The Development of John Calvin's Doctrine of Infant Baptism in Reaction to the Anabaptists." *Mennonite Quarterly Review* 73 (1999): 803-823.

Lavarter, Hans Rudolf. "Calvin, Farel, and the Anabaptists: On the Origins of the Briève Instruction of 1544." *Mennonite Quarterly Review* 88 (2014): 323-364.

Littell, Franklin H. *The Anabaptist View of the Church*. Boston: Starr King Press, 1958.

Snyder, Arnold. "The Influence of the Schleitheim Articles on the Anabaptist Movement: An Historical Evaluation." *Mennonite Quarterly Review* 63 (1989): 323-344.

Stauffer, Richard. "Zwingli et Calvin: Critiques de la confession de Schleitheim." *Archives internationales d'histoire de idées* 87 (1977): 126-147.

Tausiert, Maria. "Magus and Falsarius: A Duel of Insults between Calvin and Servetus." *Reformation and Renaissance Review* 10/1 (2008): 59-87.

Troilo, Dominique-Antonio. *Pierre Viret et l'anabaptisme*. Lausanne: Association Pierre Viret, 2007.

Wilkinson, Michael D. "Brüderliche Vereinigung: A Brief Look at Unity in the Schleitheim Confession." *Southwestern Journal of Theology* 56 (2014): 199-213.

Williams, George H. and Angel M. Mergal. *Spiritual and Anabaptist Writers*. The Library of Christian Classics. Philadelphia: Westminster Press, 1958.

Williams, George H. *The Radical Reformation*, 3rd ed. Kirksville: SCSC, 2000.

Wray, Frank J. "The Anabaptist Doctrine of the Restitution of the Church." *Mennonite Quarterly Review* 28 (1954): 186-196.

Wyneken, Karl H. "Calvin and Anabaptism." *Concordia Theological Quarterly* 36 (1965): 18-29.

제6장

정치적 판단과 신앙적 결단: 녹스의 종교개혁 이해

6*

1. 16세기 종교개혁과 정치적 상황

종교개혁의 정치 사회적 요인에 대한 분석과 연구는 중요한 연구 주제임이 틀림없다. 16세기 종교개혁은 당시 시대 상황 속에서 발생했으며, 이후 정치, 사회, 경제, 문화적 영역에 걸쳐 큰 영향을 끼쳤기 때문이다. 16세기 종교개혁자들은 특히 당시의 혼란스러운 정치 상황에 잘 대응해야만 했다. 15세기 말부터 16세기 초 서유럽은 교황청의 대분열 (1378-1417) 이후 여러 나라들 사이에서 벌어진 정치적 충돌뿐 아니라 각 국 내에서는 군주들의 권력 강화 시도와 이에 대항했던 귀족 세력 사이의 갈등으로 인해 많은 혼란을 겪고 있었다.[1] 종교개혁자들은 복잡한 상황 속에서 종교개혁에 대해 적대적인 세력을 향해서는 개혁의 정당성을

---

* 이 장은 김요섭, "정치적 판단과 신앙적 결단: 저항권 사상에 나타난 녹스의 종교개혁 이해," 「성경과신학」 88 (2018): 88-119를 수정 보완한 것이다. 위 논문에서 논증한 주요 내용은 김요섭, 『존 녹스: 하나님과 역사 앞에 살았던 진리의 나팔수』 (서울: 익투스, 2019), 198-210에도 간략하게 요약되어 포함되었다.

1 독일의 루터파 제후들과 황제 칼 5세의 대립, 프랑스 발루아 왕실과 위그노들의 대립, 그리고 반대로 왕권강화를 위해 수장령을 선포한 잉글랜드의 헨리 8세와 귀족들과의 대립을 이런 정치적 갈등의 구도 속에서 이해할 수 있다. Steven Gunn, "War, Religion, and the State," in *Early Modern Europe: An Oxford History*, Euan Cameron (ed.) (Oxford: Oxford University Press, 2001), 102-133. Carlos M. N. Eire, *Reformation: The Early Modern World, 1450-1650* (New Haven: Yale University Press, 2016), 3-42.

변호해야 했으며, 우호적인 세력을 향해서는 개혁의 성경적, 신학적 동기를 명확히 제시했어야만 했다. 그들의 노력은 이후 지속적인 정치 사회적인 영향을 끼쳤다. 17세기 초 유럽 사회 전체를 뒤흔든 30년 전쟁(1618-1648)의 가장 큰 원인은 단연코 개신교 진영과 로마 가톨릭 진영 사이의 종교적인 이해 차이였다.

그러나 종교개혁을 정치 사회학적인 관점에서만 해석하고 평가하는 것은 분명한 한계가 있다. 종교개혁은 이름 그대로 기독교 "종교"의 개혁 시도였기 때문이다. 무엇보다도 종교개혁을 주도한 개신교 개혁자들은 스스로 신앙인임을 자처했던 신학자이며 교회의 사람들이었다. 그들은 그 시대의 정치 사회적 상황에 대해서도 신앙적이며 신학적인 대응을 제시했다. 그러므로 종교개혁에 대한 정치 사회적 해석에 있어서도 종교개혁자들이 내세웠던 "종교개혁"의 신앙고백적 목적의식은 존중되어야 한다. 이 존중 위에서 그들이 추진한 종교개혁이 당시의 정치 사회적 배경 속에서 어떻게 전개되었으며, 그 결과 어떤 모습으로 나타났는지 공정하게 평가할 수 있다.

16세기 종교개혁자들이 내세운 종교개혁의 신앙적 목적을 되도록 있는 그대로 확인할 수 있는 가장 중요한 방법은 그들이 그 당시 정치적 상황에 대해 어떤 신앙적 평가를 했는지를 살펴보는 것이다. 이와 관련해 스코틀랜드의 종교개혁자 존 녹스가 전개한 저항사상은 가장 유용한 연구의 주제라고 할 수 있다.[2] 그는 프랑스 갤리선 복역과 잉글랜드 교

---

2 녹스에 대한 대표적인 전기적 연구들은 다음과 같다. Jasper Ridley, *John Knox* (Oxford: Oxford University Press, 1968); W. Standford Reid,『하나님의 나팔수: 존 낙스의 생애와 사상』, 서영일 역 (서울: CLC, 1999); "John Knox: A Man of the Old Testament," *Westminster Theological Journal* 54 (1992): 65-78; "Prophet of God: John Knox's Self Awareness," *The Reformed Theological Journal* 61 (2002): 85-101; Dale W. Johnson and James E. McGoldrick, "Prophet in Scotland: The Self-Image of John Knox," *Calvin Theological Journal* 33 (1998): 76-86; Richard G. Kyle and Dale W. Johnson, *John Knox: An Introduction to His life and Works* (Eugene: Wipf and Stock, 2009 이하 Kyle, John Knox로 표기). Jane E. A. Dawson, *John Knox* (Yale: Yale University Press, 2015), 11-21.

구 사역, 그리고 여러 나라에 걸친 망명 경험들을 통해 당시 여러 국가에서 발생한 다양한 정치적 상황을 몸소 체험했다. 그는 1559년 5월 스코틀랜드로 돌아온 후에도 복잡한 정치적 상황 속에서 고국의 종교개혁 확립을 위해 주도적인 역할을 담당했다. 이 모든 과정 가운데 녹스는 친 로마 가톨릭 입장을 취한 스튜어트 왕실뿐 아니라 종교개혁을 수용했음에도 불구하고 여전히 세속적 이해관계에 따라 움직이는 개신교 귀족들을 향해서도 끊임없이 문제를 제기했다. 그 가운데 하급관료와 백성들의 정치적 저항의 정당성과 의무를 강조한 녹스의 저항사상은 정치학적 논의나 사회학적 논의가 아니었다. 그의 저항사상은 일관된 성경해석과 선명한 신학적 관점, 그리고 종교개혁의 목적을 향해 전개된 종교개혁적 논의였다.

에딘버러 소재 녹스하우스에 있는 녹스 스테인드글라스

본 장은 녹스의 망명 시기 후반인 1557년과 1558년 출판된 그의 정치적 저술들에 집중하여 이 저술들 안에 나타난 그의 종교개혁에 대한 이해를 재조명할 것이다. 이 시기 녹스의 저술들은 그의 저항사상의 발전 양상을 가장 잘 보여줄 뿐 아니라 그가 스코틀랜드 귀국 이후 추진했던 종교개혁의 방법과 목적을 예고했다. 이 장에서는 망명 시기 후반 녹스가 쓴 여러 정치적 저술들의 역사적 배경과 그 주요 내용들을 먼저 간략히 소개한 뒤, 특히 큰 논란을 일으킨 "여성들의 괴물적 통치에 반대하는 첫 번째 나팔소리"(*The First Blast of the Trumpet against the Monstrous Regiment of Women*)의 예외적 주장과 그 주장이 나타나게 된 원인을 검토하려 한다.[3] 이 검토를 통해 녹스가 개혁신학의 특징적인 언약적 관점에 따라 성경 본문들을 병행적으로 해석하고 그 해석을 종교개혁적 동기에 입각하여 현실 상황에 적용했음이 규명될 것이다. 이를 통해 녹스의 저항사상이 궁극적으로 신앙적 결단으로서의 종교개혁을 목적으로 삼았음이 증명될 것이다. 정치적 상황에 대한 녹스의 언약적 성경해석과 그 종교개혁적 적용을 통해 그가 주장하고 추진했던 신앙의 회복으로서 종교개혁이 의미하는 본연의 의미를 이해하는 데 도움을 줄 것이다.

2. 녹스의 저항사상의 배경

2.1. 역사적 배경

16세기 스코틀랜드에서는 중앙집권적 통치를 추구한 스튜어트 왕실과 지역 자치를 더 원했던 귀족들이 정치적으로 대립하고 있었다. 외부적으로는 친 프랑스 세력과 친 잉글랜드 세력이 대립했다. 이때 스코틀랜드의 스튜어트 왕가의 군주 제임스 5세(James V, 재위 1513-1542)는 프랑스의 발루아 왕가와 혼인 관계를 맺음으로써 잉글랜드의 지배를 극복하고 왕실의 중앙집권을 강화하려 했다. 그는 프랑스 발루아 왕가의 군주 프랑수아 1세(François I, 1515-1547)의 누이인 마들렌(Madeleine de France,

---

[3] *Works*, 4: 363-422. (이후 "The First Blast"로 인용함.)

1520-1537)과 결혼했다. 마들렌이 결혼 후 7개월 만에 결핵으로 세상을 떠나자 프랑스의 유력 로마 가톨릭 가문이었던 기즈 가문의 메리(Mary de Guise, 1515-1560)와 결혼했다.⁴ 제임스 5세는 친 프랑스 정책을 취하면서 잉글랜드와 대립했다. 잉글랜드에서는 튜더 왕가의 헨리 8세(Henry VIII, 1491-1547)가 정치적 필요에 따라 1534년 수장령(Acts of Supremacy)을 발표해 교황청과 결연하고 종교개혁을 단행했다. 따라서 잉글랜드와 맞선 스튜어트 왕가의 정책에는 교황청과의 관계를 강화하는 종교정책도 포함되어 있었다.⁵ 친 프랑스, 친 교황청 정책은 곧 스코틀랜드 내 발생한 종교개혁을 억압한다는 의미였다.

스코틀랜드에서는 이미 1520년대부터 종교개혁자들에 대한 박해가 시작되었다. 1528년 세인트앤드루스 추기경 비턴(James Beaton, 1473-1539)이 종교개혁의 확산을 방지하기 위해 루터의 신학을 스코틀랜드에 전파한 해밀턴(Patrick Hamilton, 1504-1528)을 체포해 화형에 처한 사건이 발생했다. 1542년 제임스 비턴 추기경의 조카인 데이비드 비턴(David Beaton, 1494-1546)이 1542년 추기경직에 올랐다. 당시 세인트앤드루스의 추기경은 로마 가톨릭을 대표할 뿐 아니라, 스튜어트 왕실의 정치적 입장을 대변하는 종교 고문이기도 했다.⁶ 특히 새로운 추기경은 제임스

---

4   로렌의 기즈 가문 출신인 메리의 삼촌인 장(Jean de Lorraine, 1498-1550)은 1518년 교황 레오 10세에 의해 추기경으로 서임되어 프랑스 로마 가톨릭 내 최고위직에 있었으며, 1530년대부터는 프랑수아 1세의 왕실 고문으로 막강한 정치적 영향력도 행사했다.
5   헨리 8세는 "거친 청혼"(Rough Wooing)으로 왕세자 에드워드와 스코틀랜드 공주 메리의 결혼을 압박했다. 반면 스코틀랜드의 섭정 아란 백작과 왕비 메리는 프랑스 왕세자와 메리의 혼인을 추진했다. Alec Ryrie, *The Origins of the Scottish Reformation* (Manchester: Manchester University Press, 2006), 72-94.
6   16세기 후반 스코틀랜드의 종교개혁에 대해서는 John T. McNeil, 『칼빈주의의 역사와 성격』, 양낙홍 역 (서울: 크리스챤다이제스트, 1990), 331-352; Michael Lynch, "Calvinism in Scotland, 1559-1638," In *International Calvinism 1541-1715*, Menna Prestwich (ed.) (Oxford: Oxford University Press, 1986), 225-255; Reid, 『존 낙스의 생애와 사상』, 196-238; David F. Wright, "The Scottish Reformation: theology and theologians," in *Cambridge Companion to Reformation Theology*, eds., David Bagchi and David C. Steinmetz (Cambridge: Cambridge University Press, 2004), 174-193 참고.

에딘버러 홀리루드 궁전, 16세기 스튜어트 왕가의 궁전이었다

5세가 갑작스럽게 세상을 떠나자 섭정을 맡은 왕비 메리를 도와 친 로마 가톨릭 정책을 주도했다.

종교개혁에 대한 스코틀랜드 정권의 박해는 계속되었다. 왕실과 추기경은 종교개혁 설교자들을 강하게 처벌함으로써 스코틀랜드 내에서 로마 가톨릭 신앙을 공고히 하고 이와 더불어 스튜어트 왕실의 권력을 안정화시키려 했다. 비턴 추기경은 스위스 등지에서 유학하고 돌아와 종교개혁 신앙을 설교했던 개혁자 위샤트(George Wishart, 1513-1546)를 체포해 이단 혐의로 화형에 처했다. 해밀턴이나 위샤트와 같은 종교개혁자들은 왕실과 대립했던 여러 귀족들의 지지를 받고 있었다. 따라서 추기경이 주도한 위샤트의 처형은 개신교 신자들에 대한 종교적 억압이었을 뿐 아니라 스튜어트 왕실에 맞섰던 귀족들에 대한 정치적 경고이기도 했다.[7] 그러나 위샤트의 죽음은 새로운 정치적 위기를 불러왔다. 위샤트가 처형당하자 스코틀랜드의 개신교 귀족들은 다음 해 5월 봉기해 반란을 일으켰다. 이들 반란자들은 세인트앤드루스 성에 쳐들어가 추기경 비턴을 살해하고 성을 점거했다.

---

[7] James E. McGoldrick, "Patrick Hamilton, Luther's Scottish Discipline," *Sixteenth Century Journal* 28 (1987): 81-88.

상당 기간 성을 차지한 반란군들은 정치적으로나 신앙적으로 고립 상태에 빠졌다. 로마 가톨릭이 이들을 파문하자 이들을 목회할 설교자가 필요해졌다. 녹스는 고심 끝에 선배 개혁자들의 독려를 수용해 이들을 위한 설교 사역을 시작했다.[8] 녹스는 이미 그 위샤트의 짧은 설교 사역 기간 동안 그와 동행하면서 종교개혁 신앙을 받아들였다. 위샤트의 순교는 녹스에게도 큰 충격이었다. 그러나 녹스는 위샤트의 뒤를 이어 스코틀랜드의 종교개혁을 위해 헌신해야 한다는 소명을 발견했다. 세인트 앤드루스 성의 반란자들을 위한 설교직 수락은 녹스가 로마 가톨릭 사제직을 포기하고 위샤트의 뒤를 이어 종교개혁 사역에 발을 들여놓는 신앙적 결단이었다.[9] 녹스는 이들을 향한 첫 설교에서 다니엘서 7장을 본문으로 선택했다. 그는 이 본문에 등장하는 마지막 짐승을 로마 가톨릭이라고 규정했다. 그리고 이 "바벨론의 음녀"가 저지른 죄악을 극복하기 위해서는 성경의 가르침 그대로 이신칭의의 구원 진리를 분명하게 증언해야 한다고 선포했다.[10]

1547년 7월 섭정 메리의 요청에 응해 도착한 프랑스 함대가 폭동을 진압했다. 녹스는 폭동 가담 죄목으로 유죄 선고를 받고 프랑스 갤리선의 죄수로서 19개월 동안 복역해야 했다. 그는 19개월의 복역 기간 동안에도 종교개혁을 위한 사명자로서의 역할에 충실했다. 즉 프랑스 함선 안에서도 미사에 참여할 것을 강제하는 요구에 대해 적극적으로 저항한

---

[8] 이들은 일찍이 해밀턴의 영향을 받아 도미니칸 수도사 출신의 길리엄(Thomas Guilliame)과 함께 스코틀랜드 여러 지역에서 종교개혁적 설교 활동을 전개했던 러프(John Rough)와 이들을 통해 개혁신학을 받아들인 귀족 발네이브즈(Henry Balnaves, c. 1512-1570)였다. William Klempa, "Patrick Hamilton and John Knox on 'The Pith of All Divinity'," *Touchstone* 24 (2006): 41-42.
[9] 녹스는 그의 대표작인 "스코틀랜드 종교개혁의 역사"에서 위샤트의 성경적인 설교와 강력한 선포에 대해 깊은 감명을 느꼈으며, 위샤트가 스코틀랜드의 종교개혁을 그에게 부탁했던 유언을 엘리사에게 엘리야가 맡긴 사명을 위임과 유사하다고 말했다. *Works*, 1: 125-55, 534-37. (이후 "History"로 인용함.)
[10] "History," *Works*, 1: 189-92. 김요섭, "존 녹스의 선지자적 사명 인식과 그 역사적 발전," 「신학지남」 82/1 (2015): 119.

것이다. 정치적 위협에 대한 녹스의 단호한 신앙적 대응과 특히 로마 가톨릭 미사에 대한 그의 강한 비판의식은 프랑스 함선의 복역 기간 동안 특히 더 강화되었다.

녹스는 1549년 초 크랜머(Thomas Cranmer, 1489-1556)를 비롯한 잉글랜드 지도자들의 외교적 노력을 통해 석방되었다. 그는 잉글랜드 당국의 부름을 받아 잉글랜드 북부 버릭(Berwick)과 뉴캐슬(New Castle) 교구에서 목회했다. 그리고 이후에는 잉글랜드 왕 에드워드 6세의 왕실 설교자 직책까지 맡아 수행했다. 잉글랜드에서 사역하는 동안 녹스는 온건하며 점진적인 개혁을 원했던 잉글랜드 국교회 지도자들과의 갈등을 일으켰다. 외국인으로서, 또 큰 도움을 받은 입장임에도 불구하고 녹스는 잉글랜드 권력자들과 마찰을 불사하면서까지 더 확실한 개혁을 담대하게 주장했다.

그 대표적인 사례로 흑주사건(black rubric) 사건이 있다. 녹스는 이미 자신이 사역하던 교구에서 성찬을 시행할 때 잉글랜드 국교회가 사용하는 공동기도서(Book of Common Prayer)가 규정한 방식을 따르지 않고 성경의 모범을 따라 온 회중이 떡과 포도주를 함께 나누는 방식을 선택했다. 이에 더람 주교 턴스톨(Cuthbert Tunstall, 1474-1559)이 녹스의 성찬 시행 방식을 맹렬하게 공격했다. 그 결과 녹스는 1550년 뉴캐슬에서 열린 종교회의에 참석해 자신의 시도를 변호해야 했다. 1552년 잉글랜드 국교회에서 기존의 공동기도서를 새롭게 개정했다. 녹스는 이 개정 공동기도서의 성찬 시행 지침을 강하게 비판했다. 그는 성찬을 받을 때 성도들이 무릎을 꿇고 떡을 받는 규정은 종전의 로마 가톨릭의 미신적 행태를 완전히 개혁하지 못한 오류라고 주장했다. 잉글랜드 국교회 지도자들은 여러 정치적 상황을 고려해 온건하고 점진적인 개혁을 추진했다. 그러나 녹스는 이들의 정치적 배려를 비판하고, 왕에게 확실한 개혁이 필요함을 강하게 주장했다. 에드워드 6세는 녹스의 주장을 받아들였고, 이미 인쇄된 공동기도서 안에 성찬의 시행과 관련해 우상숭배를 경고하는 내용을 별도로 인쇄해 첨부하도록 명령했다. 공동기도서의 다른 설명 내용들은 주로 붉은 색으로 인쇄되었지만, 급하게 첨부된 설명은 검은색 잉크로 인쇄되었기 때문에 이 사건은 일반적으로 흑주사건이라고 불렸다.[11] 이 사건은 복잡한 정치적 상황 속에서도 이런 것들을 고려하기보다 선명한 종교개혁을 위해 단호한 신앙적 결단을 촉구했던 녹스의 태도를 가장 잘 보여준다.

녹스가 시행한 성찬식. 녹스는 공동기도서의 지침과 달리 신약성경 모습 그대로 그리스도의 지체들이 함께 대속의 죽음을 기념하는 성찬을 시행하려 했다.

1553년 7월 에드워드 6세가 갑자기 세상을 떠나고 그의 누이 메리(Mary Tudor, 1516-1558)가 왕위에 올랐다. 메리 여왕 치하에서 잉글랜드에는 로마 가톨릭이 복구되고 개신교회에 대한 핍박이 시작되었다. 녹스는 이해 7월 6일 아머샴(Amersham)에서 전한 설교를 통해 메리 여왕과 그녀의 외가인 합스부르크 왕실의 황제 칼 5세(Karl V, 재위 1519-1556)를 비판했다. 그는 이 설교에서 만일 잉글랜드가 정치적 판단에 따라 로마 가톨릭의 우상숭배로 되돌아간다면 하나님의 심판을 피할 수 없게 될 것이라고 경고했다.[12] 그의 경고에도 불구하고 잉글랜드 귀족들과 일

---

11 Reid, 『존 낙스의 생애와 사상』, 119-120, Dawson, *John Knox*, 72-75.
12 이 설교는 "잉글랜드에서 하나님의 진리를 고백하는 자들을 향한 신실한 경고"(A Faithful

반 백성들은 너무 빨리 로마 가톨릭 신앙으로 복귀했다. 1534년 왕의 정치적 판단에 따라 시작된 잉글랜드의 종교개혁은 채 20년을 채우지 못하고 너무 쉽게 수포로 돌아갔다.

녹스는 대륙으로 망명을 선택했다. 망명 중에도 녹스의 종교개혁을 위한 노력은 계속되었다. 그는 프랑스 북부 도시 디에프(Dieppe)와 독일 프랑크푸르트(Frankfurt)를 거쳐 스위스 제네바(Geneva)에 이르는 피난 도시들 안에서 설교와 저술 그리고 피난민 교회의 목회 사역을 통해 고국과 잉글랜드의 종교개혁을 위해 활동했다.[13] 녹스는 이 피난 기간에 스코틀랜드와 잉글랜드, 그리고 대륙의 여러 도시들에서 벌어진 급박한 정치적 상황들을 자신의 종교개혁적 관점을 따라 해석하고 평가했다. 그리고 이런 해석과 평가 위에서 종교개혁의 대의와 목적, 그리고 그 구체적인 실천 방법들을 더 분명하게 제시했다.

2.2. 주요 자료들

녹스는 망명 중인 1555년부터 1556년 사이 비밀리에 스코틀랜드를 방문해 설교를 전함으로 고국의 성도들을 격려했다. 또 여러 서신을 작성하여 스코틀랜드와 잉글랜드의 성도들에게 위로와 경고의 메시지를 전했다. 특히 그는 1553년 프랑스 북부 항구 도시 디에프에 도착해 이곳에 여러 달 머무는 동안에 잉글랜드에 남겨 둔 성도들을 향해 몇 편의 편지를 썼다. 첫 번째는 목회적 편지로서 "런던, 뉴캐슬과 버릭에 있는 신실한 자들에게 보내는 경건한 경고의 편지"(A Godly Letter of Warning or

---

Admonition to the Professors of God's Truth in England)에 포함되었다. *Works*, 3: 307-309. (이후 "Admonition"으로 인용함.)

[13] 녹스는 프랑크푸르트 영어 피난민 교회를 담임해 목회하면서 선명한 성경적 예배와 교회 제도를 시행하려 하다가 콕스(Richard Cox, c. 1500-1581)를 비롯한 잉글랜드 국교회주의자들의 모함을 받아 추방당하기도 했다. Eustace Percy, *John Knox* (Richmond: John Knox Press, 1966), 290-291, Kyle, John Knox, 65-67.

Admonition to the Faithful in London, Newcastle and Berwick, February 1554)이다.[14] 두 번째는 "잉글랜드에서 핍박받고 있는 형제들에게 보내는 위로의 편지 두 편"(Two Comfortable Epistles to the Afflicted Brethren in England, 31 May 1554)이다.[15] 세 번째는 "잉글랜드에서 하나님의 진리를 고백하는 자들을 향한 신실한 경고"(A Faithful Admonition to the Professors of God's Truth in England, 20 July 1554)이다.[16]

1550년 전반기에 녹스가 쓴 이상의 서신들은 그의 종교개혁 사상을 잘 엿볼 수 있는 중요한 자료들이다. 그러나 망명 후기인 1557년부터 1558년에 저술한 여러 저술과 서신들은 당시 복잡한 정치 상황 속에서 녹스가 주장한 종교개혁 사상을 더 선명하게 이해할 수 있는 자료들이다. 녹스는 이 시기 여러 편의 서신과 논문을 발표해 종교개혁의 대의와 방법을 더 확고하게 설명했다. 이 무렵 잉글랜드에서 로마 가톨릭 정권의 박해가 더 가혹해졌다. 더 많은 신자들이 권력의 위협에 굴복해 로마 가톨릭 신앙으로 돌아가고 있었다. 스코틀랜드와 잉글랜드의 종교개혁이 완전히 실패할 수 있다는 녹스의 위기의식은 최고조에 달했다. 1558년 녹스가 제네바에서 익명으로 출판한 "첫 번째 나팔소리"는 그의 위기의식을 가장 극적으로 반영했다. 정치적 저항사상을 가장 강한 어조로 표현한 이 작품은 당시뿐 아니라 이후에도 많은 논란을 불러일으켰다. 그러나 망명 후기 녹스의 정치사상의 전체적인 요지와 발전 과정, 그리고 그 신학적 기초를 제대로 파악하기 위해서는 "첫 번째 나팔소리"만 아니라 이 글과 같은 시기 저술된 그의 여러 편지들을 모두 함께 검토해야 할 필요가 있다.

"첫 번째 나팔소리"와 함께 1557년부터 1558년 사이 쓰인 녹스의 서신들은 시기와 내용을 기준으로 삼아 크게 두 그룹으로 분류할 수 있다.

---

14 Works, 3: 157-216, 이후 "A Godly Letter"로 인용한다.
15 Works, 3: 227-249.
16 Works, 3: 251-330.

첫 번째 그룹은 1557년 10월 24일 프랑스 디에프에 도착한 직후 쓴 서신들이다.[17] 녹스는 이때 그의 방문 설교를 요청한 스코틀랜드 성도들과 귀족들의 초청에 응해 디에프에 도착해 있었다. 10월 27일 자로 쓴 "스코틀랜드의 몇 귀족들에게 보내는 편지"(A Letter to Some of the Nobility in Scotland)는 녹스가 자신의 형편을 알리고 동시에 계속 전개되어야 할 종교개혁의 중요성을 간략하게 설명하는 내용을 담고 있다.[18] 그러나 스코틀랜드 신자들의 초청은 실현되지 못했다. 스코틀랜드의 개신교 귀족들이 이 무렵 변화된 정치적 상황으로 인해 녹스의 방문을 연기했기 때문이다.

크랜머의 순교. 최초의 개신교 캔터베리 대주교이자 잉글랜드의 국교회적 개혁을 주도했던 크랜머는 메리 통치 시기에 옥스퍼드에서 이단 죄목으로 화형당했다.

그즈음 섭정 왕비 메리는 자신의 어린 딸인 여왕 메리(Mary Stuart, 1542-1587)와 프랑스의 왕세자 프랑수아 2세(François II, 1544-1560)의 결혼을 추진하고 있었다. 이 역시 정략결혼이었다. 그러나 이 결혼이 성사되기 위해서는 스코틀랜드 내 개신교 귀족들의 동의가 필요했다. 왕비는 이들에게 개신교 예배를 허용하겠다는 유화적인 입장을 피력했다. 스코

17　Kyle, *John Knox*, 90.
18　"History," *Works*, 1: 269.

틀랜드 개신교 귀족들도 왕비와의 대화에 적극적인 반응을 보였다. 이에 그들은 정치적 문제를 일으킬 소지가 있는 녹스의 입국을 연기시켰다. 그러나 녹스는 개신교 귀족들의 대화 시도를 정치적 이익에 따라 종교개혁의 대의를 포기하는 불신앙적인 타협으로 여겼다. 녹스는 1557년 12월 1일 자로 쓴 "스코틀랜드의 형제들에게 보내는 편지"(A Letter to His Brethren in Scotland)와 같은 달 17일 자로 쓴 "스코틀랜드의 귀족들과 진리를 고백하는 다른 이들에게 쓴 편지"(A Letter to the Lords and Others Professing the Truth in Scotland)를 통해 스코틀랜드 정치 지도자들에게 정치적 타협이 아닌 신앙적 결단을 촉구했다. 그러나 그는 여전히 스코틀랜드 방문 사역이 가능하리라고 기대했기 때문에 이 편지의 주장과 어조는 비교적 온건했다.[19]

첫 번째 그룹의 서신들과 달리 "첫 번째 나팔소리"를 저술했던 1558년에 작성된 두 번째 그룹의 서신들은 그 내용과 어조가 조금 다르다. 첫째, "스코틀랜드의 섭정, 미망인 왕비에게 보내는 편지"(A Letter to the Excellent Lady Mary Dowager, Regent of Scotland)는 종교개혁에 적대적인 권력자에게 정중하면서도 단호한 경고의 메시지를 전했다.[20] 두 번째 녹스의 편지는 1558년 7월 14일 제네바에서 쓴 "스코틀랜드의 귀족들과 영주들에게 보내는 주교들과 사제들이 선고한 판결에 대한 호소"(The Appellation from the Sentence Pronounced by the Bishops and Clergy: Addressed to the Nobility and Estates in Scotland)였다. 녹스는 이 편지에서 자신의 인형을 세워놓고 궐석으로 재판을 열어 사형판결을 내린 스코틀랜드 주교들

---

19 "스코틀랜드의 형제들에게 보내는 편지"는 성도 모두가 급진세력으로 인해 발생하고 있는 신앙적 혼란에 잘 대처할 것을 요청했다. 지도자들에게 보내는 두 번째 편지에서는 섭정과의 정치적 대화 가운데에서 합당한 신앙적 기준을 지킬 것을 온건하게 요청했다. 각각 *Works*, 4: 261-275, 276-286에 수록되어 있다. (이후 "A Letter to His Brethren"과 "A Letter to the Professors"로 인용함.)

20 이 편지는 1556년 스코틀랜드 방문했을 때 그를 소환한 주교들에 반박으로 쓴 글이었는데 녹스는 2년 후 제네바에서 추가 설명을 덧붙여 출판했다. 이 편지는 *Works*, 4: 429-460에 수록되어 있다. (이후 "A Letter to the Queen Regent"로 인용함.)

과 사제들을 비판하면서 개신교 영주들에게 종교개혁을 위한 행동의 단행을 촉구했다.[21] 셋째, "호소"와 같은 시기 쓰인 "스코틀랜드의 평민들에게 보내는 편지"(A Letter Addressed to the Commonality of Scotland)에서는 일반 백성들 역시 종교개혁의 의무를 가지고 있음을 주장했다. 이 서신은 백성이라고 할지라도 만일 우상숭배에 동참하거나 군주의 부당한 독재에 대해 침묵한다면 모두 하나님의 큰 진노를 피할 수 없을 것이라는 엄중한 경고를 전했다.[22]

이상의 서신들을 역사적 배경과 전체적 맥락을 비교 분석하면 녹스의 문제작 "첫 번째 나팔소리"의 저항사상이 보여주는 예외적 특징과 그 원인을 파악할 수 있다. 또 더 나아가 급박한 당시 정치 상황 속에서 녹스가 일관되게 강조하고자 했던 종교개혁의 성경적 근거와 신학적 관점을 확인할 수 있다.[23] 물론 녹스가 스코틀랜드에 돌아와 종교개혁을 위해 시도한 구체적인 방법과 그 취지는 그가 망명을 마치고 1560년 돌아와서 저술하기 시작한 『스코틀랜드 종교개혁의 역사』에서 더 상세하게 파악할 수 있다.[24] 그러나 우리는 이 장에서는 망명 시기 작성한 서신과 "첫 번째 나팔소리"에 초점을 맞추려 한다. 짧은 이 시기에 녹스가 연속적으로 쓴 저술과 서신들은 망명 이전부터 녹스가 가지고 있던 저항사상을 잘 종합하고 있을 뿐 아니라, 그가 스코틀랜드에 돌아와 전개한 종교개혁 활동의 성경적, 신학적 기초를 예고했기 때문이다.

21　*Works*, 4: 465-520. (이후 "Appellation"으로 인용함).
22　*Works*, 4: 521-538. (이후 "A Letter to the Commonality"로 인용함).
23　권태경은 "첫 번째 나팔소리"에 포함된 계약사상과 구약 성경해석에 관련한 여러 저술들을 잘 분석했다. 권태경, "존 녹스의 개혁사상과 여성통치에 대한 소고," 「신학지남」 66/3 (1999): 283-303.
24　스코틀랜드에서 전개한 녹스의 개혁활동과 그가 대항했던 정치적 이해관계에 대해서는 김요섭, 『존 녹스: 하나님과 역사 앞에 살았던 진리의 나팔수』 (서울: 익투스, 2019), 299-378을 참고하라.

3. 녹스의 저항사상의 전개 과정

3.1. "첫 번째 나팔소리"의 예외적 성격

녹스의 저항사상이 가진 종교개혁적 성격을 이해하기 위해서는 먼저 그의 문제작 "첫 번째 나팔소리"의 예외적 특징을 설명할 필요가 있다. 이 작품이 쓰인 가장 중요한 역사적 배경은 잉글랜드에 벌어진 개신교 박해였다. 1553년 즉위한 메리 여왕은 정권이 안정되자 1555년에 들어서면서부터 본격적으로 에드워드 6세 치하에서 종교개혁을 추진했던 인사들을 박해하기 시작했다. 투옥과 추방, 그리고 처형이 계속되었다.[25] 녹스는 과거 잉글랜드에서 동역했던 개혁자들에 대한 박해 소식에 큰 충격을 받았다. 그러나 그에게 더 큰 충격을 준 것은 메리 여왕 즉위 이후 너무 많은 신자들이 로마 가톨릭의 우상숭배로 무력하게 되돌아가고 있다는 소식이었다. 이에 녹스는 우상숭배를 조장하는 여왕과 이에 타협하는 지도자들에 향한 강력한 경고가 필요하다고 생각했다. 우연하게도 박해가 벌어지고 있는 여러 왕국의 통치자들이 모두 여성들이었다. 이들은 스코틀랜드의 섭정 왕비 메리, 잉글랜드의 여왕 메리, 그리고 프랑스 발루아 왕가의 섭정 캐더린(Catherine Medici, 1519-1589)이었다.[26]

녹스의 "첫 번째 나팔소리"는 여성의 통치 자체가 문제가 있다고 공격했다. 녹스는 창세기의 타락 기사 가운데 여성과 남성에게 각각 주어진 심판의 내용을 언급하면서 여성의 통치는 그 자체가 비정상적인 일이라

---

25 한때 녹스의 동역자였던 우스터 주교 라티머(Hugh Latimer, 1487-1555)와 런던 주교 리들리(Nicholas Ridley, c. 1500-1555)가 1555년 10월 16일 옥스퍼드에서 화형 당했다. John Foxe, 『순교자 열전』, 홍병룡 역 (서울: 포이에마, 2014), 304-312.
26 프랑수아 1세는 아들 앙리 2세(Henry II, 재위 1547-1559)를 이탈리아 피렌체의 유력 가문 메디치 집안의 딸 캐더린과 결혼시켰다. 1520년 루터를 파문했던 교황 레오 10세는 캐더린 종조부였으며, 레오 10세의 후임 하드리안 6세를 이어 1523년 교황에 올라 잉글랜드의 왕 헨리 8세를 파문했던 클레멘트 7세는 캐더린의 재종조부였다.

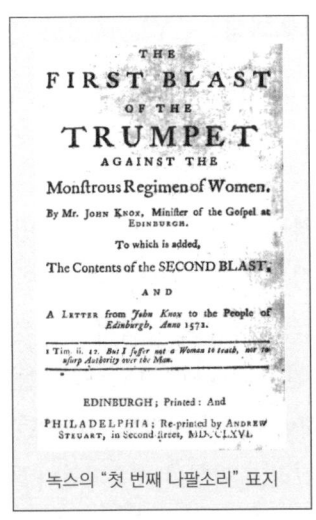

녹스의 "첫 번째 나팔소리" 표지

고 주장했다. "하나님께서는 가장 먼저 자신의 창조 질서를 따라, 그리고 여자의 배반으로 인해 선포된 저주와 경고를 따라 정반대 사항을 선언하셨다. 즉 첫째 여성은 가장 완벽한 상태에서도 남자를 섬기고 그에게 복종하도록 창조되었으며 남자를 지배하거나 그에게 명령하도록 만들어지지 않았다."[27] 그는 신약도 인용한다. 즉 고린도전서 11장과 14장, 그리고 디모데후서 2장 등 신약 본문들을 보면 여성들의 통치는 비성경적 상황이라는 것이다. "여성이 남자 위에서 가르치고 판결하며 통치하는 일은 하나님의 자리까지 높아지는 일로써 이 일은 본질적으로 괴상하고 하나님께 모독적이며 하나님의 뜻과 규례에 가장 혐오스러운 일이다."[28]

이와 같은 녹스의 주장은 16세기 당시부터 큰 논란을 일으켰다.[29] 누구보다도 녹스 자신이 자신의 주장이 갖고 있는 위험성을 잘 인식했다. 1558년 메리가 죽고 여동생 엘리자베스 1세(Elizabeth I, 재위 1558-1603)가 새로운 잉글랜드의 여왕으로 즉위했다. 이에 녹스는 새로운 여왕에게 "첫 번째 나팔소리"에서 담긴 과격한 자신의 주장은 본의가 아니었다고 여러 차례 변명했다. 그는 1559년 여왕의 고문 세실 경(William Cecil,

---

27 "The First Blast," *Works*, 4: 377.
28 "The First Blast," *Works*, 4: 381. Shephard는 녹스와 굿맨(Thomas Goodman), 그리고 뷰캐넌이 공통적으로 바울서신을 인용하여 여성 통치의 부당함을 논증하려 했으며 이런 입장은 16세기 인문주의의 여성인식과 대조되는 입장이라고 주장한다. Amanda Shephard, *Gender and Authority in Sixteenth-century England* (Keele: Ryburn, 1994), 60-61, 116-19.
29 잉글랜드에서 동역했던 폭스는 1558년 봄 녹스에게 편지를 보내 이 책의 지나친 내용과 거친 어조를 비판했다. Dawson, *John Knox*, 145.

1520-1598)에게 보낸 편지에서 엘리자베스와 같은 군주를 세우셔서 종교개혁을 다시 추진하게 해 주신 것은 하나님의 특별한 뜻이라고 말하기도 했다.[30] 그러나 엘리자베스는 녹스의 변명을 수용하지 않았다. 엘리자베스는 잉글랜드 내에서 "첫 번째 나팔소리"의 출판과 유통을 금지했고 녹스의 입국도 금지했다.[31] 이 작품은 이후에도 논란거리였다. 녹스는 이 작품 때문에 이후 수 세기 동안 대표적인 여성혐오론자(Misogynist)라는 비판을 받았다.

그러나 녹스의 생애나 저술 전체를 고려해 볼 때 그를 여성혐오론자나 성차별론자로 낙인찍을 수 있는지에 대해서는 논란의 여지가 있다. 녹스는 망명 기간을 포함해 평생에 걸쳐 여러 여성들과 목회적 교제를 나누었고 항상 여성들을 존중하는 태도를 잃지 않았다. 특히 그는 망명 시기 잉글랜드 버릭 교구에서 사역하면서 교제했던 신도이자, 이후에는 그의 장모가 된 엘리자베스 보우스(Elizabeth Bowes) 부인과 오랜 기간 서신을 교환했으며, 같은 망명 시기 이전 런던에서 만나 교제했던 귀족 가문의 로크 부인(Lady Locke)에게도 오랜 기간 서신을 통해 목회적 도움을 주었다. 여성 교인들과 교환한 많은 서신들에서 발견할 수 있는 녹스의 인식이나 태도는 성차별적이지 않다.[32] 녹스의 가정생활에서도 가부장적인 모습은 잘 보이지 않는다. 그는 아내 마조리(Majorie Bowes)와 오

---

30 "만일 엘리자베스 여왕께서 바른 신앙을 고백하고 그래서 하나님의 크신 자비의 예외적인 경륜이 자연법칙과 하나님의 율법이 부인하는 여왕의 통치를 합법적으로 만드셨다면... 잉글랜드에서 저보다 더 여왕의 합법적인 권위를 인정하려는 사람은 없을 것입니다." "Knox to Cecil (April 1559)," *Works*, 6: 18. Dawson은 콕스가 녹스의 영향력을 차단하기 위해 엘리자베스 여왕에게 "첫 번째 나팔소리"의 정치적 위험성을 주지시켰을 것이라고 주장한다. Dawson, *John Knox*, 171-173.
31 녹스의 글 때문에 칼빈도 어려움을 겪었다. 칼빈은 엘리자베스 여왕이 자신의 이사야서 주석 개정판의 헌정을 거절하자 세실에게 편지를 보내 자신은 영어로 출판된 녹스의 문제작에 대해서 1년 후에 알았다고 해명해야만 했다. CO.17: 565-66; Wulfert de Greef, 『칼빈의 생애와 저서들』, 황대우, 김미정 역 (서울: SFC, 2006), 154-56.
32 W. Stanford Reid, "John Knox, Pastor of Souls," *Westminster Theological Journal* 40 (1977): 1-21; A. Daniel Franfoster, "Elizabeth Bowes and John Knox: A Woman and Reformation Theology," *Church History* 56 (1987): 333-47 참조.

랜 시간 좋은 관계를 가졌으며, 마조리가 죽은 후에는 진심 어린 애도의 시간을 가졌다. 그리고 마가렛(Margaret Stewart)과 재혼한 후에도 평생 큰 문제가 없는 결혼 생활을 유지했다.[33] 그러므로 그의 목회적 관심과 삶의 모습들을 살펴볼 때 "첫 번째 나팔소리"에 담긴 성차별적인 발언만 가지고 녹스가 여성을 차별했던 가부장적인 인물이라고 단정하기는 어렵다.

우리가 관심을 갖는 1558년 전후 작성된 녹스의 여러 서신들은 여성 통치자와 관련해 "첫 번째 나팔소리"와는 사뭇 다른 이해를 보여준다. 한 예로 그는 1558년 제네바에서 출판한 "스코틀랜드 섭정 왕비에게 보내는 편지"에서 왕비가 섭정이기 때문에 또 여성이기 때문에 가질 수밖에 없는 권력의 불안정성을 이해한다고 말한다. 그러나 녹스는 이 편지에서 왕비의 통치 그 자체를 부정하지는 않는다. 도리어 그는 왕비에게 회개를 촉구하면서 주어진 권력을 종교개혁을 위해 올바르게 사용해 달라고 다음과 같이 정중하게 요청한다.

> 만일 왕비께서 요시야 왕이 선지자의 경고에 순종했듯이 두려움과 경외로 그 말씀에 순종하신다면, 왕들에게 통치권을 주신 하나님께서 당신의 싸움을 위해 이 땅에서의 일시적인 통치 가운데 지혜와, 부귀, 영광, 명예, 장수로써 복을 주실 뿐 아니라 왕 중의 왕이신 주 예수께서 그의 천사들과 함께 심판하려 오실 때에 영원한 생명으로 관을 씌워주실 것입니다.[34]

"첫 번째 나팔소리"가 출판된 직후인 1559년 1월 녹스가 저술한 "잉글랜드를 향한 짧은 권면"(A Brief Exhortation to England)도 여성 통치

---

33 Richard Kyle, "John Knox and the Care of Souls," *Calvin Theological Journal* 38 (2003): 125-38.
34 "A Letter to the Queen Regent," *Works*, 4: 456.

의 정당성을 인정했다. 그는 이 글에서 바람직한 기독교 국가(Christian Commonwealth)의 수립 단계와 방법들을 새 여왕에게 구체적으로 제안하기까지 했다.[35] 녹스는 이후의 여러 글에서도 "첫 번째 나팔소리"의 과격한 비판과는 분명히 다른 입장을 보여주었다. 이 글들에서 녹스는 하나님께서 여성 군주의 권력을 세우셨다고 인정했을 뿐만 아니라 더 나아가 여성 군주와 교회가 서로 협력하여 종교개혁을 추진해야 한다고 적극적으로 제안하기까지 했다. 이와 같은 녹스의 일반적인 입장을 고려할 때 "첫 번째 나팔소리"에 나타난 여성 통치 불가론과 과격한 어조는 그의 저술들 가운데 상당히 예외적인 경우였다고 평가할 수 있다.[36]

그렇다면 "첫 번째 나팔소리"에서 나타나는 예외적 내용과 어조의 원인은 무엇이었을까? "첫 번째 나팔소리"의 예외성은 당시 녹스가 가졌던 로마 가톨릭 통치자들에 대한 강한 반감과 종교개혁의 실패에 대한 절망적 우려가 결합된 결과였다. 앞서 살펴본 대로 녹스는 1558년 디에프에 머물면서 전해 들은 소식 때문에 큰 위기감을 느꼈다. 가장 우려가 된 것은 스코틀랜드 개신교 귀족들이 메리 치하 잉글랜드 개신교 귀족들과 마찬가지로 여왕의 정치적 회유에 반응하여 정치적 타협을 시도하고 있는 모습이었다. 녹스는 궐석재판을 열어 자신에게 사형을 선고한 불의한 로마 가톨릭 교권을 향해 여전히 침묵하는 귀족들에 대해서도 큰 절망을 느꼈다. 그가 보기에 이런 정치적 타협은 결국 스코틀랜드의 종교개혁을 좌절시킬 것이었다.[37] 그리고 스코틀랜드 귀족들이 정치

---

35 "A Brief Exhortation to England," Works, 5: 501-522. 녹스는 이 편지에서 먼저 교황주의자들을 모두 공직에서 축출하고, 이어서 각 도시와 마을에 개혁 목회자들을 세워 사역하게 하며, 셋째로 교회와 국가가 함께 협력해 권징을 철저히 시행하게 하며, 끝으로 개신교 교육가들이 학교를 세워 운영하도록 행정관들이 조력할 것을 제안했다. "A Brief Exhortation to England," Works, 5: 515-516. Kyle, John Knox, 109.

36 녹스가 망명 기간 보여준 스코틀랜드의 섭정 메리에 대한 완곡한 어조와 잉글랜드의 메리 여왕에 대한 강경한 어조의 사이에는 분명한 차이가 나타난다. 이 점에서 녹스의 저항사상이 섭정 메리의 폭압 때문에 나타난 정치적 판단의 결과였다는 최선의 주장은 설득력이 약하다. 최선, 『존 낙스의 정치사상』, (서울: 그리심, 2008), 121.

37 "저희 호소는 이것입니다. 즉 하나님께서 고국의 지도자(heads)로 세우신 여러분들께서 시선

적 계산에 따라 왕비와 타협한 결과로서 지금 잉글랜드에서 나타나고 있는 하나님의 진노의 심판이 스코틀랜드에도 임할 것이 분명했다. "사랑하는 형제들이여, 속지 마십시오. 하나님께서는 오만한 독재자와 타락한 인간들과 잔인한 살인자들뿐 아니라 그들의 부당한 명령에 복종하거나 그들의 명백한 불의의 눈길을 보냄으로써 그들의 죄악에 아첨하면서 불의의 멍에를 지고 가는 자들도 심판하실 것입니다."[38] 고국의 종교개혁을 위해 여생을 바치기로 한 녹스에게 이런 위기의 시간은 목숨을 걸고 종교개혁을 촉구해야 할 사명의 순간이었다.

녹스의 위기의식과 그에 따른 사명의식은 1557년 절정에 달했다. 이제는 가장 강력한 방법으로 잉글랜드뿐 아니라 스코틀랜드 귀족들의 각성을 촉구해야만 한다고 생각했다. 여성 통치 자체에 대한 공격은 그 한 결과였다. 그리고 이 공격을 뒷받침하기 위한 성경 본문 인용과 해석은 선택적이었고, 비판의 어조와 용어 선택은 상당히 과장되었다.[39] 즉 "첫 번째 나팔소리"는 1550년 후반 절망적인 상황을 바라보면서 녹스가 느낀 절박감의 결과였다.

따라서 이 작품 하나로 녹스의 저항사상이나 종교개혁 사상 전체를 평가하는 것은 무리가 있다. "첫 번째 나팔소리"에 담긴 성경해석이나 적용의 무리함을 굳이 변호할 필요는 없다. 그러나 무리한 글을 쓸 수밖에 만들었던 이런 급박한 위기의식 가운데 녹스가 일관되게 강조하려 했던 종교개혁의 개념과 그 실현 방안을 살펴보고 재구성하는 일은 녹스의 저항사상을 종합적으로 이해하는데 필요한 접근이다. 그의 저항사

을 집중해 백성들이 하나님의 참된 종교를 바르게 배울 수 있도록 하여 하나님의 영광을 높이는 일을 숙고하는 것입니다." "Appellation," *Works*, 4: 480.

[38] "A Letter to the Commonality," *Works*, 4: 537.

[39] Abreu는 "첫 번째 나팔소리"의 과격한 여성 폄하 주장과 혁명적 저항사상이 녹스 개인의 지나친 선지자적 사명 의식과 그에 따른 편협한 성경해석의 결과라고 분석한다. Maria Zina G. de Abreu, "John Knox: Gynaecocracy, 'The Monstrous Empire of Women'," *Reformation and Renaissance Review* 5 (2003): 173-74.

상의 본질과 목적을 객관적으로 재구성하기 위해서는 "첫 번째 나팔소리"의 궁극적 저술 목적과 함께, 이 작품과 같은 시기에 저술된 그의 여러 글들을 종합적으로 살펴보아야 한다.

3.2. 망명 시기 저항사상의 발전

녹스가 "첫 번째 나팔소리"에서 주로 비판하려 한 것은 여성 통치의 부당성 자체보다 당시 여성 군주들이 행하는 우상숭배적 통치의 불법성이었다. 그는 이 불법성을 비판함으로써 합법적인 저항의 정당성을 증명하려 했다. "여왕은 하나님에게 대적하는 배신자이며 반역자이기 때문에 귀족들은 여왕의 신하가 되기를 거절해야만 한다. 결론적으로 그들은 그들의 권력을 최대한 동원해 여왕의 무절제한 자만과 독재를 억제하기 위하여 최선을 다해야 한다."[40] 독재에 맞서는 저항은 책임을 가진 신실한 성도들이 일어나 "반드시 본질상 괴물인 그로부터 영예와 권위를 박탈"하고 "만일 그를 지지하는 어떤 세력이 있다면 그들을 향하여 죽음을 선고"하는 행동이었다.[41] 이와 같은 강력한 저항을 촉구하는 주장은 망명 시기 녹스의 저항사상이 종교개혁의 대의를 따라 발전하는 과정의 한 귀결이었다.

녹스의 저항사상은 이미 1547년 세인트앤드루스 반란자들을 향한 설교 사역을 수락하면서 시작되었다고 볼 수 있다. 그러나 구체적인 저항사상은 망명 후인 1554년 초부터 구체화 되었다.[42] 녹스는 이때 망명 직

---

40 "…they must refuse to be her officers, because she is a traitoresse and rebell against God; and finallie, they must studie to repress her inordinate pride and tyrannie to the uttermost of their power." "The First Blast," *Works*, 4: 415.
41 "The First Blast," *Works*, 4: 416.
42 Greaves는 반란 참여와 갤리선 복역 동안 나타났던 녹스의 강한 저항사상이 잉글랜드 사역 기간에 군주와 집권자를 향한 충성을 강조하는 방향으로 완화되었다고 평가한다. Greaves, 127. Lorimer 역시 Greaves와 같은 견해를 취한다. Peter Lorimer, *Knox and the Church of England* (London: Herny S. King & Co., 1875), 259.

잉글랜드 튜더 왕가: 헨리 8세가 정치적 목적을 위해 시작한 국가주도의 종교개혁은 그 자녀들의 통치기 박해와 혼란이 연속되는 비극을 불러왔다.

후 잠시 머물던 디에프를 떠나 제네바에 도착했다. 그리고 그곳에서 스위스 개혁교회의 여러 지도자들을 만나 그들에게 당시 상황과 관련한 네 가지 질문을 제기했다. 그중 세 번째 질문 속에서 녹스는 자신의 생각을 다음과 같이 피력했다. "우리는 왕이나 집권자들의 명령이 하나님과 그분을 향한 합당한 예배를 거역한다면 그들에게 순종하지 않아야 한다. 대신 우리는 우리의 인격과 생명, 그리고 재산까지 모두 내어놓아야 한다. 이런 권력은 주께서 복음서에서 말씀하신 어둠의 권세이기 때문이다."43 녹스는 1557년까지 불의한 군주의 명령을 거부하고 핍박을 감내하라는 정도의 상대적으로 소극적인 저항 방식을 제안했다. 이와 같은 소극적 입장은 1557년 "스코틀랜드 귀족들에게 보낸 편지"에도 다음과 같이 나타난다.

여러분들은 그것이 황제에 대한 불복종이 된다 할지라도 모든 권력을

---

43 "Certain Questions concerning Obedience to Lawful Magistrates with Answers by Bullinger," *Works*, 3: 224.

다 사용해 박해와 독재로부터 형제들을 합법적으로 보호할 수 있으며 또 보호해야만 합니다. 그러나 제가 말씀드렸듯이 항상 합법적 복종의 책임을 부인하지 않아야 합니다. 그러나 다른 사람들을 탄압하거나 파괴함으로써 권력과 세상 영광의 탁월함을 추구하는 자들을 돕거나 높이지는 말아야 합니다.[44]

그러나 녹스는 1558년부터 더 적극적인 입장을 표현하기 시작했다. 저항의 방식은 단순한 불복종에서부터 적극적인 폐위 시도로 구체화되었다. 저항의 주체는 책임 있는 귀족에서부터 일반 백성으로 확대되었다.[45] 첫째, 저항의 방식과 관련해 녹스는 "호소"에서 우상숭배적이며 독재 군주에 대해 "하급 통치자"(the less magistrates)들이 적극적으로 행동에 나설 것을 촉구했다.

만일 이 [우상철폐] 명령이 하나님의 소명 안에서 모든 백성과 각각의 사람들에게 요구되었다면 하물며 하나님께서 그 손을 칼과 공의로 무장해 주셔서 형제들 위에 영주와 통치자로 세워주신 여러분들에게 무엇을 요구하시겠습니까? 그렇습니다. 친애하는 영주님들. 하나님께서는 당신들을 굴레로 세우셔서 여러분들의 왕들이 감히 명백하게 하나님의 복된 규례를 위반할 때마다 그들의 광기와 오만을 억제하는 굴레로 임명하셨습니다.[46]

여기에서 녹스가 말하려 한 억제의 방식은 잉글랜드의 당시 상황을 개탄하는 다른 문장에서 암시된다. "[잉글랜드]와 같은 곳에서 죽음으로써 참된 종교를 전복시키려 애쓰는 자들을 벌하는 것은 합법적일 뿐 아

---

44 "A Letter to the Professors," *Works*, 4: 285.
45 Greaves, 126-27.
46 "Appellation," *Works*, 4: 504.

니라, 그들을 향한 하나님의 진노를 불러일으키지 않으려 한다면 집권자들과 백성들이 마땅히 감당해야 할 의무이기도 합니다."[47]

둘째, 녹스는 저항의 주체와 관련해 녹스는 일반 백성들까지도 저항에 나서야 한다고 주장했다.[48] 그는 1558년 스코틀랜드 일반 백성들을 향해 쓴 편지에서 우선 먼저 평민들에게도 종교개혁 의무가 동일하다고 말한다. 그리고 모든 사람이 하나님의 형상대로 창조되었다는 성경의 가르침을 그 근거로 삼는다. 또 하나님의 말씀과 은혜 앞에서 모든 사람들이 동등하다는 사실도 저항을 위한 성경적 근거로 제시한다. "비록 하나님께서 세속 정치의 영역과 시행에 있어 왕과 백성들 사이에, 그리고 통치자와 평민들 사이에 질서 잡힌 구별과 차이를 두셨지만 앞으로 맞이하게 될 삶에 대한 소망 안에서는 모든 사람들을 동등하게 만드셨습니다."[49] 녹스가 볼 때 백성들의 저항은 정당한 권리일 뿐 아니라 하나님 앞에서의 의무이다. 노아의 홍수와 소돔과 고모라, 그리고 예루살렘의 함락 등 성경의 여러 사례들처럼 하나님께서는 지금도 악을 행하는 통치자와 더불어 그 통치에 복종하는 자들도 모두 엄하게 벌하시기 때문이다. 녹스는 민중 봉기나 폭력 사용을 지지하지는 않았지만 백성들이 취할 수 있는 몇 가지 적극적 행동을 제안했다.[50] 먼저 지도자들에게 참된 목회자를 적극적으로 요구해야 한다. 만일 지도자들이 그들의 요구에 응하지 않고 계속 우상숭배를 강요한다면 백성들은 거짓 주교와 성직자들에게 헌금하는 일을 중단해야 한다. 그리고 더 나아가 백성들이

---

47 "Appellation," *Works*, 4: 507.
48 Kyle은 이 편지까지는 녹스의 저항사상이 아직 정립되지 않았었다고 주장한다. 즉 녹스가 이때까지는 섭정 메리를 설득해 예배의 자유를 얻으리라 기대했다는 것이다. Kyle, *John Knox*, 95-96.
49 "A Letter to the Commonality," *Works*, 4: 527.
50 Kyle은 녹스가 민중혁명을 반대한 이유를 잉글랜드 사역 기간과 제네바 사역 중 접했던 재세례파와 세르베투스 등의 급진적인 교리와 정치적 입장 때문이었다고 주장한다. Richard G. Kyle, "John Knox Confronts the Anabaptists: The Intellectual Aspects of His Encounter," *Mennonite Quarterly Review* 75 (2000): 493-515.

직접 나서서 각 도시와 읍, 마을에서 복음 설교에 합당한 목회자를 스스로 세워야 한다.[51] 성경을 근거로 삼고, 합당한 설교자를 세워야 한다고 주장한 점 등은 녹스의 저항사상이 단순한 정치 논리가 아니라 바른 신앙을 회복하려 했던 종교개혁 사상의 적용이었음을 증명한다.

우리가 살펴 보았듯이 1550년대 후반 망명 시기에 녹스의 저항사상은 그 방식과 주체와 관련해 더 적극적인 모습으로 발전하는 양상을 보여준다. 그러나 일정한 발전 양상과 "첫 번째 나팔소리"에서 나타나는 예외적으로 과격한 어조에도 불구하고 녹스가 저항사상을 전개하면서 제시하는 근거와 그 신앙적 동기는 항상 일관되었다. 녹스의 정치사상을 지배한 일관된 성경적 논법과 그 종교개혁적 동기는 그의 성경해석 방법과 해석의 신학적 관점을 살펴볼 때 더 구체적으로 확인할 수 있다.

4. 녹스의 저항사상의 종교개혁적 관점

녹스가 망명 후기 "첫 번째 나팔소리"와 같은 시기에 쓴 서신들에 담긴 저항사상은 두 가지 점에서 분명한 일관성을 보여준다. 그 첫째는 당시 스코틀랜드와 잉글랜드의 정치적 현실을 성경의 사례들과 동일시한 병행적 성경해석(parallel interpretation)이다. 둘째는 저항사상의 근거를 하나님과 신자들 사이에 맺어진 약속으로부터 찾으려는 언약적 관점(covenant perspective)이다. 녹스는 이 두 가지 일관된 논법들을 사용해 성경의 가르침을 따라 하나님과의 언약 관계 속에서 참된 종교를 회복하려는 종교개혁의 결단을 강조했다.

---

51 "A Letter to the Commonality," *Works*, 4: 534.

4.1. 병행적 성경해석

녹스의 저항사상은 성경의 사례와 명령을 기준으로 삼으려 한 종교개혁의 "오직 성경으로"(sola scriptura) 원칙에 충실했다. 달리 말해 그의 저항사상은 성경의 가르침을 참된 종교를 회복의 기초로 여긴 녹스의 일관된 종교개혁적 동기의 한 결과였다. 물론 녹스는 교부나 고대 사상가들도 자신의 주장을 위한 근거로 삼았다.[52] 예를 들어, 그는 "첫 번째 나팔소리"에서는 여성 통치의 부당함의 근거로서 아리스토텔레스의 정치학 2권을 비롯한 고대 저술가들의 주장들과 테르툴리아누스와 아우구스티누스, 암브로시우스, 크리소스토무스 등 여러 교

스코틀랜드의 섭정 메리 왕비. 프랑스의 유력 친 로마 가톨릭 집안 출신인 메리는 스코틀랜드의 개신교 귀족들과 정치적으로 대립했다.

부들을 인용했다.[53] "호소"에서는 종교에 대한 세속권의 역할이 가능함을 논증하기 위해 암브로시우스와 아타나시우스를 언급했다. 그러나 녹스는 초대 교부들의 글을 인용할 때에도 "오직 성경"이라는 종교개혁의 원리를 항상 강조했다. "그러나 하나님의 성경만이 모든 중대하고 핵심적인 주제들에 있어 나의 유일한 토대이며 실체이기 때문에 나는 내 호소가 합당하며 정당함을 증명하는 데 있어 이 두 교부들의 증언으로 충분하다고 생각합니다."[54]

---

52 "섭정 왕비에게 보내는 편지"에서는 데모크리토스(Democritus)와 테미스티오스(Themistius) 등 고대 헬라 철학자들을 인용한다. "A Letter to the Queen Regent," *Works*, 4: 448.
53 "The First Blast," *Works*, 4: 373, 381-389.
54 "But because the Scriptures of God are my only fundation and assurance, in all matters of weight and importance, I have thoght the two testimonies (of Ambrose and

"오직 성경으로"의 원리가 대변하는 녹스의 종교개혁적 동기는 성경의 구체적인 사례들을 현실 상황에 적용하는 녹스의 병행적 해석에서 더 분명히 나타난다.[55] 그는 자주 스코틀랜드와 잉글랜드에서 벌어지고 있는 정권의 종교개혁 탄압 정책을 구약 시대 이스라엘에서 벌어진 참된 여호와 종교에 대한 우상숭배적 권력의 탄압 정책과 병행시켰다. 1557년 "스코틀랜드 귀족들에게 보내는 편지"에서 그는 스코틀랜드 귀족들이 취해야 할 담대한 증거와 변호의 책임을 촉구하기 위해 예레미야서를 인용했다. 녹스는 여기에서 선지자 예레미야를 대신해 경고의 말씀을 고관들에게 전했던 바룩(렘 36:1-19)과 구덩이에 갇힌 예레미야를 위해 호소한 에벳멜렉(렘 38:7-13)의 경우를 인용함으로써 스코틀랜드 귀족들에게 종교개혁을 위한 실천을 촉구했다.[56]

"첫 번째 나팔소리"에서도 종교개혁의 동기를 따른 병행적 성경해석이 발견된다. 녹스는 이 저술에서 잉글랜드 개신교 귀족들의 적극적 행동을 촉구하면서 이세벨과 아달랴 등 구약 시대 악한 여성 통치자의 부당한 통치 사례를 언급한다.[57] 그리고 섭정 아달랴에 맞서 여호야다가 일으킨 반란 사건을 언급하면서, 잉글랜드 귀족들도 메리 여왕에 맞서 신앙적 결단을 해야 한다고 주장한다. 즉 역대하 23장을 보면 여호야다는 섭정 아달랴와 그녀의 악한 바알 선지자들을 축출하기 위해 경건한 유대인 백부장들과 언약을 맺었다. 백부장들은 이 언약에 따라 반란을 일으켜 요아스를 새로운 왕으로 세우고 이스라엘 종교의 개혁을 추진했다.

Athanatius) suffieicnet…" "Appellation," *Works*, 4: 478.
[55] 최선은 Kyle의 개념을 차용해 녹스의 성경해석 방식을 "문자적-예언적 해석의 원리"라고 부른다. 최선, 『존 낙스의 정치사상』, 114-122. Richard G. Kyle, "John Knox: A Man of the Old Testament," *Westminster Theological Journal* 54 (1992): 66-68. 그러나 "녹스가 루터나 칼빈과는 달리 실제 내용보다는 문자적 형태에 더 강조점을 두었기" 때문에 "문자적 해석"이었다고 규정하는 것은 무리가 있다. 또 녹스가 앞으로 일어날 일을 예고했다기보다는 성경의 사례와 현실 사례를 동일시했다는 점에서는 "예언"보다는 "병행적 해석"이라고 보는 것이 더 타당하다.
[56] "A Letter to the Professors," *Works*, 4: 281.
[57] "그들의 치하에서 우리는 일반 백성들이 억압을 당하며 참된 종교가 소멸당하며 그리스도의 지체들의 피가 잔인하게 흘려지는 모습을 본다." "The First Blast," *Works*, 4: 404.

녹스는 이 내용을 해석하면서 역대하 23장에 등장하는 여러 성경 인물들을 당시 잉글랜드의 정치인들과 병행시킨다. 메리 여왕은 아달랴와 비교되고, 종교 고문인 대주교 가디너(Stephen Gardiner, c. 1483-1555)는 바알 선지자 맛단와 비교되며, 이들에 맞서 저항해야 할 개신교 귀족들은 신실한 유대인 백부장들과 비교된다.[58] 그리고 녹스 자신은 본문에 등장하는 대제사장 여호야다와 동일시된다. 녹스는 이 해석을 통해 자신이 여호야다와 같은 입장에 서서 책임을 맡은 귀족 관리들이 일어나 종교 개혁을 위한 합법적인 저항에 나서야 한다고 촉구하는 것이다. 이 사례뿐 아니라 "첫 번째 나팔소리"가 나타나는 대부분의 병행적 본문 해석은 로마 가톨릭 군주를 폐위하고 참된 종교를 회복해야 한다는 종교개혁적 동기에 따라 전개된다.

녹스의 다른 서신들에 나타나는 성경 본문의 병행적 해석들 역시 종교개혁적 동기를 따른다.[59] 녹스는 "섭정 왕비에게 보내는 편지"에서 자신을 향한 로마 가톨릭 고위 성직자들의 불의한 재판을 막아달라고 호소하면서 이를 위해 다니엘과 다니엘의 세 친구의 사례를 인용했다.[60] "호소"에서는 경건한 통치자의 견본으로서 요시야를 여러 차례 언급했다.[61] 요시야는 "참된 종교를 회복했을 뿐 아니라 오랫동안 남아 있던 각종 우상들의 기념물들을 모두 파괴"한 경건한 군주의 모범이었다.[62] 요시야의 모범에 비추어 보면 지금 스코틀랜드와 잉글랜드의 군주들은 모두 우상숭배자들이다. 따라서 이런 군주들에 대한 불순종과 저항, 그리

---

58 "The First Blast," *Works*, 4: 416.
59 Kyle은 녹스가 선지자적 자의식 때문에 성경을 병행적으로 해석했다고 주장한다. Richard Kyle, "The Thundering Scot: John Knox the Preacher," *Westminster Theological Journal* 63 (2002): 136-38.
60 "A Letter to the Queen Regent," *Works*, 4: 441.
61 "이 종교개혁은 요시야를 그 이전이나 그 이후에도 모세의 모든 율법을 좇아 온 마음과 온 힘을 다해 하나님께 온전히 돌아간 그와 같은 왕이 없게 했고 성령께서도 동일한 증거로 이 사실을 확증하셨다." "Appellation," *Works*, 4: 490.
62 "Appellation," *Works*, 4: 489.

고 이들에 대한 심판과 처벌은 모두 정당하다. 녹스는 같은 편지에서 스코틀랜드 종교개혁의 의무가 성직자들이 아닌 세속 집권자들에게 있음을 주장할 때 출애굽기의 내용을 병행적으로 인용한다. 즉 아론이 아닌 모세가 금송아지 우상숭배를 개혁했다는 것이다. 그는 모세의 사례에 이어서 집권자들이 종교개혁을 주도하는 것이 정당함을 증명하기 위해 다윗과 요시야, 히스기야 왕의 사례들을 연속적으로 제시한다.[63] 녹스는 "스코틀랜드 백성들에게 보내는 편지"에서는 종교개혁의 의무가 일반 백성들에게도 있음을 주장하기 위해 출애굽기 30장의 속전 의무 규례를 인용한다. 즉 회막 봉사를 위해 반 세겔을 내라고 한 의무 규례가 신분상의 차별 없이 이스라엘 백성들 중 20세 이상인 모든 사람들에게 주어졌듯이, 당시 종교개혁을 위한 헌신의 사명은 관리들뿐 아니라 일반 백성들 모두에게도 동일하게 주어졌다는 것이다. "'우리는 그저 백성일 뿐입니다'는 변명은 하나님 앞에서 아무런 소용이 없습니다. 하나님께서는 자신의 현존 안에서 악을 물리치고 선을 행하라는 요구를 백성들이라고 해서 집권자들보다 결코 적게 요구하지 않으십니다."[64]

이와 같은 녹스의 병행적 해석이 얼마나 타당한지에 대해서는 논란의 여지가 있다. 특히 성경 본문을 기준으로 삼아 상황을 해석하기보다는 상황에 따라 성경 본문을 해석한 것이 아닌지에 대해서는 분명히 신학적 재고가 필요하다. 그러나 망명 시기 녹스가 쓴 대부분의 저술들에 나타나는 병행적 성경해석이 일관된 동기를 취하고 있다는 사실은 분명하다. 그것은 녹스가 "오직 성경으로"의 원리에 따라 성경의 사례들을 병행적으로 인용할 때, 그가 항상 종교개혁적 동기에 충실했다는 점이다. 요시야에 대한 그의 해석이 잘 보여주듯이, 녹스는 성경이 기록하는 정치적 저항 사례들을 모두 바른 신앙의 회복, 즉 종교개혁을 위한 신앙적 저항으로 보았다. 즉 이스라엘의 정치적 상황을 설명하는 성경의 본문

---

63   "Appellation," *Works*, 4: 498, 486-490.
64   "A Letter to the Commonality," *Works*, 4: 535.

들을 어떤 정치공학적 처세술로 해석하지 않고, 교회와 신앙을 하나님 앞에서 바르게 세우려는 종교개혁의 사례로 해석한 것이다. 그러므로 녹스의 저항사상과 이를 위한 병행적 성경해석은 어떤 정치 공학적 논리가 아니라 성경의 가르침을 기초로 삼아 당시의 정치적 상황을 해석하고 이 해석을 바탕으로 참된 종교를 회복하려 한 신앙적 관점의 해석이라고 평가할 수 있다.

4.2. 언약적 관점

녹스의 종교개혁적 동기는 그의 저항사상을 이끄는 언약적 관점에서도 분명하다. 녹스가 성경 본문을 병행적으로 해석하면서도 이를 산발적이고 자의적으로 나열하지 않고 비교적 체계적이며 일관되게 적용할 수 있었던 것은 그의 성경해석이 하나님과 사람 사이 맺어진 약속의 관계를 강조하는 언약적 관점 위에서 전개되었기 때문이다.

퍼스의 세인트존스 교회, 1559년 5월 11일 녹스가 이 교회에서 선포한 설교는 스코틀랜드 종교개혁의 기폭제가 되었다.

16세기 종교개혁 시대 전후에 "언약" 혹은 "동맹"은 정치적 개념으로 널리 활용된 개념이었다. 당시 스코틀랜드의 정치 세력들은 정치 결사체를 구성할 때, 종교적 입장과 무관하게 각각 자신들의 정치적 목적에 따라 "언약"(covenant), "연대"(band), "동맹"(league) 등의 다양한 명칭을 사용했다. 한 예로 1556년 녹스가 비밀리에 스코틀랜드 던스(Duns)를 방문했을 때 이 지역 고위 귀족들(Lords)과 향사들(Gentries)은 귀족 어스킨(John Erskine, 1509-1591)의 지도하에 정치적 언약체를 구성했다. 그리고 그들은 이 언약 하에서 스코틀랜드 종교의 개혁을 위해 자신들이 가진 모든 능력과 부와 삶을 하나님의 말씀과 회중들에게 헌신하기로 다짐했다. 이후 이들 개신교 귀족들은 1557년 12월 3일 섭정 메리의 친 로마 가톨릭 정책에 맞서 "공동 연맹"(Common Band)의 이름으로 왕비에게 예배의 자유를 요구했다. 그러나 1558년 협상이 결렬되자 왕비는 태도를 바꾸어 모든 개신교 설교자들을 처벌하기 위해 이들을 스털링으로 소환했다. "공동 연맹"의 귀족들은 이에 맞서 던디(Dundee)에서 모여 자신들이 "회중의 영주들"(The Lords of the Congregation)임을 자처하며 다시 한 번 정치적 결사를 맺었다. 녹스는 1559년 5월 스코틀랜드로 돌아와 이 동맹을 향한 열정적 설교를 통해 신앙적 동기를 고취했다.[65]

스코틀랜드의 정치적 상황 속에서 이와 같이 여러 차례에 걸쳐 정치적 "동맹" 혹은 "언약"이 결성되었다. 그러나 녹스는 "언약"을 무엇보다도 신앙적 관점에서 이해했으며, 이를 스코틀랜드의 종교를 개혁하기 위한 신학적 토대로 삼았다. 그는 1554년 "경건한 편지"에서 "언약"에 대해 다음과 같이 정의한다.[66]

---

[65] 1560년 이후 개신교 진영과 로마 가톨릭 진영은 각자의 정치적 이해를 따라 다양한 형태의 동맹과 언약을 결성했다. 1562년 9월에 아이어 언약(Ayr Covenant), 1567년 7월과 이듬해 5월에 에딘버러 동맹(Edinburgh League)이 체결되었고 1572년에는 왕위 계승문제와 관련해 리스 언약과 동맹(Leith Covenant and League)이 결성되었다. McNeil, 294-96.

[66] Greaves는 1550년 주의 만찬을 "우리 안에서의 상호 사랑의 연대(band)"로 언급할 때부터 녹스의 언약 사상이 제시되었으며 1553년 망명 이후 정치적 상황 속에서 다른 개혁자들과의 교제를 통해 사회적 의미를 가진 개념으로 발전시켜 적용했다고 주장한다. Greaves, 115.

[언약]은 하나님과 우리 사이의 동맹(league)으로서 즉 그분께서만 우리의 하나님이 되시며 우리는 그분의 백성이 됨을 의미합니다. 하나님께서는 그의 자비와 선하심으로 우리와 교통하시며 우리는 육과 영으로 그분을 섬겨야 합니다. 하나님께서는 죽음과 저주로부터 우리를 보호하시며 우리는 그분만을 구하고 모든 이방 우상들로부터 떠나야 합니다.[67]

녹스는 이와 같은 언약에 대한 종교개혁적 이해 위에서 구약 본문의 여러 사례들을 현실 정치 현실과 병행시킬 때 다음과 같이 세 단계의 해석 과정을 설정했다. 첫째, 언약을 통해 확증된 하나님의 불변성과 신실하심은 무엇보다도 구약과 신약 사이의 연속성의 근거이다. 즉 구약의 사례에서 발견할 수 있는 하나님의 준엄한 종교개혁의 명령은 신약 시대에도 여전히 동일하다는 것이다. 녹스는 "호소"에서 우상을 숭배하는 이방인들과의 언약 체결을 금지한 출애굽기 34장의 규정은 신약 시대 그리스도인들에게도 똑같은 의무를 요구한다고 주장했다. "이방인들 즉 그리스도 예수와 그의 참된 종교를 영접한 이방인들의 모든 도시와 영토와 지역과 나라들 사이에서 하나님께서 그의 백성 이스라엘과 맺으신 같은 연대와 언약(League and Covenant)에 매어 있다."[68] 녹스는 그의 저술 전반에 걸쳐 구약의 사례들을 신약보다 더 많이 인용한다. 그러나 녹스의 병행적 해석을 정당하게 평가하기 위해서는 그가 언약적 연속성을 따라 구약과 신약의 사례 사이의 연속성을 주장했으며, 그 연속성 위에서 신구약을 망라한 성경 전체의 계명들이 현재의 상황과 관련해 지니

---

67 "This is the league betuix God and us, that He alone sall be oure God, and we salbe his pepill: He sall communicat with us of his graces and gudness; we sall serve him in bodie and spreit: He salbe oure sifgard frome death and dampnatioun; we sall seik to him, and sall flie frome all strange Godis." "A Godly Letter," *Works*, 3: 190-91.

68 "Appellation," *Works*, 4: 505.

고 있는 일관성을 강조하려 했음을 간과하지 말아야 한다.[69]

둘째, 언약적 관점은 성경의 사례들과 명령들이 현재 성도들에게 동일한 신앙적 결단을 촉구하고 있다고 주장할 수 있게 해 준다. 성경의 사례와 현실적 실천 사이의 연속성을 주장할 때, 그 기초인 언약적 이해가 없었다면 녹스의 병행적 성경 인용은 자의적인 해석에 빠질 위험이 있었다. 이와 같은 병행적 해석의 위험성은 녹스의 성경해석에서 실제로 나타나기도 한다. 한 예로 녹스는 "첫 번째 나팔소리"에서 그는 수차례 이세벨의 사례를 거론하면서 이를 여성 통치의 보편적인 부당함의 증거로 삼았다. 그러나 사사기에 기록된 여성 사사 드보라나 역대하에 기록된 여성 선지자 훌다의 사례들은 다분히 선택적으로 해석한다. 그는 이 대표적인 여성 지도자들의 경우는 매우 특별한 예외적 사례들이기 때문에, 이 사례들을 보편화 시켜서 일반적인 경우에 적용할 수 없다고 주장한다.

> 그런 결론은 공허하며 아무런 효과도 없다. 이런 예들과 관련해 우리는 기록된 율법과 그 율법 안에 표현된 명령에 항상 매어있다. 하나님께서 제정하시고 선언하신 율법은 남자가 여러 명의 아내를 가질 수 없다거나 두 자매와 함께 살 수 없다거나 강도질을 하거나 살인하거나 거짓말하지 말라는 명령에 비해 조금도 부족하지 않도록 어떤 여성도 남성들 위에 군림할 수 없다고 명령한다.[70]

---

[69] 따라서 녹스를 "구약의 사람"(A Man of the Old Testament)이라고 보고 그가 구약과 신약의 구별에 실패했다는 주장은 지나치다. Kyle, "John Knox: A Man of the Old Testament," 68. 반대로 녹스가 "신구약의 차이가 없다는 칼빈의 주장을 반박했다"라는 주장도 부정확하다. 최선, 『존 낙스의 정치사상』, 112.

[70] "The First Blast," Works, 4: 403. 이보다 비교적 더 합리적인 논거는 드보라와 같은 여성 지도자들이 당시 우상숭배를 철폐하기 위해 하나님께서 특별히 부르신 선지자였지 잉글랜드의 메리 여왕과 같이 단순히 왕족이라는 혈통에 따라 군림한 왕이 아니었다는 주장이다.

그러나 어떤 해석적 이유 때문에 이세벨은 보편적인 증거이지만, 드보라는 이와 달리 예외적 사례로 해석해야 하는지에 대해서는 뚜렷한 설명을 발견할 수 없다. 위에서 살펴보았듯이 녹스는 후에 엘리자베스의 통치권에 대해서는 이 경우가 바로 드보라와 같은 특별한 하나님의 섭리적 통치라고 했다. 그러나 어떤 이유 때문에 엘리자베스가 이 특별한 경우에 해당하는지에 대해서는 설득력 있는 설명을 구체적으로 제시하지 않았다. 적어도 이 점에 있어서는 당시 급변한 정치적 상황을 고려해 성경해석을 적용하고 있는 녹스의 인간적 한계를 엿볼 수 있다.

이와 같은 자의적 해석의 위험이 나타났음에도 불구하고 녹스의 저술에 나타난 전반적인 성경해석은 정당한 해석의 범위를 많이 넘어서지 않는다. 그렇다면 어떤 이유 때문에 녹스의 병행적 성경해석이 자의적이며 비일관된 해석에 완전히 매몰되지 않을 수 있었을까? 이세벨과 드보라의 적용 사례에서 확인할 수 있듯이 녹스의 성경해석이 가지고 있는 일관성은 성경의 사례를 현실에 적용한 결과들이 한결같았다는 의미의 일관성이라고 말하기는 어렵다. 녹스의 성경해석의 일관성은 그가 성경을 해석할 때 언약적 관점을 일관되게 적용해 하나님의 약속이 신실함을 항상 강조했다는 측면에서의 일관성이다. 즉 녹스는 그의 모든 글에서 성경을 현실에 적용할 때 언약으로 확증된 하나님의 공의의 불변성을 항상 강조했다. "가장 먼저 하나님의 공의가 무한하며 불변하는 공의로서 하나님께서 우리 앞 시대 모든 시대에 걸쳐 그의 언약 안에서 모든 국가들과 개인들에게 요구하셨던 것처럼 지금도 항상 종교의 문제들과 관련하여 같은 순종을 요구하고 있음을 알아야만 합니다."[71]

하나님의 신실함에 대한 강조는 항상 신실하신 하나님을 향한 신자의

---

[71] "First, it is to be observit, that Godis Justice being infinit and immutabill, requireth lyke obedience in matteris of religioun of all thame that be within his league, in all ageis, that He requyris of any one natioun, or of any particular man in nay age befoir us." "A Godly Letter," *Works*, 3: 191.

충성에 대한 강조로 이어진다. 즉 하나님의 변함없는 공의로운 언약은 성경 시대뿐 아니라 지금도 동일한 의무를 요구한다. 그때나 지금이나 하나님의 신실한 약속에 따라 신자들에게 명령되고 있는 가장 중요한 의무는 우상숭배의 철폐이다. 녹스는 그 시대 가장 심각한 우상숭배의 현상으로서 로마 가톨릭의 미사를 꼽았다. 미사는 "하나님의 어떤 명령도 없이 오직 인간의 머리로 고안된 것"이다. 불변하시는 하나님과 맺은 공의로운 언약 관계의 당위인 미사 철폐의 의무에 대해 어떤 정치적 고려와 계산은 불가하다. "만일 미사를 철폐하지 않으면 우리 스스로 하나님의 맹약과 언약과 조금도 상관이 없음"을 드러내는 것이기 때문이다.[72]

셋째, 녹스가 취한 언약적 관점은 국가 구성원들 사이의 합당한 관계를 설명하는 신학적 근거로 적용된다. 녹스는 "호소"에서 잉글랜드에서 종교개혁의 전개와 중단 상황과 관련해 벌어진 여러 상황들을 해석할 때, 언약적 관점에 따른 설명을 제시한다. 즉 에드워드 6세 치하에서 잉글랜드는 하나님과의 언약을 지켰지만 메리가 즉위한 후 지도자들부터 백성에 이르기까지 미사에 다시 참여함으로써 이 언약을 위반한 것이다. 그러므로 그들이 곧 철저하게 회개하고 하나님과의 언약을 바르게 갱신하지 않는다면 절대로 곧 임할 하나님의 징벌을 피할 수 없을 것이다.[73] 녹스는 이와 같은 현실 인식 위에서 군주와 신하들 사이에 있어야 할 합당한 관계를 언약적 관점에 따라 제시했다. 여기에서 특별히 중요한 것은 종교와 관련한 군주와 신하들 사이의 합당한 언약적 관계 설정이다. 우선 군주들이 갖는 참된 종교 보존의 의무는 그 어떤 정치적 이해관계의 산물이 아니다. 이 의무는 그들이 하나님과 맺은 언약이 요구

---

[72] "Because he wald that we suld understand how odius is ydolatrie in his presence, and how that we cannot keip the league betuix him and us inviolatit gif we favour, follow, or sapir idolateris." "A Godly Letter," *Works*, 3: 193.
[73] "하나님을 섬기기 위해 아사 왕이 백성들과 맺은 신성한 맹세와 언약 속에서 가장 명확하게 선언된 사항은 참된 신앙을 배신한 자들에 대한 징벌을 포함하여 그들의 종교를 지켜야 한다는 점이었습니다." "Appellation," *Works*, 5: 517.

하는 사항이다.[74] 집권자에 대한 백성의 순종 의무와 백성들을 보호해야 할 집권자의 책임도 모두 하나님과 맺은 언약적 관계 위에서 성립한다. "집권자들은 다른 이들의 유익과 필요를 위해 임명받은 하나님의 신하들(God's ministers)이기 때문에 그들은 그들에게 주어진 사명을 가장 최선을 다해 수행해야 합니다 … 성령께서 이 임무를 부여하셨기 때문에 백성들에게 복종과 납세가 명령되었습니다."[75]

녹스는 이와 같은 언약적 관점을 따라 구약과 신약의 연속성을 주장하며, 성경의 사례와 명령을 현실에 병행적으로 적용하고, 국가 구성원들 사이의 합당한 관계에 대한 설명을 전개한다. 그리고 그는 이 모든 논의를 당시 종교를 개혁해야 한다는 신앙적 의무와 연결한다. 녹스는 각각의 신자들이 하나님과 맺은 수직적 언약 관계가 국가 구성원들 사이에 맺어진 수평적 언약 관계를 지배해야 한다고 보았다. 즉 국가 구성원들 사이의 관계는 상호 언약의 관계이며 이 관계들은 모두 하나님과 맺은 지고한 수직적 언약의 관계 하에서만 정당화되는 종속적 관계이다. 왕은 하나님 앞에서 백성들과 맺은 언약을 지켜야 할 의무를 가지고 있다. 하급 집권자들은 참된 종교를 보전하고 백성들이 참된 종교를 따를 수 있도록 보호할 책임을 부여받았다. 그러므로 만일 군주가 지속적으로 오만한 태도와 부당한 방식으로 참된 신앙을 억압한다면 종교 보호의 책임을 받은 하급 집권자들이 나서서 군주를 폐위할 수 있으며, 이는 하나님 앞에서 반드시 수행해야 할 언약적 의무이다.[76] 녹스는 섭정에게 보낸 편지에서 이와 같은 언약적 이해를 다음과 같이 단도직입적으로 선언한다. "그러므로 존경하는 영주님, 제 결의와 양심은 군주들은 그들의 백성과 맺은 법과 약속을 지켜야 할 의무뿐 아니라 만일 그들이 지키지 못했을 경우 군주와 백성 사이에 상호 체결된 연대(band)로 인해

---

74 "Appellation," Works, 4: 489.
75 "Appellation," Works, 4: 483.
76 "Appellation," Works, 4: 496.

폐위되어야 할 책임도 있다고 생각합니다."⁷⁷

일반 백성들도 하나님 앞에서 맺은 수직적 언약 관계 하에서 다른 수평적 관계에서의 처신을 결정해야 한다. 일반 백성들이 군주와 집권자들을 위해 기도하고 이들의 통치에 순종해야만 하는 것은 이것이 하나님께서 그들에게 명령하신 사항이며 이를 통해 하나님을 향한 진정한 신앙을 표현할 수 있기 때문이다. 따라서 백성들은 군주나 집권자가 하나님의 말씀에 반하는 사항을 명령한다면 그 명령을 거부하는 것이 마땅하다.⁷⁸ 이 경우에는 불순종으로 저항하는 것이 모든 수평적 언약 관계의 근거인 하나님과의 수직적 언약에 충실한 바른 종교의 모습이기 때문이다. 녹스는 일반 백성들에 있다고 하는 불경건하며 독재적인 군주를 폐위할 수 있는 권리가 있는지에 대해서는 명확하게 말하지 않았다. 그러나 불경건한 군주에 대한 불순종의 의무에 대해서는 분명하게 말했다. 모든 백성들은 불경건한 통치자의 명령에 불순종함으로써 참된 종교를 지켜야 할 하나님 앞에서의 의무를 실천해야 한다. 녹스는 일반 백성들 역시 현실적 위협 앞에서 종교개혁을 위한 영적 전투에 함께 부름을 받았음을 강조했다. 녹스는 참된 종교를 세우기 위해 불의한 명령에 불순종할 때, 당장은 많은 불이익을 당하겠지만 이후에는 반드시 하나님께서 약속하신 상급을 주실 것이라고 신자들을 격려했다. "여러분들은 지금의 일시적인 삶의 어려움들 이후에 자신을 부인하고 이 땅에서 그리스도 예수의 깃발 아래에서 이 전투를 싸운 사람들을 위해 준비된 그 영광스러운 유산의 부요함에 참여할 것이라는 기대와 소망을 얻을 수 있습니다."⁷⁹

---

77 "A Letter to the Queen Regent," *Works*, 2: 458.
78 "A Letter to the Queen Regent," *Works*, 4: 441. 귀국인 1564년에도 녹스는 한 때 동지였으나 이제는 여왕 지지파로 돌아선 레팅턴 경(William Maitland of Lethington)과 의회에서 논쟁을 벌이면서 자신의 일관된 언약 사상에 따라 백성들의 저항권을 다시 주장했다. "하나님께서는 백성들에게 독재적인 통치에 맞서 저항할 권리를 부여하셨습니다." "History," *Works*, 2: 435.
79 "A Letter to the Commonality," *Works*, 4: 537.

4.3. 종교개혁적 목적과 그 방법

1550년대 후반 망명 시기에 발전된 녹스의 저항사상은 종교개혁을 향한 일관된 목적의식을 따라 전개되었다.[80] 그가 정치적 저항의 정당성을 논증하기 위해 근거로 삼은 성경 사례들의 병행적 인용과 그 가운데 일관되게 적용된 언약적 관점은 모두 녹스의 저항사상이 단순한 정치적 논의가 아니라 종교개혁이라는 궁극적 목적을 위해 전개된 신학적 논의였음을 증명한다.

그렇다면 녹스가 그의 병행적 성경해석과 언약적 관점의 적용을 통해 강조하려 했던 "종교개혁"은 무엇이었을까? 먼저 녹스가 회복하려 했던 "참된 종교"는 하나님께서 명령하시고 제정하신 말씀 그대로 믿고 하나님께만 영광을 돌리는 바른 신앙 전체였다. 그는 "호소"에서 모세의 말

세인트 자일스 교회 안에 있는 녹스의 동상. 그의 단호한 설교는 미사를 계속 하던 여왕과 갈등을 불러일으켰다.

---

80 Johnson과 McGoldrick은 녹스가 그의 설교에서 스스로를 다니엘이나 예레미야와 같은 구약의 선지자들과 동일화했으며 이런 자의식으로 인해 그가 상황에 따라 성경을 해석하는 한계를 보여주었다고 비판한다. Johnson and McGoldrick, "Prophet in Scotland," 76-86.

을 인용하여 종교를 다음과 같이 정의한다. "모세는 참된 종교가 무엇인지 선언했습니다. 즉 하나님의 말씀에 그 어떤 것도 더 하거나 그 어떤 것도 제거하지 말고 명령하신 그대로 하나님을 영예롭게 하는 것입니다."[81] "종교"는 기독교 신앙의 핵심이며 기초이다. 녹스는 다른 편지에서 삶과 공동체의 원천인 "종교"의 중요성에 대해 이렇게 설명한다.

> 종교는 몸에 있어 위장과도 같습니다. 만일 위장이 병들게 되면 몸의 모든 부분들이 아프게 됩니다... 만일 몸이 치명적인 병균으로 가득하게 되면 이 균들을 반드시 제거해야만 합니다. 그렇지 않으면 여러분의 몸과 정신까지 영영 망가지게 됩니다. 이점에 있어서 저는 여러분들께서 타락한 종교가 사람의 모든 인생을 오염시켜서 다시는 거룩하지 못하게 만든다는 점을 가장 분명히 납득했다고 생각합니다.[82]

하나님께 영광을 돌리는 모든 영역들이 "종교"에 포함된다면 정치 역시 "종교"의 한 영역임이 틀림없다. 따라서 정치 영역에서도 참 종교의 회복이 요구된다. 녹스는 스코틀랜드의 귀족과 백성 모두가 수행해야 할 우상숭배 철폐와 악한 군주에 대한 저항은 모두 하나님께 영광을 돌리기 위한 종교개혁을 그 궁극적 목적으로 삼아야 한다고 말했다.

> 우상숭배와 신성모독, 그리고 하나님의 위엄을 무너뜨리려는 모든 범죄들을 벌하는 책임은 왕들과 상급 집권자들뿐 아니라 모든 백성들 전체에도 해당합니다. 그리고 각각의 모든 백성들은 하나님께서 주신 소명에 따라, 그리고 자신의 영광에 대한 손상을 벌하시기 위해 하나님께

---

[81] "…Moses had declared what was true religion, to wit, to honor God as he commanded, adding nothing to his Worde, neither yet diminishinge any thing from it." "Appellation," *Works*, 4: 498.
[82] "A Letter to the Commonality," *Works*, 4: 526.

서 부여해 주신 능력과 기회를 따라, 이 책임을 감당해야만 합니다.[83]

녹스가 주장했던 "개혁"은 체제 전복과 같은 정치적 변혁이 아니라, 성경의 가르침대로 참된 종교를 회복하는 신앙적 결단과 그 실천이었다. 참된 종교는 오직 하나님의 말씀을 기준으로 삼아 여기에서 벗어난 모든 오류와 왜곡을 반성하고 이를 지속적으로 개혁할 때 유지될 수 있다. "하나님께서는 처음부터 그 말씀으로 명령하시고 제정하신 것을 제외하고는 하나님을 기쁘시게 할 종교가 없다고 말씀하셨습니다."[84] 참된 종교 여부의 판단 기준을 하나님의 말씀 이외의 다른 어떤 것으로 삼아서는 안 된다. 예를 들어 다수의 지지나 전통의 유구함, 공의회 등의 법적 인정, 아니면 또 다른 어떤 정치적 이해관계는 참된 종교의 기준일 수 없다. 녹스는 스코틀랜드 섭정에게 보내는 편지에서 "오직 성경으로"의 원리가 가장 기본이 되어야 한다고 주장했다. "이것이 우리들의 최고의 주장입니다. 즉 하나님의 종교 안에서는 오직 그분 자신의 말씀만 고려해야 하며, 종교에 있어 사람이든 천사이든 어떤 다른 권위를 높여서는 안 된다는 것입니다."[85] 녹스는 같은 편지에서 어떤 상황에 처하더라도 외형만을 고려하는 정치적 판단과 대조되는 종교의 본질을 바르게 세우는 개혁의 신앙적 성격을 다음과 같이 강조했다.

> 그러나 종교가 타락한 곳에서 외형들의 개혁을 바라는 것은 소용이 없습니다. 어떤 사람이 먼저 존재하고 살아있기 전에는 사람으로서의 역할을 할 수 없듯이 우상숭배자들의 생각과 함께 하지 않으시는 주 예수의 영이 함께 하지 않으신다면 어떤 사람도 하나님 아버지의 눈앞에

---

83 "Appellation," Works, 4: 501.
84 "A Letter to the Queen Regent," Works, 4: 444.
85 "A Letter to the Queen Regent," Works, 4: 446.

서 기쁘시게 할 어떤 일도 행할 수 없습니다.[86]

망명 시기 자신의 저술 전체에 걸쳐 녹스가 가장 크게 강조했던 개혁을 위한 구체적 실천 방법은 로마 가톨릭이 조장해 놓은 우상숭배를 철폐하는 것과, 교회 안에 합당한 목회자를 세우는 것이었다. 가장 먼저 성경의 가르침에 따라 우상숭배적 예전을 철폐하고 바른 예배를 회복하는 과제는 그가 가장 중시한 종교개혁의 과제였다. 앞에서 언급했듯이 로마 가톨릭의 우상숭배적 미사는 가장 시급한 개혁의 대상이었다. 녹스는 미사의 문제점과 관련해 다음과 같은 삼단 논법을 전개했다. 첫째, 하나님의 명령이 아닌 사람들의 고안에 의한 방식으로 하나님을 섬기는 일은 모두 우상숭배이며, 로마 가톨릭의 미사는 인간의 고안물이다. 둘째, 하나님께 드리는 예배 안에 사람의 고안물을 잘못된 의도로 섞는 행위는 신성모독이며, 미사에는 이런 악한 의도의 고안물이 첨가되어 있다. 셋째, 따라서 로마 가톨릭의 미사는 우상숭배이며 신성모독이다.[87] 1550년 잉글랜드 사역 중 녹스가 발표한 "미사의 희생은 우상숭배라는 교리에 대한 변호"(A Vindication of the Doctrine that the Sacrifice of the Mass is Idolatry)는 사무엘상 15장에 나타나는 사울 왕의 사례를 인용하여 미사를 비판한다. 이 본문에서 사무엘은 사울 왕이 아말렉의 짐승들을 제물로 바치려 한 행위는 불순한 의도로 자신의 생각을 첨가한 불순종이라고 비판했다. 녹스는 여기에서 사울이 저지른 자의적 제사가 곧 우상숭배였다고 해석한다. 그리고 사울의 자의적 우상숭배와 로마 가톨릭의

---

86 "But vayne it is to crave reformation of maners, where religion is corrupted. For like as a man can not do the office of a man, till first he have a being and life; so to worke workes pleasant in the sight of God the Father can no man do, without the Spirit of the Lord Jesus, which doth not abide in the hartes of idolaters." "A Letter to the Queen Regent," *Works*, 4: 447.
87 미사에 대한 녹스의 "가설적 삼단논법"(Hypothetical Syllogism)에 대해서는 Roger A. Mason (ed.) *Knox: On Rebellion* (Cambridge: Cambridge University Press, 1994), 41-42 참조.

미사를 동일시한다.[88]

  종교개혁의 실천을 위해서는 예배의 개혁과 더불어 성경의 가르침을 바르게 가르치고 그 말씀대로 교회를 새롭게 세울 수 있는 목회자의 임명이 절실했다. 녹스는 합당한 목회자 임명의 책임이 군주에게 있다고 생각했다. 즉 군주는 목회자 임명과 관련한 중요한 종교개혁의 책임을 하나님께 부여받은 것이다. 녹스는 섭정에게 보내는 편지에서 집권자가 취해야 할 가장 중요한 개혁의 방법으로써 부적합한 목회자의 면직을 강하게 추천한다. "전하께서는 결코 미신들을 철폐하고 부적합한 목회자들을 면직하는 데 서두르셔야 합니다 … 이 일이 공적 개혁을 위해 반드시 필요하며 필수적입니다."[89] 만일 군주가 이와 같은 종교개혁의 언약적 의무를 도외시하거나, 아예 자신이 앞장서서 우상숭배를 강요한다면 이때에는 어떻게 해야 할 것인가? 녹스는 이 경우, 책임을 맡은 하급 집권자들이 하나님 앞에서 갖고 있는 언약적 의무에 따라 군주를 대신해 종교개혁을 위한 적극적인 행동에 나서야 한다고 주장했다.

  녹스는 군주가 하나님 앞에서 언약적 책임을 다하지 않을 때 하급 직권자들이 취해야 할 합당한 저항을 말할 때에도 그들에게 주어진 종교개혁의 의무를 강조했다. 그는 "호소"에서 그의 방문을 연기하게 만든 메리 여왕의 혼인 문제를 언급하면서 개신교 귀족들에게 섭정과의 타협을 거부해야 한다고 권고했다. 그리고 만일 그들이 진심으로 하나님과 맺은 언약의 의무를 존중하려 한다면, 스코틀랜드의 메리 여왕과 프랑스 왕세자의 결혼을 적극적으로 반대해야 한다고 조언했다. 만일 예배의 자유를 얻겠다는 구실을 내세우면서, 여왕의 정략적 결혼을 허용하고, 그 결과로 스코틀랜드의 왕좌를 로마 가톨릭 군주인 프랑수아에게 내준다면, 이는 스코틀랜드를 "이방인의 노예"로 만드는 배교행위일 것

---

[88] 녹스는 이 해석 가운데 자신의 사명을 사울의 우상숭배를 지적했던 선지자 사무엘의 역할과 동일시했다. Works, 3: 33f. Cf. Kyle, John Knox, 48-50. Reid, 103.
[89] "A Letter to the Queen Regent," Works, 4: 451.

이다.[90] 녹스는 "첫 번째 나팔소리"에서도 신실한 하급관료들을 향해 정치적 계산을 내버리고 하나님의 진리와 엄중한 심판을 두려워하는 경건 위에서 종교개혁을 위해 진심으로 헌신하라고 촉구했다.

> 만일 하나님께서 그의 나라의 자유를 회복시킬 숭고한 마음을 일으켜 주셔서 이 여자들의 괴물적인 왕국들을 억제하신다면 이들을 지키려 하는 모든 사람들이 이 사실을 분명히 알게 될 것이다. 즉 그들은 여성 군주들을 지키려 한 행위로써 하나님에 맞선 것이었으며 반드시 그들의 어리석음을 멸하시는 하나님의 능력이 언젠가 반드시 나타난다는 사실이다.[91]

그는 스코틀랜드에 복귀한 이후 종교개혁을 핍박하는 섭정 왕비에게 맞서 일어선 "회중의 영주들"의 저항을 옹호했다. 그러나 그때에도 그의 옹호 논리는 정치적이기보다 신앙적이었다. 즉 녹스는 "회중의 영주"들에게 하나님께서 언약 관계를 통해 부여한 신앙적 의무를 강조했다. 그리고 섭정에 대한 그들의 저항이 정치적 판단에 따라서는 안 되며, 반드시 종교개혁의 확립을 위한 신앙적 결단을 따라야 한다고 촉구했다.[92]

이상의 검토를 정리하자면, 녹스가 말한 불의한 권력에 대한 저항은 종교개혁을 목적을 삼은 신앙적 행동의 한 방식이었다. 하나님의 언약의 신실함을 신뢰하는 신앙적 결단으로서의 종교개혁만이 하나님 앞에서 정당하며 그 행동의 일관성도 유지될 수 있다. 신앙적 결단에는 반드시 고난과 핍박이 따른다. 정치적인 이해판단에 따라 종교를 이용하려는 자들은 결코 바른 신앙을 회복할 수 없으며, 마지막 상급을 바라보면

---

90 녹스는 정치적 계산에 따라 침묵하거나 타협하는 귀족들의 태도에 분노했다. "저는 한편으로는 혼돈스럽고 한편으로는 분노와 슬픔으로 마음이 찢어집니다." "Appellation," *Works*, 4: 513-518.
91 "The First Blast," *Works*, 4: 417.
92 김요섭, 『존 녹스』, 231-248.

서 핍박을 견뎌낼 수 없다. 오직 신앙적 결단에 따라 참된 종교를 개혁하려는 참된 신자들만 하나님의 신실한 약속이 확증해 주는 소망에서 참된 위로와 격려를 찾을 수 있다. 위에서 살펴보았듯이 "첫 번째 나팔소리"는 분명히 그 과격한 어조와 지나친 내용을 볼 때, 녹스의 다른 저술들과는 사뭇 다른 예외적인 모습을 나타낸다. 그러나 "첫 번째 나팔소리"의 결론은 이 저술 역시 녹스가 일관되게 강조했던 신앙적 결단으로서의 종교개혁을 제시하려 했던 목적을 따르고 있음을 증명한다.

> 나는 진실로 믿는다. 그날이 곧 임하여서 하나님께서 스스로 여왕이 자신의 원수였음을 드러내시고 그녀가 행한 잔인함에 합당한 진노를 쏟아 부으시며, 그녀를 잠시 지지했던 자들의 마음을 깨우치셔서 도리어 공분을 품고 하나님의 심판을 그녀에게 시행하게 만드신다면 그때 여왕은 더 이상 이제까지와 같은 독재로 통치할 수 없게 될 것이다.[93]

5. 녹스의 종교개혁 이해와 그 역사적 의의

녹스는 종교개혁이 정치적 이해타산이나 몇몇 힘 있는 개인의 욕망에 따라 결정되는 세속적 사건으로 전락될 것을 가장 우려했다. 그가 생각한 종교개혁은 성경의 진리를 따라 하나님과 맺은 언약적 의무에 충실하기를 바라는 모든 신자들이라면 마땅히 감당해야 할 신앙고백적 의무였다. 그는 이 신앙적 결단을 실천하기 위한 기본적인 이해의 틀로써 하나님과 맺은 수직적 언약과 이 언약 위에서 맺어진 백성들과 집권자, 군주 사이의 수평적 언약 관계를 강조했다. 그리고 그가 제시한 종교개혁의 구체적인 방법은 단호한 우상숭배의 철폐와 교회 안에 바른 설교자

---

93   "The First Blast," *Works*, 4: 420.

에딘버러 신학교 교정에 서 있는 녹스의 동상

들을 세우는 공동의 노력이었다.

녹스는 스스로 객관적인 관찰자나 냉정한 조언자로 남아있기보다는 여호야다나 사무엘처럼 자신의 고국 스코틀랜드와 제2의 고국 잉글랜드의 종교개혁을 위해 하나님의 언약적 명령에 충실한 사명자로서 살고 또 죽고자 했다. 위샤트의 순교를 목격하면서 확신한 그의 사명의식은 프랑스 함선 위에서도, 잉글랜드 국교회주의자들의 정치적 압박 하에서도, 프랑크푸르트 피난민 교회에서 추방당하는 수치 속에서도, 스코틀랜드 비밀 설교 사역의 위험한 가운데에서도 약해지지 않았다. 이 모든 정치적인 상황은 도리어 그의 사명의식과 종교개혁에 대한 신앙고백적 이해를 강화시켜 주었다. 긴 망명 생활을 마치고 1559년 5월 10년 만에 스코틀랜드로 돌아온 녹스는 1572년 하나님의 부르심을 받을 때까지 에딘버러 세인트 자일스 교회의 설교자로 고국의 종교개혁을 위해 최선을 다했다. 그는 세인트 자일스 강단에서 전한 담대한 설교를 통해 신앙적 결단으로서의 종교개혁을 선포했다. 특히 메리 여왕이 즉위한 후 또 다시 급변한 스코틀랜드의 정치적 상황 속에서 자신들의 정치적 이해관계에 따라 종교 정책을 선택한 정치 지도자들을 강력하게 비판했다. 이렇게 단호한 그의 설교는 미사를 드리던 메리 여왕뿐 아니라 정치적 판단을 따른 개신교 귀족들과도 갈등을 빚었다. 여왕은 자신에게 대항하는 수많은 군사들보다 녹스의 설교 한 편이 더 두렵다고 말하기까지 했다.[94] 그러나 녹스는 권력자들을 두려워하지 않았다. 그는 어떤 갈등도 피하지 않았으며, 어떤 정치적 회유와 압력에도 굴복하지 않았다. 그는 생애 끝까지 두려움 없이 하나님과 신자들 사이의 언약에 근거해 신앙적 결단으로서 종교개혁을 촉구했다.

녹스가 평생 강조했던 종교개혁 사상과 그 실천으로서의 저항사상은 스코틀랜드를 넘어서 여러 나라 개혁교회에도 영향을 끼쳤다. 특히 성경의 가르침을 현실 상황에 적용했던 녹스의 언약 신학적 정치사상은 프랑스 위그노의 저항사상과 청교도들에게 많은 영향을 주었다.[95] 1647년 잉글랜드 의회에 의해 승인된 "웨스트민스터 신앙고백"이 진술하는 통치자의 의무에 대한 고백은 녹스가 주장한 저항사상의 신학적 의도와 일맥상통한다. "어느 누구라도 신앙이나 불신앙을 이유로 다른 사람에게 냉대, 폭력 그리고 욕이나 상해를 가하지 않도록 하며 모든 종교집회나 교회 집회들이 훼방이나 방해 없이 개회될 수 있도록 질서를 확보하는 함으로써 모든 백성들의 인격과 명예를 보호하는 것이 통치자들의 의무이다."[96]

---

94   김요섭, 『존 녹스』, 297-378, Dawson, *John Knox*, 224-26.
95   Gamble은 녹스와 베자의 저항사상을 비교하여 상황에 따른 차이점들에도 불구하고 이들의 신학적 입장 사이에 연속성이 더 크다고 주장한다. Richard D. Gamble, "The Christian and the Tyrant: Beza and Knox on Political Resistance Theory," *Westminster Theological Journal* 46 (1984): 125-39. 프랑스 위그노 정치사상을 대표하는 모르네(Philippe Du Plessis-Mornay, 1549-1623)와 스코틀랜드의 러더포드(Samuel Rutherford, 1600-1661)의 정치사상도 녹스에게 많은 영향을 받았다. McNeil, 248-249. 권태경, "존 낙스의 개혁사상 연구: 계약사상과 저항사상을 중심으로," 박사학위논문 (경희대학교, 1995), 36-37.
96   "Westminster Confession of Faith," XXIII: 2, Schaff, 3: 652. 스코틀랜드 장로교회의 정치사상과 웨스트민스터 회의에 끼친 영향에 대해서는 Hugh M. Cartwright, "Westminster and Establishment: A Scottish Perspective," in *The Westminster Confession into the 21st Century*, vol. II, ed. Ligon Duncan (Fearn: Christian Focus, 2004), 181-221 참조.

세인트자일스 교회 뒤편에 남아 있는 녹스 무덤 표식. 녹스는 자신의 이름이 아닌 그리스도의 이름만을 자신의 삶과 죽음을 통해 남기려 했다.

   역사상 최초로 종교개혁으로 이루어진 개혁교회, 특히 장로교회를 국가의 종교로 삼은 스코틀랜드에서도 녹스의 종교개혁을 위한 노력은 계속되었다. 16세기 후반 드디어 수립된 개신교 국가에서 녹스가 맞이한 종교개혁의 최대의 적대 세력은 자신들의 이익 여부에 따라 종교개혁을 정치적으로 해석하고 이용하려 한 새로운 권력자들이었다. 어차피 그들에게 로마 가톨릭이든 장로교회이든 종교의 문제는 신앙의 문제가 아니었다. 녹스는 그 이전부터 여러 나라의 정치 상황 속에서 겪은 고난의 경험을 통해 위선자들의 정치적 판단이 종교개혁에 얼마나 큰 장애물이 될 수 있는지를 절감했다. 그리고 이들의 정치적 해석과 남용에 맞서 종교개혁의 신앙고백적 본질을 끝까지 강조했다.

   하나님의 말씀에 따라 자신과 신앙 공동체를 지속적으로 개혁해 바른 기독교 신앙을 세우기 위해서는 자신의 야망을 하나님의 뜻으로 포장하는 위선자들을 경계해야 한다. 16세기 녹스의 시대뿐 아니라 오늘날에도 교회 안에는 위선자들이 항상 존재했다. 이들 위선자들은 자신들이 추구하는 세속적 이익을 위해 종교개혁의 역사와 그 신앙적 대의를 왜곡하고 오용하려 해 왔다. 이들은 자신의 명성과 이익을 위해 하나님의 뜻과 역사의 유산을 오용해 왔으며, 자신의 욕망을 쟁취하기 위해 교회와 신앙 공동체 위에 세워져야 하는 하나님의 주권을 교묘하게 침해해 왔다. 이들은 파렴치하게도 자신들의 이익을 추구하기 위한 행동을 심지어 제2의 종교개혁이라고 위장하기도 한다. 그러나 종교개혁은 어떤 종교적 이벤트나 프로그램, 혹은 대외적 영향력 확대나 국제적 명성을 얻는 등 세속적 욕망을 위한 운동이 아니었다. 종교개혁자들이 추구한 개혁은 하나님 앞에서 마땅히 가져야 할 신앙의 모습 전체를 바르게 세우려 한 신앙의 회복 운동이었다. 이런 의미에서 종교개혁을 있는 그대로 이해하고 그 유산을 충실하게 현실에 계승하려 한다면 녹스의 저항 사상이 기초로 삼았던 종교개혁을 향한 신앙적 동기와 그 동기에 따른 신실한 결단과 용감한 실천을 재확인할 필요가 있다. 그리고 고난까지 감수하는 성도의 순수한 헌신과 신앙적 결단을 격려하는 진정한 개혁의 정신을 회복하기 위해 함께 노력해야 한다.

참고문헌

Abreu, Maria Zina G. de. "John Knox: Gynaecocracy, 'The Monstrous Empire of Women'." *Reformation and Renaissance Review* 5 (2003): 166-187.

Cartwright, Hugh M. "Westminster and Establishment: A Scottish Perspective." In *The Westminster Confession into the 21st Century*, vol. II, Ed. Ligon Duncan. Fearn: Christian Focus, 2004.

Chadwick, W. Owen. "John Knox and Revolution." *Andover Newton Quarterly* 15 (1975): 250-266.

Dawson, Jane E. A. *Scotland Re-Formed 1488-1587*. Edinburgh: Edinburgh University Press, 2007.

―――. *John Knox*. Yale: Yale University Press, 2015.

Eire, Carlos M. N. *Reformation: The Early Modern World, 1450-1650*. New Haven: Yale University Press, 2016.

Foxe, John. 『순교자 열전』. 홍병룡 역. 서울: 포이에마, 2014.

Franfoster, A. Daniel "Elizabeth Bowes and John Knox: A Woman and Reformation Theology." *Church History* 56 (1987): 333-347.

Gamble, Richard C. "The Christian and the Tyrant: Beza and Knox on Political Resistance Theory." *Westminster Theological Journal* 46 (1984): 128-132.

Greef, Wulfert De. *The Writings of John Calvin: An Introductory Guide*. Trans. Lyle D. Bierma (Grand Rapids: Baker, 1993), 『칼빈의 생애와 저서들』. 황대우, 김미정 역. 서울: SFC, 2006.

Greaves, Richard L. *Theology and Revolution in the Scottish Reformation: Studies in the Thought of John Knox*. Washington: Christian College Consortium, 1980.

Gunn, Steven. "War, Religion, and the State." in *Early Modern Europe: An Oxford History*. Ed. Euan Cameron. Oxford: Oxford University Press, 2001, 102-133.

Johnson, Dale W. and McGoldrick, James E. "Prophet in Scotland: The

Self-Image of John Knox." *Calvin Theological Journal* 33 (1998): 76-86.

Knox, John. *History of the Reformation in Scotland*, 2 volumes. W. C. Dickinson, ed. Edinburgh: Thomas Nelson and Sons, 1949.

──. *The Works of John Knox*, 6 volumes. David Laing, ed. Edinburgh: Printed for the Bannatyne Club, 1846-1864.

Kyle, Richard G. "John Knox: A Man of the Old Testament." *Westminster Theological Journal* 54 (1992): 65-78.

──. "John Knox Confronts the Anabaptists: The Intellectual Aspects of His Encouter." Mennonite Quarterly Review 75 (2000): 493-515.

──. "Prophet of God: John Knox's Self Awareness." *The Reformed Theological Journal* 61 (2002): 85-101.

──. "The Thundering Scot: John Knox the Preacher." *Westminster Theological Journal* 63 (2002): 136-138.

Kyle, Richard G. and Johnson, Dale W. *John Knox: An Introduction to His Life and Works*. Eugene: Wipf and Stock, 2009.

Lorimer, Peter. *Knox and the Church of England*. London: Herny S. King&Co. 1875.

Lynch, Michael "Calvinism in Scotland, 1559-1638." In *International Calvinism 1541-1715*. Ed. Menna Prestwich. Oxford: Oxford University Press, 1986, 225-255.

Mason, Roger. Ed. *John Knox and the British Reformations*. Aldershot: Ashgate Publishing Company, 1998.

──. Ed. *Knox: On Rebellion*. Cambridge: Cambridge University Press, 1994.

McGoldrick, James E. "Patrick Hamilton, Luther's Scottish Discipline." *Sixteenth Century Journal* 28 (1987): 81-88.

McNeil, John T. 『칼빈주의 역사와 성격』. 양낙홍 역. 서울: 크리스챤다이제스트, 1990.

Percy, Eustace. *John Knox*. Richmond: John Knox Press, 1966.

Reid, W. Stanford. "John Knox, Pastor of Souls." *Westminster Theological Journal* 40 (1977): 1-21.

───.『하나님의 나팔수: 존 낙스의 생애와 사상』. 서영일 역. 서울: CLC, 1999.

Ridley, Jasper. *John Knox*. Oxford: Oxford University Press, 1968.

Ryrie, Alec. *The Origin of The Origins of the Scottish Reformation*. Manchester: Manchester University Press, 2006.

Shephard, Amanda. *Gender and Authority in Sixteenth-century England*. Keele: Ryburn, 1994.

Wright, David F. "The Scottish Reformation: Theology and Theologians." In *Cambridge Companion to Reformation Theology*. Eds. David Bagchi and David C. Steinmetz. Cambridge: Cambridge University Press, 2004, 174-193.

권태경. "존 낙스의 개혁사상 연구: 계약사상과 저항사상을 중심으로". 박사학위논문. 경희대학교, 1995.

───. "존 녹스의 개혁사상과 여성통치에 대한 소고". 「신학지남」. 통권 260호 (1999): 283-303.

김요섭. "존 녹스의 선지자적 사명과 그 역사적 발전". 「신학지남」. 통권 322호 (2015): 111-150.

───.『존 녹스: 하나님과 역사 앞에서 살았던 진리의 나팔수』. 서울: 익투스, 2019.

최선.『존 낙스의 정치사상: 스코틀랜드의 위대한 종교개혁자』. 서울: 그리심, 2008.

제7장

종교개혁 기념, 어떻게 해야 할까?

7

1. 종교개혁의 실천적 의의

종교개혁에 대한 역사적 연구의 의의는 단순히 역사적 사실의 확인이나 그 결과에 대한 학문적 평가에만 국한되지 않는다. 16세기 종교개혁의 역사적 유산과 사상적 주장들은 지난 500년 동안 여러 영역에 걸쳐 현실의 문제를 진단하고 새로운 변화의 전망을 제시하는 데 있어서 권위 있는 규범으로 활용되어 왔다. 예를 들어 18세기 계몽주의자들은 자신들이 추구한 자유와 인권의 역사적 근거를 종교개혁에서 발견했다. 19세기 유물론자들은 무산계급의 혁명을 위한 역사적 선례를 종교개혁에서 찾아냈다. 20세기 종교사학파 사상가들은 모든 인간들에게 보편적으로 내재되어 있는 종교성의 발현의 대표적인 경우들을 종교개혁에서 수집했다.

그러나 무엇보다도 종교개혁이 가지고 있는 역사적 의의에 가장 큰 관심을 기울인 곳은 교회였다. 종교개혁의 대상이었던 로마 가톨릭은 16세기 당시부터 20세기 제2차 바티칸 회의에 이르기까지 종교개혁의 성격을 어떻게 규정하고 그에 따라 어떻게 개신교를 대해야 할지 고심해 왔다. 거의 모든 개신교 교회들은 16세기 종교개혁을 자신들의 역사적 기초로 삼고 있다. 또 이 시기 정립된 여러 신학적 입장들 가운데 자신들의 신학적 정체성을 찾는다. 그리고 더 나아가 종교개혁이 강조했던 지속적 개혁의 필요성으로부터 내적인 변화 시도의 동력과 외적 도전에 대한 대처 방안을 모색해 왔다.

어떤 인물, 사상, 사건이 갖고 있는 역사적 의의를 기념하고 이 기념에 근거하여 현실을 진단하고 새로운 변화를 주장하는 과정은 결코 간단한 일이 아니다. 이 과정에서 역사적 사건이나 사상체계의 오용과 남용이 언제든지 발생할 수 있기 때문이다. 특히 16세기 종교개혁은 교회 역사에서 가장 인기 있게 활용된 오남용의 소재였다. 즉 특정 종교개혁자나 특정 사례, 혹은 독특한 주장들을 선택적으로 강조하고, 거기에서 발견되는 특별한 사례들을 자의적으로 취합하고 해석하여 자신들의 주장이나 입장을 정당화하는 근거로 사용해 온 경우가 비일비재했던 것이다. 예를 들어 루터의 95개조 게시는 그 내용이나 사실 여부는 도외시된 채 자신들의 주장을 게시하는 방법을 정당화하는 역사적인 근거로 종종 이용되었다. 이신칭의 교리는 믿음을 강조하는 또 다른 인간중심 교리로 오해되어 때로는 도덕적 방종의 구실로 남용되거나, 때로는 예정론과 연결되어 운명론을 만들어낸다는 부당한 비난의 대상이 되기도 했다. 다른 한편 그리스도와의 연합과 삶의 실천을 강조한 종교개혁자들의 성화 교리는 때로는 과도한 신비주의의 역사적 근거로, 때로는 또 다른 형태의 행위구원론이나 교회 중심 구원론으로 변형되기도 했다. 개혁파 교회가 시도한 철저한 권징 시행은 그 역사적 맥락이나 개혁적 취지와 무관하게 교권에 의한 통제와 억압의 대표적인 사례라고 비판받기도 했다. 몇 재세례파들이 주장했던 성령의 직접 계시 주장은 자의적인 성경해석과 인간 중심적인 공동체 구성을 위한 모범적 사례로 활용되어 왔다. 이와 같은 종교개혁에 대한 자의적 해석과 그 단선적인 적용은 종교개혁이라는 역사적 실체를 왜곡할 뿐 아니라, 이로부터 현실 상황에 대한 부정확한 진단을 내리게 하며, 더 나아가 부당한 변화를 추진하게 만들 위험이 농후하다. 이와 같은 자의적 해석은 역사 왜곡이며, 그에 따른 부당한 변화 시도는 개혁이 아닌 개악을 만들어 낼 수 있다.

루터를 기념하는 한 사례. 루터는 이곳에서 교황이 보낸 파문 위협 편지를 공개적으로 불태웠다.

2. 시대적 차이, 적용의 한계

지난 500여 년간 개신교회 내에서 종교개혁이 다른 어떤 역사적 사건보다 많은 주목을 받았으며 많이 이용되어 왔다는 사실을 고려할 때, 종교개혁에 대한 되도록 정확한 이해와 그로부터 추구되는 합당한 적용이 필요하다는 점에 대해서는 의심의 여지가 없다. 그러나 종교개혁을 기념하고 또 현재의 상황에 대해 실천적으로 적용한다고 할 때, 16세기 유럽의 역사적 맥락과 현재 기독교회의 맥락 사이에 분명한 차이가 있음을 먼저 인식해야 할 것이다. 이 차이를 인식하지 못한 해석과 적용은 반드시 시대착오의 오류를 만들어낼 것이기 때문이다. 그렇다면 그 시대와 오늘날 사이에 어떤 차이가 있을까?

첫째, 종교적 상황이 분명히 다르다. 16세기 종교개혁자들은 주로 서유럽 국가에 국한된 기독교 세계(Christendom)에서 살았고 그곳에서 개혁을 추구했다. 그들이 말한 "종교"는 기독교 신앙을 의미했다. 그리고 기독교 종교는 당시 거의 대다수의 유럽인들에게 다른 선택지가 없는 세계관과 가치관, 즉 삶이었다. 당시 새롭게 부상한 인문주의 르네상스는 새로운 세계관을 제시했지만, 기독교적 세계관을 부정하거나 약화시킨 것은 아니었다. 기독교 종교는 기독교 세계가 서 있는 대지였으며 기독교인들이 숨 쉬는 공기였다. 따라서 16세기 유럽인들에게 종교의 개혁이라는 것은 세상을 바라보는 시각과 일상의 삶 전체가 변화되는 큰 모험이었다.

그에 비해 오늘날 한국은 다종교, 다문화 사회이다. 오늘날 우리 사회에서 "종교"라는 말은 기독교뿐 아니라 불교, 유교, 무속 신앙까지 포함하는 다양한 신앙 체계를 포괄한다. 종교는 우리 사회에서 여전히 중요한 요소임은 분명하다. 그러나 종교가 모든 사람들의 가치관과 세계관을 지배하는 체계라고 말할 수는 없다. 성(聖)을 추구하는 종교적 가치관보다 현실의 이익의 추구하는 속(俗)의 가치관이 훨씬 더 지배적이다. 종교보다는 기술의 혁신이나 정치 권력의 교체, 그리고 경제 정책과 같은 것들이 사람들의 삶에 대해 더 직접적이고 방대한 영향을 끼친다. 기독교 신앙을 개혁하려는 시도는 이제 대다수 사람들의 삶 전체에 16세기와 같은 지대한 영향을 주지 않는다.

세속적 관점이 더 우월하게 된 현재의 상황은 종교개혁에 대한 해석에 있어서도 종교적, 혹은 신앙고백적 관점보다 사회적, 정치적, 문화적 관점을 더 강조하게 만들었다. 즉 도대체 종교개혁이 오늘날 세속적인 시대를 향해 어떤 의미가 있는가를 더 많이 묻게 된 것이다. 종교개혁을 신학적, 신앙고백적 차원에서 해석하고 적용하는 것은 너무 편협하다는 주장도 오늘날 세속적 환경 속에서 더 설득력이 있다. 물론 다양한 연구와 분석은 환영할만한 일이다. 종교개혁에 대한 종교적 이해와 그 주장이 16세기에 비해 세속화되고 다원화된 현대 사회 속에서 상대적으로 제한된 영향밖에 가질 수 없음을 인정해야 한다. 이와 관련해 기독교는 자신이 우리 사회의 지배적인 체계나 권력이 아님을 스스로 냉정하게 인정해야 한다.

둘째, 개혁의 주체와 대상의 선명한 구별이 가능한가의 문제에 있어서 차이가 있다. 16세기 종교개혁자들에게는 분명한 비판과 개혁의 대상이 있었다. 그것은 당시 기독교 세계를 지배하고 있었던 로마 가톨릭이었다. 당시 로마 가톨릭은 추상적인 종교사상의 체계가 아니라 교황청을 수위로 한 제도적, 사상적 조직체계였다. 더군다나 로마 가톨릭은 16세기에 들어서면서 그동안의 혼란을 일단락시키고 교황을 중심으로 한 위계체제를 많이 안정시킨 상황이었다. 물론 그 안정은 오래가지 못할 취약한 것이었다. 루터와 츠빙글리가 시작한 종교개혁이 아니었더라도 황제 칼 5세와 프랑스의 프랑수아 1세 사이의 정치 군사적 대치, 잉글랜드의 헨리 8세와 같은 여러 군주들의 정치 경제적 이탈 추진, 스코틀랜드와 저지대 지방 귀족들의 독립 시도 등 당시 급박했던 정치적 상황들은 교황청이 원했던 기독교 체제 안정을 크게 위협하고 있었다. 프로테스탄트 종교개혁은 이와 같은 정치 사회적 분위기와 맞닿아 기존 종교 질서를 그 심층에서 흔들어 놓는 데 가장 결정적인 역할을 했다.

그에 비해 오늘날 한국교회가 말하는 개혁의 대상은 다소 모호하다. 지금 한국 사회에서 로마 가톨릭을 종교개혁의 대상이라고 말할 수 있을까? 다종교 상황 속에서 로마 가톨릭은 때로는 개신교와 뿌리가 같은 기독교의 다른 한 축으로 간주되기도 하고, 때로는 교세 확장을 위해 경쟁하는 또 다른 교파나 교단 가운데 하나로 인식되기도 하며, 혹은 이단이나 심지어 이교로 여겨지기도 한다. 그러나 일반적으로 대부분의 개신교 신자들조차도 개혁을 말할 때 교황청과 로마 가톨릭을 그 대상이라고 말하지는 않는다. 그렇다면 누가 개혁의 대상인가? 한국교회는 스스로를 개혁의 대상으로 여긴다. 바로 이 점에서부터 16세기 종교개혁을 현실에 적용하려 할 때 직면하는 어려움이 등장한다. 즉 개혁의 주체와 개혁의 대상의 혼동되는 것이다. 도대체 누가 누구를 개혁하겠다는 것인가? 안팎에서 개혁의 대상이라고 보는 자들이 스스로는 제외해 놓고 또 다른 이들을 개혁의 대상이라고 말하고 그들을 향해 개혁하라고 외친다. 자신이 개혁의 대상임을 이실직고한 비교적 바람직한 자들도 사실상 개혁 의지와 개혁 가능성이 거의 없는 조치를 취하고는 이제부터는 내가 개혁의 주체로 우뚝 서겠다는 유체이탈 화법을 전개하기도 한다. 한국교회 전체를 개혁해야 한다는 정의롭고 비장한 주장이 너무 많기 때문에 이제는 개혁이라는 단어가 일반 정치인들이 선거철이면 외치는 구호처럼 공허하게 들리기도 한다. 이런 대상과 주체 구별이 혼란스러운 난맥상 속에서 "지속되어야 할 개혁"은 표류한다.

셋째, 16세기 유럽과 21세기 한국 사이에는 개혁의 과제 설정의 차이가 있다. 위에서 언급한 개혁의 주체와 대상을 구별하기 어려운 모호함으로 인해 구체적인 개혁의 과제를 설정하고 그에 맞추어 개혁의 목표와 방법을 정하는 일에도 적지 않은 혼란이 발생한다. 16세기 종교개혁자들은 오직 하나님의 영광을 위한 개혁을 내세웠다. 그들은 이를 위하여 오직 성경을 최고의 권위로 삼았으며, 이 성경에서 하나님의 은혜만으로 믿음만을 통해 주어지는 구원의 진리를 강조했다. 물론 그들이 내세운 목표와 강조가 실제로 얼마나 정당하고 적합하게 실천되었는지는 또 다른 평가의 문제이다. 그러나 그들이 추구했던 목적과 그 목적을 성취하기 위해 일관되게 취한 방법은 분명하다. 목적은 기독교 신앙의 회복이었다. 방법은 하나님의 말씀으로 돌아가는 것이었다. 우리가 이미 살펴본 세 가지 과제는 종교개혁자들이 추진한 종교개혁의 방법을 가장 잘 보여준다. 그것은 성경의 내용대로 가르치고 배우며, 순수하게 예배를 드리고, 그리스도의 통치에 의해 지배를 받는 교회를 새롭게 건설하는 것이었다. 로마 가톨릭과 적대적 정부들의 반대 주장과 박해가 더 격해질수록 개혁을 위한 각 과제의 내용과 그 시행 방법들은 더 선명해졌다. 성경의 가르침을 설명하는 교리는 정교해졌고, 순수한 예배를 둘러싼 논의는 풍성해졌으며, 교회 안에 그리스도의 수위권을 확립하려는 개혁 시도는 각 지역의 특성에 따라 다양한 결과들을 만들어냈다.

그에 비해 오늘날 한국교회가 처해 있는 상황은 많이 다르다. 교리에 있어서는 16세기 종교개혁자들이 상대할 수 있었던 트렌트 회의의 교령과 같은 어떤 반박할 수 있는 신학 체계를 특정하기 어렵다. 바른 교리를 회복하기 위해 상대해야 할 신학적 비판의 대상이 너무 전방위적이다. 신학적 논점들에 대한 교파와 교단별 이해가 너무 상이하고, 기독교를 빙자한 이단들의 주장들도 그 수를 헤아리기 어려울 정도로 난무하고 있다. 오늘날 현대 신학은 주제와 관심사가 너무나도 다변화되고 전문화되어서 중세 시대 스콜라 신학이 불필요한 사변이었다고 비판하는 것은 이제 도리어 무안한 일이 되어 버렸다. 예를 들어 오늘날 창조론은 하나님께서 빅뱅과 진화 과정 중 어떤 부분까지 얼마나 관여했는지를 논의해야 한다. 현대 기독교 인간론은 인공지능의 인격성 여부를 논의해야 하고, 죄와 죄책감의 정신분석학적 접근을 고려해야 한다. 현대 구원론은 심리학이나 사회학 관점들과 결합되어 폭넓고 심도 있게 논의되어야 그 학문성을 인정받을 수 있다. 지난 500년간 눈부시게 발전한 인류의 지성과 우주까지 탐사하는 인류의 위대한 성취는 종교개혁자들과 중세 신학자들 모두 하나님의 틀림없는 말씀이라고 믿어 의심하지 않았던 성경 66권마저도 판단과 취사선택의 대상으로 만들어 놓았다.

예배개혁이라는 과제를 생각해보면 그때와 지금 사이의 차이는 훨씬 더 크다. 21세기에는 종교적 권위에 대해 일단 순종했던 16세기 유럽의 신자들의 일반적인 태도를 더 이상 기대할 수 없다. 비종교적인 대중들은 차치하고서라도 교회에 출석하는 신자들도 더 이상 순종적인 대상이 아니라 예배의 주체로 그 위치가 바뀌었다. 따라서 라틴어 미사를 강요하고 수많은 성인 숭배를 끌어들인 교황청의 비성경적 예배 왜곡보다는 정서적, 개인적 유익을 위해 예배를 취사선택하는 교인 대중들의 종교적 요구가 예배 "개혁"의 더 중요한 대상으로 등장했다. 물론 여전히 카리스마적인 강단 권력을 앞세워 혹세무민하는 종교지도자들이 많이 활동하고 있다. 이 종교지도자들은 때로는 교인들의 피학적 성향을 자극하기도 하고, 때로는 교인들의 정서적 필요에 적극 호응하기도 하면서 예배를 일종의 종교 유희로 변질시키고 있다. 말하는 자와 듣는 자들이 함께 결탁하여 이루어진 종교 유희 속에서 많은 교인들은 16세기 신자들처럼 연옥에서라도 해결 받아야 한다는 절박한 죄책감 때문에 양심의 속박을 느끼기보다는, 믿음으로 이미 천국을 확보했다고 안심하면서 이제는 나름대로 설정해 놓은 신앙의 공로를 적극 투자해 이 땅에서 얻을 수 있는 실제적, 정서적 대가를 기대한다. 16세기 종교개혁자들이 비판했던 교황과 고위성직자들의 부패 목록 속에는 매스미디어와 인터넷 네트워크를 동원한 엄청난 규모의 종교행사와 목회자의 영웅화는 적어도 포함되지 않았다. 그들은 재세례파의 배타적이고 독선적인 예배 이해를 경계하고 비판했지만, 그들이 경계했던 자의적 겸손과 무질서는 아무리 그래도 오늘날 예배 현장에서 목격되고 있는 인간 중심적인 방임은 아니었다. 16세기와 비교할 때 오늘날 기독교 예배 가운데 나타나는 다양한 일탈 현상들은 하나님의 영광을 높이고 그리스도의 대속의 은혜를 기념해야 할 예배를 더 크게 위협하고 있다.

칼빈의 무덤. 칼빈이 이 비석에 새겨진 J와 C를 통해 후대에 남기고 싶었던 이름은 Jean Calvin이 아니라 Jesus Christ였을 것이다.

교회의 개혁을 위한 대상 설정에 있어서는 그때와 지금 사이에 더 큰 차이가 있다. 오늘날 한국 개신교회 안에는 로마 가톨릭의 교황 중심의 위계체제와 같이 그리스도의 유일한 통치권을 침해하는 단일하고 객관적인 조직체는 이제 존재하지 않는다. 아니, 너무 많이 존재한다. 교파마다 교단마다 개 교회마다 그리고 여러 단체들마다 갖가지 다양한 위계체제가 존재하며 이 체제는 다양한 모습으로 그리스도의 통치권을 침해한다. 비교적 민주적이고 공동체적인 신앙적 공동체들 안에서도 성경의 가르침, 은혜의 절대성, 그리스도의 주권과 같은 신앙의 본질들은 법리적, 행정적, 재정적 논의들에 밀려 그저 "들어가는 말"이나 "맺는 말" 정도로 잠시 언급될 뿐이다.

종교개혁의 정당한 기념을 위해서는 시대가 서로 다름을 먼저 인정하고 인식해야 한다. 그러나 정확한 현실 인식 속에서도 16세기 종교개혁이 가지고 있는 "종교적"인 본질과 그 보편성을 간과해서는 안 된다. 16세기의 종교 지배적 시대 상황을 현재의 상황이라고 착각하는 것만큼, 현재의 세속 지배적 시대 상황을 16세기에 그대로 적용하는 것도 정당하지 않다. 그렇다면 이처럼 사실상 완전히 다르다고 말할 수 있는 현실 속에서 과거의 사건인 16세기 종교개혁을 기념하고 그로부터 실천적 의의를 발견하려는 노력이 무슨 의미가 있을까?

3. 기념의 태도, 그리고 기념의 의미

16세기 종교개혁을 기념하는 의의는 다음의 몇 가지에서 찾을 수 있다. 첫째, 종교개혁은 오늘날 한국 개신교의 역사적 정체성을 형성한 사건임이 틀림없다. 굳이 교회가 아니더라도 모든 개인과 공동체는 과거에서 자신의 정체성을 찾기 마련이다. 한국교회는 스스로의 역사적 정체성을 설명할 때 결코 16세기 종교개혁을 생략할 수 없다. 따라서 종교개혁에 대한 기념, 즉 그에 대한 해석과 적용은 사실상 피할 수 없는 과제이다.

둘째, 종교개혁 시대 전개된 중요한 신학적 논의들은 여전히 지금도 유효하다. 이신칭의 교리, 성찬신학, 그리고 교회 제도를 둘러싼 종교개혁 시대의 치열한 논쟁은 여전히 계속되고 있다. 분명 지난 500년간 추가된 논쟁점들도 여러 가지가 있다. 그러나 오늘날 교파와 교단은 종교개혁자들이 가장 중요하게 생각했던 신학적 쟁점들에 따라 자신들의 신학적 정체성을 형성하고 있다. 따라서 종교개혁 시대 본격적으로 전개된 여러 신학적 논의들과 그 결과들을 고찰하고 평가하는 작업은 오늘날 교회의 신학적 정체성을 확인하고 설명하는 데 반드시 필요하다.

셋째, 개신교가 가지고 있는 실천적 정체성은 끊임없는 개혁과 변화의 추구에 있다. 명칭을 둘러싼 여러 논란이 있음에도 불구하고 개신교, 즉 프로테스탄트 교회는 비진리에 저항하는 교회, 계속 개혁하며 변화하는 교회를 자처하고 있음은 틀림없다. 이는 완전하고 불변하는 교회의 기초는 교회 자신이 아니라 오직 교회를 세우시고 다스리시며, 교회를 통해 일하시는 삼위일체 하나님의 은혜의 약속에 있다고 믿는 신앙고백의 필연적인 귀결이다. 즉 교회는 하나님의 은혜와 비교할 때 인간 구성원들의 위선과 미성숙으로 인해 불완전하며 항상 문제를 가지고 있음을 인정해야 한다. 필연적 불완전함은 끊임없는 반성과 계속되는 개혁의 의무가 지상 교회에게 주어져 있음을 의미한다. 16세기 종교개혁은 이 반성과 개혁의 의무가 어떻게 시도되었는지를 가장 분명하고 구체적으로 발견할 수 있는 역사적 현장이다. 따라서 종교개혁을 기념하는 것은 오늘날 한국교회의 현실을 진단하고 바른 개혁의 방향과 방법을 모색하는 데 있어서 여전히 유용한 일이다.

이처럼 종교개혁이 오늘날 한국 개신교회의 역사적, 신학적 정체성의 가장 중요한 요소들 가운데 하나이며, 종교개혁 신학이 우리의 신학적 정체성의 가장 중요한 기초 중 하나임은 분명하기 때문에, 종교개혁의 의의를 무시하거나 간과하기는 어렵다. 그렇다면 종교개혁을 기념함에 있어서 특정 인물이나 사건, 혹은 주장을 자의적으로 선택해 그대로 적용해 보려는 위험한 기념이 아닌 심도 있고 정당한 기념이 필요하다. 이를 위해서 다음 세 가지 정도의 태도를 제안해 볼 수 있다.

첫째, 역사적 자료에 충실하려는 태도이다. 즉 해석과 적용을 내세우기에 앞서 당시의 목소리를 먼저 들어야 한다. 이를 위해 종교개혁 원자료에 대한 비평적 번역과 심층적인 분석, 학문 공동체의 치열한 연구, 그리고 이를 바탕으로 한 한국교회의 건전한 역사의식 확립이 기본적으로 필요하다. 물론 해석은 다양할 수 있다. 특히 종교개혁자들이 보았던 당시 기독교 종교에 대한 진단이 정확했는지, 그리고 그들이 시도한 개혁이 성공했는지의 여부는 다양한 해석의 가능성을 만들어내는 중요한 이유이다. 루터의 이신칭의 교리는 바울서신의 구원 교리를 정확하게 잘 설명한 것인가? 루터와 츠빙글리가 벌인 성찬논쟁, 그리고 그 이후 칼빈이 제시한 성찬 이론은 실제로 그들이 생각했던 예배개혁에 있어 어떤 성과를 이루어냈는가? 잉글랜드 국교회주의의 한계를 경험한 이후 녹스가 스코틀랜드에서 시도한 장로교회 제도는 실제로 기독교 신앙을 개혁하는 데 성공했는가? 이상의 질문들에 대해서는 다양한 평가와 해석이 가능하다. 그 평가의 범위를 지난 500년으로 설정한다면 해석의 다양성의 폭은 더욱 넓어질 것이다. 그러나 결과에 대한 평가에 앞서 개혁자들이 무엇을 하려 했는지, 왜 하려 했는지를 먼저 확인해야 한다. 우리의 관점과 주장보다는 개혁자들이 스스로 주장한 "종교개혁"의 개념과 목적이 그들이 시도한 방법과 그 결과를 평가하는 일차적인 기준이 되는 것이 마땅하기 때문이다.

이 책은 비록 제한된 범위이지만 세 명의 주요 종교개혁자들이 "종교개혁"에 대해 어떻게 생각했는지를 직접 들어보려 했다. 들어가는 말에서 언급했듯이 루터, 칼빈, 그리고 녹스, 이 세 개혁자들은 당시 서유럽의 중요한 세 언어권 종교개혁을 대표한다는 점, 그들의 주장과 시도가 이후 교회 역사 가운데 상대적으로 가장 큰 영향을 주었다는 점, 그리고 그들이 말하려 했던 "종교개혁"에 대해 개혁의 세 가지 과제를 중심으로 분석했다는 점을 고려하여 선택되었다. 이 연구를 통해 확인한 것은 종교개혁자들이 "종교개혁"을 신앙고백적 차원에서 주장했으며 신앙적 방법으로 구현하려 했다는 점이다. 즉 16세기의 종교개혁자들은 종교개혁을 정치, 사회, 문화, 사상적인 운동이라고 말하지 않았으며, 오히려 이와 같은 오해를 비판했다. 물론 그 비판이 정당했는지, 그들이 비판했던 상대방들도 그 비판에 동의했는지 등의 여부는 별도의 논의가 필요한 문제들이며, 이 논의를 통해 다양한 해석이 나타날 수 있을 것이다. 그러나 종교개혁자들 자신의 주장을 존중한다면 그들이 추구했던 종교개혁은 기독교 신앙을 총체적으로 회복하려 한 "경건한" 시도였음을 인정하지 않을 수는 없다. 종교개혁을 "신앙적", "신앙고백적"으로 해석하는 전통적 해석은 용도 폐기되어버린 옛 관점이 아니라 여전히 존중되어야 할 개혁자들의 관점이다. 다만 그들의 신앙고백적 관점을 또 다른 어떤 신앙고백이나 교회의 전통, 아니면 우리 시대의 일반화된 종교적 관점으로 읽어내 버리지 않도록 주의를 기울어야 한다. 이런 주의를 기울이기 위해서도 원자료에 대한 충실함은 중요하다.

둘째, 바람직한 종교개혁 기념을 위해서는 종교개혁의 근본 원리를 파악하려는 해석의 노력이 필요하다. 즉 특정 사례나 주장을 단선적으로 인용하는 탐구보다는 역사적 사례들이나 신학적 진술들 안에 담긴 원리를 재구성하는 해석 노력이 중요하다. 종교개혁자들은 그들이 말하려 했던 개혁의 원리를 신학으로 표현했다. 그러므로 종교개혁 역사의 연구는 반드시 신학적 분석과 함께 이루어져야 한다. 역사 연구는 결국 해석을 위한 작업이다. 그리고 역사적 의의는 사건 자체보다는 그 원리에서 발견되기 마련이다. 따라서 해석의 정확성은 역사 연구의 핵심이다. 물론 해석의 과정에서 자의적인 관점이나 현실적인 필요가 전혀 반영되지 않는 순수한 객관성이나 오류 없는 정확성은 불가능하다. 무엇보다도 모든 관련 사례들과 자료들을 모두 다 검토할 수 없다는 현실이 이 불가능성을 만들어 낸다. 그러나 원리를 찾아가는 해석의 과정에서 지금 우리가 가지고 있는 관점과 필요가 무엇인지를 끊임없이 되돌아보는 반성의 노력을 포기해서는 안 된다.

이 책의 각 장은 종교개혁의 원리가 무엇이었는지를 추적했다. 연구 대상과 분석을 위한 자료는 제한된 범위 내에서 선택되었으며, 구체적인 상황과 관련한 자료보다 신학적 논의를 담은 주요 종교개혁자들의 문헌들을 분석 대상으로 선택했다. 루터와 에라스무스의 대조, 칼빈과 재세례파의 대조, 그리고 녹스의 저항사상을 선택한 것에 대해 다른 위대한 인물들이 선택되지 않았다는 불만을 제기할 수 있다. 또 각 대조군 사이에는 차이보다 유사한 점이 더 많이 있다는 사실을 의도적으로 간과한 것이 아니냐고 비판할 수 있다. 비텐베르크와 제네바, 그리고 스코틀랜드의 정치, 사회, 경제, 문화적 상황을 더 구체적으로 고찰하지 않았느냐고 비난할 수도 있다. 이에 대해 짧은 책에서 이 많은 작업을 다 할 수 없었다는 변명을 할 수 있다. 그러나 이런 변명보다는 이 연구의 목표가 사례 나열이나 적용 현실에 대한 탐구이기보다는 주요 종교개혁자들이 동일하게 강조했던 종교개혁의 원리에 대한 규명이었기 때문이었다고 해명하고자 한다.

21세기에 접어든 한국교회는 여전히 종교개혁의 사료와 자료들을 소개하는 데 있어 미진한 상황이다. 그러나 여전히 부족한 느낌이 있지만 주어진 자료들 속에서 근본 원리를 찾아내려는 해석의 노력은 반드시 병행되어야 한다. 종교개혁의 의의를 적합하게 적용하는 것은 특정 사건이나 특정 교리를 단선적으로 적용하는 것이 아니라 그 기초를 이루는 원리의 적용이어야 하기 때문이다. 종교개혁자들이 말한 이신칭의 교리가 단순히 인간의 믿음에 대한 논란이 아니라 하나님의 구원 은혜의 절대성을 강조하려는 원리에 따른 귀결이었음을 이해할 때 소위 바울신학을 둘러싼 최근의 논쟁이 종교개혁을 정당하게 인용할 수 있을 것이다. 장로교 제도의 원리가 목회자와 평신도 사이의 정치적 균형을 추구한 단순한 제도적 장치가 아니었으며 모든 지체들을 말씀으로 다스리시는 그리스도의 머리이심을 구현하려 한 공동체적 헌신의 추구였다는 점을 이해할 때, 오늘날 교회 운영과 분쟁 해결의 방안에 대해 합당하게 논의할 수 있을 것이다.

에딘버러 세인트 자일스 교회 벽에 새겨진 녹스 석상

셋째, 우리 시대의 도전 앞에서 종교개혁의 원리를 신실하면서도 창조적으로 적용하려는 태도가 요구된다. 위에서 말한 원리에 대한 정당한 탐구는 결국 정당한 적용을 목적으로 삼는다. 현실 상황에 대한 이해와 대처의 필요가 없다면 사실 역사적 사건에 대한 해석이 어떤 실제적 의의를 가질 수 있겠는가? 선교 150년을 향해 가고 있는 21세기 초 한국교회의 현실은 종교개혁에 대한 정당한 해석의 필요를 더욱 크게 요청하고 있다. 교회 내에서뿐 아니라 밖에서도 한국교회에 개혁이 필요하다는 목소리가 높다. 이런 상황 속에서 임기응변적인 종교개혁 인용은 더 이상 큰 설득력이 없다. 그러나 개혁의 요구에 응해 16세기 종교개혁을 다시 해석하고 그로부터 역사적 의의를 탐구하는 창조적 시도가 필요하다. 이런 시도는 교회의 개혁을 넘어서서 이 시대 한국교회의 신학을 성숙하게 만들어 줄 수 있다.

21세기 한국교회는 이제 한국의 신학을 정립해야 할 시대적 상황에 이르렀다. 한국의 신학은 그 대상이 한국교회의 사건이나 한국인의 신학일 때만 성립되는 것이 아니다. 계시된 진리인 성경 본문은 미국이나 영국, 독일의 텍스트가 아니다. 종교개혁 신학의 가장 중요한 요소가 되었던 아우구스티누스는 유럽인이 아니라 아프리카인이었다. 신학적 논의의 대상보다는 그 대상에 대한 해석의 결과, 그보다는 그 결과에 이르게 되는 과정 및 그 과정에 포함된 관점들이 종합되어 후대의 평가를 받게 될 때 어떤 지역, 어떤 시대의 신학이라고 명명된다. 16세기 유럽의 종교개혁을 어떻게 해석하여 21세기 한국 상황에 적용하려 했는지의 여부는 후대가 21세기 한국 교회의 신학과 신앙을 평가할 때 가장 중요한 근거가 될 것이다.

끝으로 창조적 적용과 관련해 종교개혁 연구의 신앙적 의의를 언급함으로써 이 책을 마무리하려 한다. 오늘날 한국교회가 종교개혁의 유산을 어떻게 해석하여 어떤 모습으로 적용했는지 여부는 후대 역사의 평가뿐 아니라 교회의 주인이 되신 삼위일체 하나님의 평가를 받게 될 것이다. 이 책에서 재조명한 종교개혁의 궁극적 목적은 삼위일체 하나님의 영광을 드러내기 위해 구원 은혜의 절대성을 강조하는 것이었다. 그리고 이 목적을 구현하기 위한 방법상 원리는 교리와 예배와 제도에 있어서 인간적 요소들을 상대화하고 더 나아가 자기 자신을 부인하는 것이었다. 그렇다면 21세기 한국교회가 종교개혁을 인용하고 적용하는 과정과 그 결과 모두가 추구해야 할 목적 역시 오직 하나님의 영광을 위하여 자기 자신을 십자가에 못 박고 오직 그리스도께서 살게 하도록 힘쓰는 것이 되어야 마땅하다. 21세기 전반기 한국교회가 여러 가지 내적인 문제들과 외적인 도전에 맞서 자신들의 역사적 정체성 중 하나인 종교개혁의 정신을 충실하게 기념했다는 후대의 평가와 하나님의 칭찬을 받기를 소망한다. 이 소망을 이루기 위해서는 종교개혁이 근본적으로 "종교적", 즉 경건한 자기 부인이었듯이 종교개혁에 대한 우리의 기념, 즉 종교개혁의 해석과 적용에 있어서도 경건하게 자신을 부인하고 삼위일체 하나님의 영광을 드러내려는 신앙고백과 헌신의 실천이 되어야만 할 것이다.